质性研究：设计与实施

（第四版）

Qualitative Research:

A Guide to Design and Implementation

(Fourth Edition)

［美］沙兰·B. 梅里亚姆（Sharan B. Merriam）

［美］伊丽莎白·J. 蒂斯德尔（Elizabeth J. Tisdell）　/ 著

王雪双　安亚伦　/ 主译

北京体育大学出版社

策划编辑： 王英峰

责任编辑： 王英峰　林小燕

责任校对： 韩培付

版式设计： 久书鑫

北京市版权局著作权合同登记号：01-2022-4276

Qualitative Research: A guide to Design and Implementation (Fourth Edition) by Sharan B. Merriam & Elizabeth J. Tisdell, ISBN: 978-1-119-00361-8 (paperback).

Copyright © 2016 by John Wiley & Sons, Inc.

All Rights Reserved. This translation published under license with the original publisher John Wiley & Sons, Inc. No part of this book may be reproduced in any form without the written permission of the original copyrights holder. Copies of this book sold without a Wiley sticker on the cover are unauthorized and illegal.

Simplified Chinese translation copyright © 2024 by Beijing Sports University Press Co., Ltd.

本书简体中文版专有翻译出版权由 John Wiley & Sons, Inc.公司授予北京体育大学出版社。

未经许可，不得以任何手段和形式复制或抄袭本书内容。

本书封底贴有 Wiley 防伪标签，无标签者不得销售。

版权所有，侵权必究。

图书在版编目（CIP）数据

质性研究 ：设计与实施 ：第四版 ／（美）沙兰·B. 梅里亚姆（Sharan B. Merriam），（美）伊丽莎白·J. 蒂斯德尔（Elizabeth J. Tisdell）著 ；王雪双，安亚伦主译. -- 第四版. -- 北京 ：北京体育大学出版社，2024. 7. -- ISBN 978-7-5644-4117-3

Ⅰ．C3

中国国家版本馆 CIP 数据核字第 2024DB2023 号

质性研究：设计与实施（第四版）	［美］沙兰·B. 梅里亚姆（Sharan B. Merriam）／ 著 ［美］伊丽莎白·J. 蒂斯德尔（Elizabeth J. Tisdell）
ZHIXING YANJIU: SHEJI YU SHISHI (DI-SI BAN)	王雪双　安亚伦／ 主译

出版发行： 北京体育大学出版社

地　　址： 北京市海淀区农大南路 1 号院 2 号楼 2 层办公 B–212

邮　　编： 100084

网　　址： http://cbs.bsu.edu.cn

发 行 部： 010–62989320

邮 购 部： 北京体育大学出版社读者服务部　010–62989432

印　　刷： 唐山玺诚印务有限公司

开　　本： 787mm×1092mm　　1/16

成品尺寸： 185mm×260mm

印　　张： 13.25

字　　数： 297 千字

版　　次： 2024 年 7 月第 1 版

印　　次： 2024 年 7 月第 1 次印刷

定　　价： 98.00 元

（本书如有印装质量问题，请与出版社联系调换）

版权所有·侵权必究

译者名单

主译：王雪双　安亚伦

译者：（按姓氏笔画排序）
李思思　杨雅晰　陈思雨
赵聪环　郝东方　高　鹏

前　言

质性研究是一个成熟的研究领域，有自己的文献基础、研究期刊、研究群体和定期会议。事实上，对任何一个人来说，保持前沿都是一项艰巨的任务。范马南（Van Maanen，2011）试图"跟上"民族志这一质性研究的发展，幽默地进行了如下的描述：

> 民族志行业现在不断产出权威专著、详尽的文献综述、方法手册、概念和理论的百科全书、元批评论、主题选集、高质量手册、已建立和准建立的期刊出版物，以及由无数学术团体主持的正式会议和论文汇报、在线出版物、博客、主题聊天室、留言板、论坛、社交网站等。然而，一个人如何能够在言论不受压制的情况下跟上这样的发展？答案是他或她不能跟上，因为潜在的相关材料铺天盖地，新理论、新问题、新主题、新概念以及对已有成果的新批评每过一年都会倍增。似乎最好的办法是有选择地追寻和聚焦，并不断减少潜在相关工作的比例，而对其他工作采取一种善意忽视的态度。（p.146）

然而，在质性研究资源迅速发展的过程中，始终如一的是设计和实施此类研究的实用指南的价值。《质性研究：设计与实施》（ *Qualitative Research：A Guide to Design and Implementation* ）代表了我们以新手和有经验的研究人员都易于理解的方式来解释质性研究的努力。从本质上来说，它是一本实用指南，而不仅仅是进行质性研究的"食谱"；读者也能够逐渐理解这种研究范式的理论和哲学基础。

《质性研究：设计与实施（第四版）》是探寻和理解质性研究的最新版本。1988 年出版的第一版以质性案例研究为中心；1998 年的第二版以质性研究为特色，将案例研究作为次重点；2009 年的第三版进一步减少了对案例研究的关注。本版（第四版）的重点主要是诠释主义/建构主义质性研究，其中案例研究是一种常见的设计，还有我们所谓的"基本"质性研究、民族志、扎根理论、叙事研究和现象学研究。事实上，我们保留并更新了关于质性研究"类型"的章节，因为根据我们在教学和研讨会中的经验，对于刚开始进行质性研究的研究人员来说，这些方法之间的差异不太清晰。因此，这一章旨在区分这些常见的质性研究类型，并探寻它们之间的共通之处。

《质性研究：设计与实施（第四版）》还有两个实质性的变化。首先，增加了关于研究设计的新章节，大量使用了质性方法，也一并使用了其他的量化或创造性方法。在这一章中也评述了混合研究方法、行动研究、批判性研究和基于艺术的研究。第二，更多地关注技术是如何渗透到研究过程之中，例如，在线数据源和质性数据分析软件包。

本书继续定位于应用实践领域。我们的研讨会和课程的参与者来自护理、社会工作、管理、专业医疗、行政、咨询、宗教、商业老年学和人力资源开发等领域，以及教育的每个子领域。我们的实践领域是成人教育，因此也有许多来自教育和成人教育的例子，但我们已经努力引用了各种实践领域中的实例。当然，质性研究的设计和实施在这些领域是相通的。

本书的另一个实质性特征是以实际为重点，以简单、直接的方式呈现质性研究路径。全书有逻辑地呈现并充分说明如何设计质性研究、收集和分析数据以及撰写研究报告，旨在帮助新研究人员在研究过程中获得一些指导。这些章节的修订大大受益于我们自第三版发表以来获得的近十年的资源、我们自己的研究和对数十篇质性研究论文的指导，尤其受益于沙兰在南非、新加坡、马来西亚和韩国开展的质性研究方法认证课程。以上实践研讨活动提供的技术、资源和策略均有助于学习者理解和开展质性研究。因此，对于第四版，我们借鉴了该领域的最新文献以及我们自己的质性研究经验。本书的目标受众是应用领域的从业者和研究生，他们有兴趣对如何设计和开展质性研究建立基本的了解。

内容概述

本书在组织架构方面呈现了进行质性研究调查的全过程。第一部分包含四章。第一章是质性研究的本质。第二章是质性研究的几种常见类型。第三章介绍了其他类型的质性研究，其中质性方法构成了方法论的主要部分。第四章解释了设计质性研究的程序，从确定已有研究中的空白点到形成由相关文献构成的问题陈述，再到选择最适合研究问题的特定质性研究设计及选择样本。第二部分由三章组成，详细介绍了数据收集技术。第三部分的三章内容涉及分析所收集的数据；处理有关信度、效度和伦理规范的问题；撰写最终报告。我们还在附录中放入了为正在设计质性论文或撰写质性研究文章的研究生创建的质性研究方法论的模板。

第一章对质性研究进行了总体介绍，讨论了质性研究在社会学和人类学中的根源，并简要介绍了质性研究作为一个领域本身在其早期发展中的助推因素。接下来，这一章介绍了质性研究的哲学/认识论基础，因为它与实证主义（或量化）、批判主义和后现代主义研究传统形成对比。这一章从其哲学基础出发，界定并阐述了质性研究的特征，最后讨论了研究者进行质性研究所需的特征和技能。

笔者将各种类型的质性研究按照传统或方法进行分类。第二章介绍了应用实践领域中常见的六种质性研究类型。介绍的第一种类型是我们所谓的"基本"质性研究。这是迄今为止在教育和其他实践领域中发现的最常见的质性研究类型。关于质性研究的其他类型往往未能阐明这样一个事实，即你可以开展一次质性研究，而该研究可以不归类为一种特定的质性研究（如现象学研究、叙事研究等）。其他类型的质性研究具有基本质性研究的特征，但还有另外的特征。这一章讨论的其他质性类型有现象学、扎根理论、民族志、叙事研究和案例研究。

第三章介绍了几种最近越来越常见的研究类型，这些研究以质性方法为主要的组成部分，并在过去十年中扩展了质性研究范式。包括利用质性和量化方法、行动研究、批判性研究和艺术本位研究（arts based research，ABR）的混合方法设计。行动研究旨在解决实践中的问题，并使研究过程本身发生某些事情。而批判性研究则专门用于挑战权力关系。艺术本位研究的方法将一种或多种形式的艺术结合到数据收集和分析过程中。这些类型的研究可能会有一些交叉，例如，艺术本位研究的方法可以包括在行动研究、批判性研究或其他类型的研究中。

已有的研究和理论知识可以帮助研究人员聚焦感兴趣的问题，并选择与研究问题最相关的分析单位。第四章阐释了什么是理论框架，并论述了进行相关文献综述不仅有助于确定研究的理论框架，还有助于形成问题陈述。问题陈述呈现了研究的逻辑和目的，对于做出样本选择（见本章）、数据收集和数据分析的科学决策至关重要。

第二部分的三章内容是数据收集技术。第五、第六、第七章介绍了质性研究数据收集的三个主要方法。第五章介绍了访谈法，其中访谈结构包括从预先设定一系列问题的结构化访谈到一个没有任何预先安排的非结构化访谈。成功的访谈取决于访谈者和被访谈者之间互动的程度以及访谈者如何通过好的问题进行引导的技术。第五章还包含了如何记录和评价访谈数据。

观察与访谈的不同之处在于，研究人员获得了所关注现象的第一手资料，而不是依赖别人的解释。第六章介绍了观察内容，涉及观察者与被观察者之间的相互依存关系，以及如何以田野笔记的形式记录观察结果。第七章介绍了质性数据的第三个主要来源：文本材料和人工制品。文本这个术语广义上涵盖各种书面记录、物理痕迹和视觉图像。尽管可能会根据研究者的要求制定一些文本，但大多数文本都是独立于研究项目编写的，因此为证实通过访谈和观察获得的观点提供了宝贵资源。第七章介绍了各种类型的文本，涉及它们在质性研究中的用途，以及其作为数据来源的优势和局限性。

许多关于质性研究的一般书籍在方法论和数据收集的理论讨论上占用了较多篇幅，而在数据收集后的实际管理和分析上却较少。然而，我们在多年的教学和质性研究经验中发现，整个过程中最困难的部分是分析质性数据。我们也坚信，要学会如何进行分析，实际上只能自己参与分析，而且最好是对自己的数据进行分析。在第八章中，我们试图尽可能清楚地阐述如何分析质性数据，强调了在收集数据时分析数据的重要性，还提出了数据收集期间在研究早期进行分析的一些建议。管理质性研究的大量数据是这一章讨论的另一个主题。这一章的核心是提出一种归纳分析策略，用于构建成为研究结果的类别或主题。还讨论了计算机软件程序在质性数据分析中的作用。这一章的最后一节介绍了专用于第二章讨论的质性研究类型（如现象学和叙事研究）的数据分析策略。

所有研究人员都关注产生有效和可靠的研究发现。第九章探讨了质性研究中的效度和信度问题。特别讨论了内部效度、信度和外部效度，并给出了处理这三者的策略。研究人员还关注如何以符合伦理的方式进行调查，这反过来又会影响研究的信度。第九章以关于伦理道德的讨论结束，特别关注了质性研究中可能出现的伦理道德困境。

许多教育工作者已经能够设计研究，收集相关数据，甚至分析数据，但是在重要的最后一步，也就是呈现研究结果、撰写研究报告时不能完成。如果没有这一步骤，研究几乎没有机会推进该领域的知识基础积累或对实践产生影响。第十章旨在通过帮助质性研究人员撰写质性研究报告来完成研究过程。该章的前半部分提供了组织撰写过程的建议——确定报告的受众，确定主要信息和概述整个报告。其余部分侧重于报告的内容——报告的组成部分及各部分的位置放置，如何在描述和分析之间实现良好平衡，以及如何传播研究结果。

最后，附录提供了一个模板，为研究生和其他想要在方法论章节或质性研究设计中获得指导的人员而创建。此模板概述了方法论章节的组成部分，解释了每个部分需要包含的内容。修改后的模板也可用于质性研究申请研究经费的方法论部分的阐述。

致谢

我们要感谢那些为第四版做出贡献的人。首先感谢第三版的三位评审员为修订和组织第四版提供了非常有用的建议。我们还要感谢世界各地质性研究研讨会的参与者，他们提出了很好的问题，并努力开展与小型试点研究相关的活动。所有这些都能够使我们更好地进行思考和指导研究。还要特别感谢我们的博士生，尽管他们可能已经参加了很多质性研究方面的课程，但他们在进行质性研究的过程中，不断向我们提出进行更好的指导和解答问题的建议。实际上，我们从他们的许多论文中提取了一些例子来说明质性研究过程的各个方面。最后，还要特别感谢宾夕法尼亚州立大学成人教育专业的博士生安妮·格林纳沃特（Anne Greenawalt）协助完成了与准备出版稿件有关的大量研究、技术和组织工作。

沙兰·B. 梅里亚姆（Sharan B. Merriam）

佐治亚大学（雅典）（Athens，Georgia）

伊丽莎白·J. 蒂斯德尔（Elizabeth J. Tisdell）

宾夕法尼亚州立大学哈里斯堡分校（Harrisburg，Pennsylvania）

目录 CONTENTS

第一部分　质性研究设计

　　教育、健康、社会工作、管理和社会活动的其他领域被认为是应用社会科学或实践领域，因为这些领域的从业者处理的是人们日常生活中的实践问题。有兴趣了解更多关于个人的实践，甚至改进个人的实践，会促使人们提出可研究的问题，其中一些问题最好通过质性研究设计来解决。事实上，我们认为从被研究者的角度来看，以发现、洞察和理解为重点的研究最有可能改变人们的生活。

　　对实践进行系统调查（做研究）包括选择与你的问题相对应的研究设计，你还应该考虑研究设计是否与你的世界观、个性和技能相匹配。因此，了解不同类型研究背后的哲学基础很重要，以便在设计和实施研究时作出明智的决定。本书第一部分的四章内容为进行质性研究提供了概念基础，并列出了进行质性研究时需要做出的一些选择和决定。

　　质性、解释性或自然主义研究范式定义了最适合收集和分析数据的方法与技术。质性调查侧重于情境中的意义，在收集和解释数据时，需要一种对潜在意义敏感的数据收集工具。人类最适合这项任务，因为访谈、观察和分析就是质性研究的核心活动。第一章探讨了质性研究的基础，界定了这种探究模式，并确定了其基本特征。

　　虽然所有质性研究都有许多共同的假设和特征，但是质性研究借鉴的学科基础、质性研究的设计方式及研究的意图可能存在差异。因此，一种侧重于文化的质性民族志研究可以与叙事生活史研究或旨在建立实质性理论的研究区分开来。第二章对应用领域六种常见的质性研究设计进行了阐述区分。

　　随着质性研究领域的不断发展和扩展，我们认为有必要加入一个设计阐述的章节，讨论质性方法与其他方向的结合。第三章阐述了混合研究方法、行动研究、批判性研究和艺术本位研究。

　　还有其他考虑因素与确定构成研究框架或基础结构的理论框架有关。综述已有研究有助于阐明研究框架，并形成实际的研究问题陈述和研究目的。此外，选择样本的方式与提出的问题及问题的构建方式都直接相关。第四章详细讨论了这些需要考虑的因素，并附有说明性示例。

因此，本书第一部分的四章内容旨在引导读者了解质性研究的本质及其常见类型，引导读者如何提出问题或激发提问的兴趣、如何陈述问题及如何选择样本。第一部分为后面侧重于数据收集和数据分析的章节作了铺垫。

第一章　什么是质性研究？

　　这是一本关于质性研究是什么及如何做质性研究的书，但在我们进行质性研究之前，重要的是明确研究本身的含义。研究有很多定义，但它们的共同点是以系统的方式探究或研究某些东西的概念。在日常生活中，我们谈论"做研究"，以帮助我们做决定并制订特定的行动方案。例如，当需要购买新车时，你可以通过浏览消费者报告和一些从质量、客户满意度及安全性等方面对汽车进行评级的互联网网站进行"研究"。你除了可以通过试驾的方式，还可以通过这些"研究"来帮助你做出最后的决定。

　　作为读者，也许你可能已经找到了使用这本书的方法，因为你对研究有更浓厚的兴趣。研究通常分为基础研究和应用研究。基础研究的动机是对一种现象的知识感兴趣，其目标是拓展知识。虽然基础研究最终可能会为实践提供信息，但是其主要目的更多的是了解一种现象。阿尔·戈尔（AI Gore）在他获奖的电影《难以忽视的真相》（*An Inconvenient Truth*）中分享了相当多证明全球变暖的基础研究（如极地冰盖的融化速度）。当然，这项基础研究对于人们可能采取的阻止全球变暖的措施具有重要启示。

　　应用研究是为了提高特定学科的实践质量。应用社会科学研究人员与基础研究人员面对的受众不同。应用研究人员希望管理者和政策制定者能够利用他们的研究来改进工作方式。例如，公共卫生研究人员可能会开展一项研究，以了解更健康的学校午餐计划如何影响儿童肥胖。这项研究的结果将影响修订政策的立法者，并影响负责实施该政策的学校营养师和管理者。

　　应用研究有许多形式，其中评价研究是我们许多人在社会实践领域普遍采用的一种应用研究形式。评价和研究之间的差异在于所提出的问题而不在于所使用的方法。它们都是系统探究的形式，每种方法在本质上是相同的。评价研究收集有关程序、过程或技术的价值的数据或证据，其主要目的是为决策奠定基础，"对计划做出判断，提高计划效率和（或）为未来的计划做出决策"（Patton，2015，p.18）。应用研究的其他常见形式是行动研究和欣赏式探询，这两种研究都侧重于促进变化。行动研究的目标是解决实践环境中的特定问题，例如教室、工作场所、项目或组织（Herr & Anderson，2015）。相比之下，在组织环境中经常使用欣赏式探询来讲述这些组织中什么是积极的、有意义的和有效的因素，以促进创新（Cooperrider，Whitney，& Stavros，2008），而不是只关注问题。这两种研究通常都涉及研究过程中的参与者，从而模糊了变革过程和研究之间的区别。此外，虽然一些研究培训有帮助，但是行动研究和欣赏式探询通常由有兴趣促进其工作、社区或家庭变革的人开展。他们决定对现状进行"试验"，同时记录在尝试新策略或采取干预措施时发生的情况。通常，参与者随着时间的推移实施许多干预或策略。结果和进展不断被记录，以下过程才能明确：发现实践问题的最有效解决方案（行动研究），或者发现当组织专注于在其成员之间分享积极的欣赏类故事时产生了什么样的创新（欣赏式探询）。

从最广泛的意义上讲，研究是一个系统过程，经历了这个过程我们比参与这个过程之前更了解某些事物。我们可以参与这个过程，为某一个领域的知识发展做贡献（纯研究），改进特定学科的实践（应用研究），评估某事物的价值（评价研究），或解决特定的局部问题（行动研究）。

一、质性研究的本质

大多数人都知道实验是什么或调查是什么。我们可能知道在减肥实验中，有人单纯节食，有人节食加运动，也有人节食、运动和服用抑制食欲类药物。这是一个实验，将参与者随机分成三组测试，调查哪种"治疗"方式会减重最多。我们熟知调查，就像当我们在购物中心被采访回答调查问题时一样，例如，调查我们使用过的产品、看过的电影等。调查研究描述"是什么"，也就是说，变量如何在人群或现象中分布。例如，我们可能对谁可能看过哪些电视节目以及他们的年龄、种族、性别、受教育程度和职业感兴趣。

这些设计有许多变化，但实验方法基本都是试图确定事件的原因，并预测未来类似的事件。调查或描述性设计旨在系统地描述特定现象的事实和特征，或事件与现象之间的关系。有时，这些设计被组合在一起，并标记为"量化"，因为其重点在于数量的多少，通常以数字形式呈现结果。

我们可能有兴趣揭示相关现象的含义，而不是确定因果关系，也不是预测或描述人口中某些属性的分布。质性研究人员有兴趣了解人们如何解释他们的经历、如何构建自己的世界，以及他们认为自身的经历有何意义。例如，若是研究退休者中退休后仍从事兼职工作者的百分比和特征，可以通过调查来完成，我们可能更关心他们如何适应退休、如何看待生活的这个阶段，以及他们从全职工作到退休的过程等，这些问题都是对其经验的理解，需要进行质性研究设计。虽然布朗和克拉克（Braun & Clarke, 2013）简化了质性和量化研究的区别，但是他们仍认为："质性研究的最基本定义是它使用词汇作为数据……通过各种方式收集和分析。相反，量化研究使用数字作为数据并使用统计技术对其进行分析"（pp.3-4，原文中强调）。

二、质性研究从哪里来？

在我们现在所谓的"质性研究"或"质性调查"变得流行之前的数十年，人类学家和社会学家就在探究人们生活的社会和文化背景，以及人们认知世界的方式等。人类学家和社会学家进入"现场"，无论是非洲的一个村庄或是美国的一个城市，观察正在发生的事情，在这些环境中进行访谈，收集和分析有助于认知其研究内容的物品、私人文件和公共文件。这些研究的书面记录本质上是质性的。波格丹和比克伦（Bogdan & Biklen, 2011）指出，

20 世纪第二个十年和 20 世纪 30 年代的芝加哥社会学家强调"社会背景和传记的交集",其中"当代描述质性研究的根源具有整体性"（p.9）。

> 此外，特别是芝加哥学派社会学家在撰写的生活史中强调了从很少被倾听的人（罪犯、流浪者、移民）的角度看世界的重要性。虽然没有使用"让其发声"这个短语，但是他们知道自己是在为社会边缘人群的观点"发声"。（p.10）

除了人类学家和社会学家，教育、法律、咨询、卫生和社会工作等专业领域的人们也经常对理解某种现象的具体案例感兴趣。例如，皮亚杰（Piaget）通过研究自己的两个孩子推导出认知发展理论。新闻调查，甚至人文和艺术研究也一直热衷于描绘人们在特定社会背景下的经历。

我们现在所称的质性研究，来源于 20 世纪中期的两本重要出版物。1967 年，社会学家巴尼·格拉泽（Barney Glaser）和安塞尔姆·斯特劳斯（Anselm Strauss）出版了《发现扎根理论：质性研究的策略》（*The Discovery of Grounded Theory：Strategies for Qualitative Research*）。他们的书没有检验理论，而是通过归纳和分析社会现象来建构理论。这本书提供了进行此类研究的实践策略和理论框架。这本书以及斯特劳斯及其同事的后续研究持续界定了质性研究，同时也影响了我们对质性研究的理解。

在定义质性研究方面，我们要提的第二个出版物是埃贡·古帕（Egon Guba）于 1978 年出版的专著《教育评估中的自然主义探究方法论》（*Toward a Methodology of Naturalistic Inquiry in Educational Evaluation*）。如果研究发生在现实环境而不是实验室中，那么这项研究就是"自然主义的"，任何被观察和研究的现象都可以"自然地"发生。在自然主义调查中，研究者并不控制或操纵正在研究的内容，这种研究也以发现为导向，其研究结果并非预先确定。

20 世纪 70 年代末 80 年代初，越来越多的出版物（Bogdan & Taylor，1975；Guba & Lincoln，1981；Patton，1978，1981）促进了对于自然式探究的理解。人类学和社会学等传统学科以外的许多领域的研究人员（如教育、卫生、管理、社会工作等），开始采用质性研究方法，特定学科的期刊也开始发表质性研究成果，几本致力于质性研究的期刊也逐渐得以创办。

如今，世上涌现了数百本关于质性研究各个方面的书籍及有关质性研究的专业期刊，并且定期召开这一领域的学术会议。事实上，在设计研究时，根据研究的目的和理论取向，现在有许多探究和分析方法的范式和策略可供选择（Lincoln，Lynham，& Guba，2011）。虽然从可以为研究人员提供丰富的质性研究选择这个角度来讲，这样确实不错，但是对于无论是新手还是经验丰富的研究人员而言，理解所有这些材料可能是一项艰巨的任务！

三、哲学视角

上一小节简要介绍了质性研究的产生与发展。通过认知质性研究的哲学基础，可以认识这种研究的本质。遗憾的是，几乎所有学者就如何探讨质性研究的哲学基础都没有达成一致观点。一些人探讨其传统和理论基础（Bogdan & Biklen，2011）、理论传统和取向（Patton，2015）；还有一些人探讨范式和观点（Denzin & Lincoln，2011）、哲学假设和解释框架（Creswell，2013）或认识论和理论观点（Crotty，1998）。采用质性研究的方式，每位学者都以自己的方式理解其潜在的哲学影响。在本小节中，也将会阐释我们的理解。

首先，其他形式的研究对质性研究进行哲学定位是有帮助的，这种定位意味着人们对现实本质（本体论）和知识本质（认识论）的看法。与其他类型的文章相比，大多数质性研究的文章都涉及这类研究的哲学基础（Creswell，2013；Denzin & Lincoln，2011；Patton，2015）。普拉萨德（Prasad，2005）关于解释、批判和"后"（如后现代主义、后结构主义和后殖民主义）传统的讨论在这里是有用的，卡尔和凯米斯（Carr & Kemmis，1995）以及拉瑟（Lather，1992，2006）提出的类型学也有用，卡尔和凯米斯对实证性、解释性和批判性三种研究形式进行了区分，拉瑟为类型学增加了后结构主义观点和后现代主义观点。

实证主义取向假设现实事物是客观存在的，并且是可行的、稳定的和可测量的。通过对这一现实的研究获得的知识被称为"科学的"，其中包括"规则"的建立。实验研究采取了实证主义立场。这种观点的僵化已经让位于逻辑经验主义和后现实主义。后现实主义认识到知识是相对的而不是绝对的，但"使用经验证据或多或少可以区分一些不合理的主张"（Patton，2015，p.106）。

解释性研究是最常见的质性研究，它假设现实是社会建构的，也就是说，没有单一的、可观察的现实，相反，单个事件有多种现实或解释。研究人员不是"找到"知识，而是"建构"了知识，建构主义是一个经常与解释主义互换使用的术语。克雷斯韦尔（Creswell，2013）解释说：

> 在这种世界观中，个人寻求对其生活和工作的世界的理解。他们为自己的经历赋予主观意义。这些意义多种多样，促使研究人员寻找观点的复杂性。换句话说，这些主观意义并非简单地烙印在个人身上，而是通过与他人互动（因此是社会建构主义）以及通过在个人生活中运作的历史和文化规范形成的。（pp.24-25）

除了社会建构主义为解释性或质性研究提供信息，现象学和象征性互动主义也很重要。哲学家埃德蒙德·胡塞尔（Edmund Husserl）和阿尔弗雷德·舒茨（Alfred Schutz）在20世纪早期将现象学作为社会科学的一个主要方向。巴顿（Patton，2015）解释说："胡塞尔的现象学意味着研究人们如何通过感官来描述事物和体验事物。他最基本的哲学假设是，我们只能通过关注唤醒意识的感知和意义来了解所经历的事物（Husserl，1913，p.116）。"一个人所拥有的经验包括了解释经验的方式，没有"客观"经验超出其解释范围。符号互动论，最常与乔治·赫伯特·米德（George Herbert Mead）联系在一起，他也关注意义和解释，尤其是人们通过互动而创造和分享的意义与解释。"符号互动论对质性研究的重要性在于它明确强调了符号的重要性，也着重解释了为何将互动作为理解人类行为的基础"（Patton，2015，p.134）。

批判性研究不仅仅揭示了人们对世界的理解，它根植于若干传统研究中，早期影响了马克思（Marx）对社会经济条件和阶级结构的分析，哈贝马斯（Habermas）关于技术性、实践性和解放性知识的概念，以及弗莱雷（Freire）的变革教育和解放教育。批判性研究的一个基本假设是"所有的思想都是受历史和社会建构的权力关系影响的"，并且"渴望被冠以'批判性'名称的探究必须与对抗特定社会不公正的企图相联系"（Kincheloe，McLaren，Steinberg，2011，p.164）。批判性研究借鉴了女性主义理论、批判种族理论、后殖民理论、酷儿理论、批判民族志等，批判性研究的目标是批判和挑战、转变和赋权。克罗蒂（Crotty，1998，p.113）写道："这是仅寻求理解的研究与提出挑战的研究之间的对比；从互动和社区的角度解读情况的研究与从冲突和压迫的角度解读情况的研究之间的对比；接受现状的研究与寻求变革的研究之间的对比。"那些批判性研究者从权力的角度构建研究问题，即谁拥有权力，如何协商，社会中的哪些结构强化了当前的权力分配等。

拉瑟（Lather，1992，2006）的理论框架是后结构主义或后现代主义，后现代视角的研究与前面讨论的三种形式截然不同，对这些"后"方法有很多不同的、细致入微的讨论（Lather & St. Pierre，2013）。无论如何，它正在影响我们对解释性研究和批判性研究的思考。后现代世界使现代世界的理性、科学方法和确定性不再存在。根据后现代主义者的观点，对事物在世界上的解释只不过是神话或宏大叙事，没有单一的"真理"，相反，有多个"真理"。后现代主义者颂扬人、思想和制度之间的多样性。通过接受世界的多样性和多元性，没有任何一个元素享有特权或没有任何一个元素会比另一个元素更强大。与此观点一致，后现代研究具有高度的实验性、趣味性和创造性，任何两个后现代研究看起来都是不同的。格尔比奇（Grbich，2013，p.8）指出，"大多数形式的质性研究现在都有一个既定的后现代立场（如民族志、扎根理论、行动研究、评估研究、现象学和女性主义研究），后现代主义倾向于描述性和个体解释的'迷你'叙事，这种叙事为处于特定语境中的小规模情况提供解释，且不涉及抽象理论、普遍性或概括性的假设"。这种观点有时与女性主义、批判理论和酷儿理论相结合。

我们在表1.1中以认识论的视角总结了以上四个观点，这四个观点分别是实证/后实证主义、解释/建构主义、批判主义和后现代/后结构主义。该表列出了每个观点的研究目的、研究类型及其对现实的看法。这个汇总表并不意味着这些观点有严格的区分——事实上，在实际的研究设计和方向上存在着共通之处，例如"批判民族志"和"后结构性女性主义研究"——但此表格仍有助于提出一些假设。拉瑟（Lather，2006）让她的学生"玩儿一下"以上观点——

问他们，"如果这种研究范式是一种人格障碍……或者一项运动……或一种饮料"（p.36），它可能看起来像什么或被称为什么——以此来帮助他们在另一个层面上理解不同认识论之间的差异。例如，实证主义的公共活动可以是游行乐队或古典芭蕾舞，这是一种精确的受规则主导的活动；解释主义的公共活动可以是社区野餐，这是一种合作、互动和人文的活动；批判主义的公共活动可以是一档出生缺陷基金会的电视节目，因为它关注的是边缘群体；而后现代主义的公共活动则可以是马戏团、游乐园或狂欢节，因为其视角和刺激具有多样性，且无单一的参照点。

表 1.1　认识论的视角

项目	类型			
	实证/后实证主义	解释/建构主义	批判主义	后现代/后结构主义
研究目的	预测 控制 概括	描述 理解 解释	改变 解放 赋权	解构 问题化 质疑 打断
研究类型	实验 调查 准实验	现象学 民族志 解释学 扎根理论 自然/质性研究	新马克思主义 女性主义 参与行动研究（participatory action research，PAR） 批判种族理论 批判民族志	后殖民 后结构 后现代 酷儿理论
对现实的看法	客观的 外在的 就在那里	多种现实 情境的	政治、社会、文化背景中多种现实（一种现实是特权）	问题假设存在现实所在的地方"那里有那里吗"（Is there a there there）？

　　这四种哲学取向在研究中的差异可以通过展示不同观点的研究者如何研究高中辍学问题（或者，有时也称之为肄业）来说明。从实证/后实证主义者的角度来看，研究者可以从假设学生因为自卑而辍学开始，然后设计一个干预计划，以提高处于风险中的学生的自尊心。设置的实验要控制尽可能多的变量，然后测量和评估结果。

　　从解释性或质性的观点来看，研究者对相同的主题不会检验理论、建立实验或做任何测量。相反，可能会有兴趣从肄业者本身的角度研究辍学的经历，或者可能有兴趣发现哪些因素可以区分辍学者和那些可能面临风险但仍然完成高中学业的人。研究者还需要访谈学生，或者在校内或校外观察学生，并查看辅导员报告和个人日记等文件。

　　从批判性研究的角度来看，研究者会有兴趣研究学校的社会制度如何构建，使一些社会成员和阶层的利益得到保护和延续，从而导致牺牲他人的利益。研究者会调查学校的结构方式、再现特定反应模式的机制（如出勤率、测试、年级），等等，也会与高中未完成学业者合作设计和实施该研究。这种对问题的社会经济、政治和文化原因进行的集体调查和分析旨在采取集体行动来解决问题（实际上，学生可能自己将未完成学业确定为问题）。

最后，后现代或后结构调查将质疑和"破坏"研究问题中固有的二分法（例如完成与未完成、成功与不成功、毕业与辍学）。这种后现代研究的"发现"可能以叙事、田野调查笔记及戏剧和诗歌等创作形式呈现，重要的是它可以提出多种观点、多种声音，以及对高中辍学意味着什么作出多种解释。

应该指出的是，这四种研究方向可能在不同的研究领域存在交叉。例如，后结构和女性主义倾向的结合，正如英格利希（English，2005）所做的那样，她在女性主义非营利组织的学习方面做得很好；又如批判民族志，如刘、马尼亚斯和格尔德茨（Liu，Manias，& Gerdtz，2012）对医疗病房护理过程中护士和病人之间有关药物交流的研究。

要开始一项研究项目，首先要检查自己对现实本质、研究目的及通过所做努力得出的知识类型的基本原则的定位，哪个方向最适合你的观点？哪种观点最适合回答你的想法？

四、质性研究的定义和特征

考虑到哲学的、学科的和历史的影响，毫无疑问对质性研究这一术语的定义并非易事，甚至还有一些选哪个为最佳术语的争论——自然主义、解释主义或质性。普雷斯勒（Preissle，2006）虽然认识到使用质性一词的缺点，但是仍得出"标签已起作用"的结论，因为"它是模糊的、广泛的和包容的，足以涵盖学者们正在开发的各种研究实践。因此一些期刊和手册……将自己定位为质性研究平台，而其他期刊和手册的标题，如民族志或访谈，则代表了质性实践的特定方面"（p.690）。

大多数学者提出了反映方法复杂性的定义。例如，丹增和林肯（Denzin&Lincoln，2013）在描述定义的长段落开头说"质性研究是一种将观察者置身于世界中的情境化活动。质性研究包括一系列使世界变得可见的解释性、物质性实践"（p.6）。在描述质性研究实践的几句话之后，他们得出结论："质性研究人员在自然环境中研究事物，试图用人们带给现象的意义来理解或解释现象"（p.3）。我们尤其喜欢范马南（Van Maanen，1979）几年前下的一个更简洁的定义——质性研究是"涵盖一系列解释性技术的总称，旨在描述、解码、翻译，并以其他方式接受社会世界中某些或多或少自然发生的现象的意义，而非频率"（p.520）。从根本上说，质性研究人员感兴趣的是了解人们构建的意义，即人们如何理解他们的世界和他们在世界上的经历。

像质性研究这么复杂的事物，下定义只不过是理解这类研究的开始。另一个策略是描绘其主要特征。正如预料的那样，不同的学者强调了不同的特征，不过肯定存在重叠之处。大多数人认为以下四个特征是理解质性研究本质的关键：重在过程、理解和意义；研究人员是数据收集和分析的主要工具；过程具有归纳性；研究结果富有描述性。

（一）聚焦于意义和理解

从建构主义、现象学和符号互动论的哲学视角出发，质性研究人员关注人们如何解释他们的经历、如何构建世界以及赋予他们的经验何种意义。质性研究的总体目的是了解人们如何从生活中理解、描绘意义创造的过程（而不是结果或产物），并描述人们如何解释他们的经历。巴顿（Patton，1985）解释说：

> "质性研究"就是在努力理解特定背景下的独特情境及其相互作用。这种理解本身就是目的，因此它不会试图预测未来可能发生的事情，而是要理解这种背景的本质（参与者在这种环境中意味着什么，他们的生活是什么样的，他们发生了什么事情，他们的意义是什么，在这个特定世界的环境中是什么样的），并在分析中能够将其忠实地传达给那些对该背景感兴趣的人……分析力求深度理解。（p.1）

关键问题是从参与者而非研究者的角度理解感兴趣的现象，这有时被称为主位的（*emic*）或内部人的观点，而不是客位的（*etic*）或局外人的观点。在博安南（Bohanna）的经典作品《丛林中的莎士比亚》（*Shake speare in the Bush*，1992）中可以找到体现这两种观点差异的一个有趣的例子。当她在一个西非村庄向长老们讲述哈姆雷特的故事时，他们根据其信仰和文化价值观指导她理解这部戏剧的"真正意义"。

（二）研究者作为主要工具

所有形式的质性研究第二个特征是，研究人员本身是数据收集和分析的主要工具。由于理解是质性研究的目标，人类作为研究工具的话能够立即响应和适应，这似乎是收集和分析数据的理想方式。研究者作为工具的其他优点可以通过以下方式来扩展理解：非语言和语言交流、立即处理信息（数据）、阐明和总结材料、与受访者核实解释的准确性，以及探索不寻常或未预料到的反应。

然而，人类作为研究工具存在的缺点和偏见可能对研究产生影响，此外，还有一个特定的理论框架或视角表明研究者展现的研究结果。与其试图消除这些偏见或主观性，不如根据理论框架和研究人员自身的利益来识别并监控它们，以明确它们如何影响数据的收集和对结果的解释。在对质性研究主观性的经典分析中，佩什金（Peshkin，1988，p.18）甚至认为，一个人的主观性"可以被看作是有道德的，因为它是研究人员做出独特贡献的基础，是他们独特的个人品质与他们收集的数据相结合的结果"。此外，后现代主义和后结构形式的质性研究力图使研究者和参与者的主观性都清晰可见（Lather & St. Pierre，2013）。虽然主观性不是大多数质性研究的重点，但是研究人员必须要处理自己将产生的潜在影响。

（三）一个归纳的过程

研究人员进行质性研究通常是因为缺乏理论或现有理论无法充分解释的现象。因此，质性研究的第三个重要特征是具有过程归纳性，也就是说，研究人员收集数据来构建概念、假设或理论，而不是像实证研究那样在演绎中检验假设。质性研究人员从观察中获得理论，并从在该领域收集的直观理解中建立理论。随着研究人员的研究从特定领域到一般领域，来自访谈、观察或文献的零碎信息会被编排成更大的主题。通常，从质性研究中的数据归纳得出的结果有主题、范畴、类型、概念、试探性假设，甚至还有关于特定方面实践的理论。

这并不是说质性研究者的头脑是空白的，对研究的现象没有任何想法。所有调查都通过一些特定学科的理论框架来进行，这样才能集中研究和解释数据，但是，这个框架不能像在实验中那样进行演绎测试，而是通过研究者在该领域归纳学习而获得的（关于理论框架的作用，请参见第四章）。

（四）丰富的描述

最后，质性调查的结果是富有描述性的。研究人员表达对某种现象的理解使用的是文字和图片，而不是数字。描述的内容可能有背景、涉及的参与者及感兴趣的活动。此外，支持研究结果的资料包括文件、现场记录、参与者访谈、录像带摘录、电子通信或这些内容的组合。这些引用和摘录有助于描述质性研究的本质。

（五）其他特点及研究者的能力

除了所有类型的质性研究共有的特征，大多数形式的质性研究或多或少还有一些其他的相同之处。例如，在理想情况下，质性研究的设计是新兴的、灵活的，能够对正在进行的研究不断变化的条件作出反应。然而，情况并非总是如此，因为论文和论文委员会、资助机构和人类受试者评审委员会通常要求提前确定相关的研究设计。相对于量化研究中更大规模、更随机的抽样，质性研究中的样本选择通常（但不总是）是非随机的、有目的的、小规模的。质性研究的研究者经常花费大量的时间在自然环境（"领域"）中与参与者密切接触。

鉴于质性研究的性质和特点，研究者需要具备以下能力：

● 对工作和生活情境保持质疑态度。质性研究是回答问题的一种方式，因此研究者必须首先以疑问的眼光看待生活中发生的事情。为什么事情是这样的？
● 对模糊性高度容忍。质性研究的设计是灵活的，相关变量无法提前知晓，研究结果是在数据分析过程中归纳出来的。因此，研究者必须适应质性调查的起伏多变并信任调查过程。

● 观察仔细。观察是一个系统的过程，而不是偶然的过程，研究者可以通过实践来提高观察的技巧。

● 提出好问题。访谈通常是质性研究中主要的数据收集策略。在访谈中获得优质的数据取决于研究者提出的精心挑选的开放式问题，之后可以通过调查和更详细的要求进行跟进。

● 归纳式思考。数据分析需要科研人员进行归纳思考，从特定的原始数据中归纳出抽象的类别和概念。

● 写作流畅。由于研究结果以文字（有时也以图片）形式呈现，而不是量化研究中的数字形式，因此最终的质性研究报告比量化研究报告更需要写作能力。

本书中的各个章节旨在帮助科研人员提升这些能力。例如，第四章讨论了如何提出适合质性研究的问题。关于访谈、观察、数据分析和研究报告撰写的章节则探讨了其他能力。

通过对这一章的总结，表 1.2 显示了质性研究的特征并与我们更熟悉的量化研究进行了比较，这种比较有助于阐明两种类型研究之间的一些基本差异。然而，正如许多有经验的研究人员所证明的那样，这个表格在这两种类型研究之间建立了一种人为的二分法。这应该被视为有助于理解二者的差异，而不能作为一套管理每种类型研究的硬性规则。在实际的研究过程中，几个比较点之间的差异远没有表格中所列的那么严格。

表 1.2　质性研究与量化研究的特征比较

比较点	质性研究	量化研究
研究的聚焦点	质（性质、本质）	量（多少）
哲学起源	现象学、符号互动论、建构主义	实证主义、逻辑经验主义、现实主义
相关表达	实地考察、人种学、自然主义、扎根理论、建构主义	实验、经验、统计
调查目的	理解、描述、发现、意义、产生假设	预测、控制、描述、确认、检验假设
设计特点	灵活的、不断发展的、新兴的	预先确定的、有条理的
样本	少量的、非随机的、有目的性的、理论的	大量的、随机的、有代表性的
数据收集	研究者作为主要工具、访谈、观察、文本	客观的仪器（秤、测试、调查、问卷、计算机）
原始分析模式	归纳的、连续比较的方法	演绎的、数据的
发现	全面、整体、广泛、丰富的描述性	精确的、数字的

五、总结

质性研究是一种包含多种哲学取向和方法的研究。我们今天所谓的质性研究可以追溯到人类学、社会学和各种应用研究领域，如新闻、教育、社会工作、医学和法律等。20世纪60年代和70年代出版了许多关于方法论本身的出版物。20世纪的最后几十年，质性研究被确立为一种独立的研究方法。

在本章中，我们对比了实证/后实证主义（量化）、解释主义（质性）、批判主义和后现代主义的研究方法。我们还简要讨论了为质性研究提供基础的哲学，包括建构主义、现象学和符号互动论。所有这些哲学基础的共同点是强调经验、理解和意义建构，这些都是质性研究的特征。在本章的最后一小节中，我们定义了质性研究并描述了其主要特征，即重点在于理解经验的意义，研究人员是数据收集和分析的主要工具，过程具有归纳性，最终结果具有丰富的描述性。

第二章 六种常见的质性研究设计

从教育到社会工作，从人类学到管理学的各个领域，研究人员、学生和从业者都在进行质性研究。因此，不同的学科和领域提出了不同的问题，发展出略有不同的研究策略和研究程序也就不足为奇了。尽管"质性研究"或"质性调查"仍然是一个总称，但质性文本的作者已经以多种方式呈现了形式多样的质性研究。巴顿（Patton，2015）讨论了 16 个"传统理论"，有些是熟悉的分类，如人种学和扎根理论；另一些则不太常见，如符号学和混沌理论。克雷斯韦尔（Creswell，2013）提出了 5 种"方法"：叙事研究、现象学、扎根理论、民族志和案例研究。特施（Tesch，1990）列出了 45 种方法，分为设计（如案例研究）、数据分析技术（如语篇分析）和学科方向（如民族志）三大类。丹增和林肯（Denzin & Lincoln，2011）将一些关于主要"探究策略"（p.xi）的章节囊括在内，如案例研究、民族志、扎根理论和参与式行动研究。正如以上简短的概述所表明的那样，对于如何将"大量的选择或方法"归类为质性研究尚未达成共识（Creswell，2013，p.7）。

鉴于质性研究策略的多样性，在这里我们选择了六种较为常用的质性研究方法：基本质性研究、现象学、民族志、扎根理论、叙事研究和案例研究（行动研究，侧重于在实践中解决问题，并在研究过程中实施，这已经越来越普遍了。我们将在下一章讨论这一内容）。这些方法是我们多年来为博士生提供建议、教授质性研究课程及开展自己的质性研究所采用的。因为这些类型的质性研究有一些共同的属性，所以它们被置于在"质性"这一大的概念之下。然而，它们各自的重点又有所不同，这就导致了研究问题的提出方式、样本的选择、数据的收集和分析及写作的方式存在差异。这些类型的研究也可能存在交叉，其中研究人员可以将两种或多种研究结合起来，如在一个人种学案例研究中结合。现在，我们先介绍这六种方法，然后再讨论一些方法组合。

一、基本质性研究

特别是那些刚接触质性研究的人，他们面临的挑战是试图弄清楚他们正在做什么样的质性研究，以及他们的"理论框架"是什么。我们对质性研究理论框架的理解会在第四章中详细讨论，质性研究的理论框架就是质性研究者在做研究过程中所秉承的观点及所持的认识，因为质性研究非常依赖于研究者本人的理解的解释。质性研究基于这样一种信念：知识是由人们以持续的方式构建的，因为他们参与并使活动、经验或现象具有意义（这与量化研究范式形成鲜明对比，后者倾向于基于知识预先存在，等待被发现）。

根据我们的经验，在教育、管理、卫生、社会工作、咨询、商业等实践应用领域，最常见的质性研究类型是基本的解释性研究。在这里，研究人员简单地将他们的研究描述为"质性研究"，而没有将其定义为质性研究的特定类型，如现象学、扎根理论、叙事研究或人种学研究。多年来，人们一直在努力解决如何使用诸如一般、基本和解释性等词语来进行这种常见的质性研究。由于所有质性研究都具有解释性，而"一般"并未传达明确的含义，因此我们更倾向于将此类研究标记为基本质性研究。

所有质性研究的一个核心特征是个人在与社会世界的互动中构建现实，因此，建构主义构成了我们所谓的基本质性研究的基础。在这里，研究人员感兴趣的是了解现象对现象参与者的意义。然而，意义是"不是被发现而是被构建的，意义不在对象中，而是在等待有人到来……意义是人类在与他们正在解释的世界交往时构建的"（Crotty，1998，pp.42–43）。因此，进行基本质性研究的研究人员会对以下方面感兴趣：人们如何解释他们的经历，如何构建他们的世界，以及人们认为自身的经历有何意义。基本质性研究的总体目标是理解人们如何认知他们的生活和经历。

尽管这种理解是所有质性研究的特征，但其他类型的质性研究具有"额外"维度。例如，现象学研究试图理解该现象的本质和基本结构。民族志致力于理解个人与他人的互动，以及与他们所生活的社会文化之间的互动。扎根理论研究不仅要求理解，还要建立关于现象的实质性理论。叙事研究使用人们讲述的故事，以各种方式分析故事，理解故事中揭示的经历的意义。如果分析单位是一个有界系统——案例，例如人、项目或事件——人们会将这样的研究标记为"案例研究"。这些类型的质性研究将在本章的后续部分中讨论。在某种程度上，所有形式的质性研究都试图揭示参与者对其经历的理解。

基本质性研究可以在整个学科和应用领域中找到。它们可能是教育中最常见的质性研究形式，通过访谈、观察或文本分析收集数据，根据研究的学科理论框架提出问题、观察内容及收集相关文本（见第四章）。例如，教育心理学家可能有兴趣了解课堂上的教学交流，而社会学家则对同一课堂中的社会角色和社会互动模式更感兴趣。对数据的分析涉及识别表征数据的重复模式，结果是这些重复出现的模式或主题，既由数据支持又由数据衍生而来。总体解释就是研究人员对于参与者如何理解被研究现象的理解。

基本质性研究的案例有：莱文森（Levinson，1996）对女性发展的研究，基于15名家庭主妇、15名女企业家和15名女学者的深入访谈；蒂斯德尔（Tisdell，2003）对31名成人教育工作者的研究，探究精神如何影响他们作为文化工作者的自身发展及其从事的解放教育工作。在大多数领域的研究期刊中都可以找到基本质性研究的实例。例如，金（Kim，2014）进行了一项质性研究，揭示了韩国退休人员从事第二职业转型的过程。费尔南德斯、布林和辛普森（Fernandez，Breen，and Simpson，2014）研究了患有双向情感障碍的女性如何通过失去和恢复的经历重新考虑她们的身份。另一个基本质性研究的例子是梅里亚姆和穆罕默德（Merriam & Muhamad，2013）对马来西亚传统治疗师的研究，该研究明确了这些治疗师在诊断和治疗癌症方面所起的作用。

总之，所有的质性研究都对意义是如何构建的及人们如何理解他们的生活和世界感兴趣。一项基本质性研究的主要目标就是揭示和解释这些意义。

二、现象学

因为现象学的哲学也是质性研究的基础，所以有些人认为所有的质性研究都是现象学的，当然在某种意义上也确实是。现象学既是与胡塞尔相关的 20 世纪哲学学派（Husserl，1970），也是一种质性研究。从现象学的哲学出发，其关注的是经验本身以及经验是如何转化为意识的。现象学家并不关心现代科学将现象分类、简化和减少为抽象规律的做法。相反，现象学家对我们的"生活经历"更感兴趣（Van Manen，2014，p.26）；这样的焦点要求我们从直接"'关注事物本身'……转向那些被他们面前的理论模式所遮蔽的现象"（Spiegelberg，1965，p.658）。现象学是研究人们对其生命世界的意识体验，也就是说，他们的"日常生活和社会行为"（Schram，2003，p.71）。范马南这样解释："现象学是理解世界的方式，因为我们预先反思性地体验了世界。反思性经验是我们生活的一般经验，我们在日常生活中的大部分时间（如果不是全部的话）都要经历。"（Van Manen，2014，p.28）

虽然所有的质性研究都是借鉴现象学的哲学强调经验和解释，但是也可以通过使用现象学的特定"工具"进行研究。这种类型的研究基于以下内容开展：

> 假设共享经验有一个本质或多个本质。这些本质是通过常见现象相互理解的核心意义。对不同人的经历进行归纳、分析和比较，以确定现象的本质，例如，孤独的本质、作为母亲的本质或作为特定计划参与者的本质。关于本质的假设，如民族志学者关于文化存在且重要的假设，是纯粹的现象学研究的显著特征。（Patton，2015，pp.116–117，原文中强调）

那么，现象学家的任务就是描绘经验的本质或基本结构。这些研究通常涉及丰富的人类经验，如爱情、愤怒、背叛等。对感兴趣的现象的已有看法暂时搁置或暂不理会，以免干扰观察或凭直觉理解现象的要素或结构。当已有看法被暂时搁置时，意识本身就会变得更加强烈，并且可以被审视，像产生意识的主体被审视一样。

为了获得一种经验的意义的本质或基本结构，数据收集的主要方法是现象学访谈。在访谈那些对现象有直接经验的人之前，研究人员通常会探索自身的经历，一方面是为了检验这种经验的维度，另一方面是为了了解个人的偏见、观点和假设。这个过程被称为悬置（epoche），"希腊语意为避免评判……在悬置中，日常的理解、判断和认识被搁置，现象被重新审视"（Moustakas，1994，p.33）。然后，这些偏见和假设被暂时搁置或暂不理会，以便我们能够检验意识本身。当然，人可以在多大程度上搁置其偏见和假设，这是有争议的。然而，来自现象学研究的这一过程影响了整个质性研究，研究人员在开始研究之前，通常会先检验他们对感兴趣现象的偏见和假设。

　　除了悬置，现象学还有其他独特的研究策略——现象学还原，即不断回归经验本质的过程，以获得经验本身的内在结构或意义。我们还原这种现象是为了理解它的本质。横向化是将所有数据进行检验并将数据视为具有相同权重的过程，也就是说，在初始数据分析阶段，所有数据都具有相同的权重值，然后将这些数据按群集或主题分类。穆斯塔卡斯解释说，在横向化中，"存在人，有意识的经验和现象之间的交织。在解释现象的过程中，本质得到明确和描述；每一种感知都被赋予同等值，经验中非重要的成分按照主题联系起来，并得出完整的描述"（Moustakas，1994，p.96）。想象变异就是从各种角度观察数据，就像一个人走在现代雕塑周围，从不同的角度看不同的东西。

　　现象学研究的产物是"呈现现象'本质'的全面描述，称为本质的、不变的结构（或本质）"（Creswell，2013，p.82，原文中强调）。这种描述代表了正在研究的经验的结构。"读者应该摒弃这种想法，'我更能理解一个人经历这些是什么感觉'（Polkinghorne，1989，p.46）"（Creswell，2013，p.62）。

　　如前所述，现象学方法非常适于研究情感的、情绪的，以及往往是强烈的人类体验。例如，特罗特曼调查了小学教育中的想象力和创造力。他声称，这一现象学研究揭示了"这些教师用何种方式重视并解读其学生富有想象力的经历"，并且"提出如果想让富有想象力的经历作为一个有价值的教育过程并得到认可和持续的话，那么专业教育者需要应对特殊的挑战"（Trotman，2006，p.258）。在另一个例子中，鲁思-萨德和蒂斯德尔研究了直觉知识的含义以及直觉知识如何影响新手护士的实践（Ruth-Sahd & Tisdell，2007）。在第三个例子中，瑞安、拉普利和齐拉维耶克对精神病患者的应对方式的意义进行了现象学研究（Ryan，Rapley，and Dziurawiec，2014）。这三个例子都强调了现象学研究非常适合研究情绪和情感状态。

　　与其他形式的质性研究一样，现象学研究的方式也有所不同。穆斯塔卡斯（Moustakas，1994）和施皮格伯格（Spiegelberg，1965）都描述了进行此类研究的过程，这可能对有兴趣探索这种方法的研究人员有所帮助。范马南出版的书中也提供了一些方式方法，并探讨了"现象学"范畴之下的各种线索和传统（Van Maanen，2014）。这里重要的是理解现象学作为一种哲学已经对所有质性研究产生了影响。然而，它也是一种质性研究的类型，有自己的重点和策略方法。

三、民族志

　　在各种类型的质性研究中，民族志可能是研究人员最熟悉的。它的历史可以追溯到 19 世纪晚期的人类学家，他们进行"田野"的参与式观察（简短而有趣的历史，见 Tedlock，2011）。人类学家"做"民族志是一个研究过程，并将他们的发现写成民族志作品。因此，民族志既是一个过程，又是一个作品。尽管民族志起源于人类学领域，但如今许多领域和学科的研究人员都有可能会参与民族志研究。例如，布拉肯在墨西哥一个以女性主义社区为基础的组织中进行了一项关于成人教育计划的民族志研究（Bracken，2011）。现在有许多形式的民族志，包括生活史、批判民族志、自传式民族志（Muncey，2010）、表演民族志和女性主义民族志。

各种形式的民族志都关注人类社会和文化。尽管文化有不同的定义，但它本质上是指构成特定群体行为模式的信念、价值观和态度。丹德雷德概述了用于确定所谓文化的标准：

> 说某些东西具有文化性，至少是说，它是由一个社会群体的相当数量的成员所共享的，是在行为上、身体上或内在的思想上拥有共享的东西。此外，必须以某种特殊的方式认识到这一点，并且其他人也至少期望知道这一点，也就是说，它必须是主体间共享的。最后，某些东西想要具有文化性，它必须具有传递给新团体成员的潜在可能，并且在时间和空间上存在一些永久性。（D'Andrade，1992，p.230）

沃尔科特同意文化"指的是不同群体生活的各种方式以及与这种行为相关的信仰体系"，（Wolcott，2008，p.22）这是民族志内涵特征的核心。

要了解一个群体的文化，必须花时间与被研究的群体相处。正如范马南所指出的那样："民族志研究的结果是一种文化描述。但是，这种类型的描述只能在给定的社会环境中经过长时间的深入学习和居住才能出现。它要求使用所处环境中的语言，直接参与在那里举行的一些活动，最关键的是，必须与当地的一些信息提供者密切联系。"（Van Maanen，1982，pp.103-104）

作为参与观察者，收集数据的主要方法是深入现场，正式和非正式的访谈，以及对文档、记录和物品的分析也构成了数据库，同时还有实地工作者关于每一天发生的事件的日记，包括个人感受、想法、印象或见解。

民族志的核心是深描，这是一个由格尔茨推广的术语。格尔茨写道，"文化并不是一种权力，不是社会事件、行为、制度或过程可以归因的某种因素；它是一种背景，上数种种在文化中可以被理解，也就是说可以被深描"（Geertz，1973，p.14）。然而，民族志撰写的不仅仅是描述。虽然民族志学者想要传达参与者看待生活的意义，但是他们也会在其中做出一些解释（Wolcott，2008）。法迪曼（Fadiman，1997）屡获殊荣的长篇民族志著作展现了深描的力量，一名美国苗族儿童的医疗状况产生了两种文化在医学和治疗上的冲突。这项研究还指出，对一种现象进行文化解读时，需要长期并持续沉浸在现场中，并广泛收集数据。

人类学家经常利用先前存在的社会与文化行为和特征的类别来呈现研究发现（参见Murdock，1983；Lofland，Snow，Anderson & Lofland，2006），其他领域关注文化的质性研究人员可能会将他们的研究结果按照源自数据本身的体系进行处理。这被称为"主位（emic）"视角，是文化内部人员的视角，而不是研究人员或外部人员的"客位（etic）"视角。无论处理数据的想法或主题的起源是什么，都需要对数据进行某种处理，以便向读者传达被研究群体的社会文化模式特征。仅描述文化习俗是不够的，研究人员还应描述他或她对这一现象的文化意义的理解。

除了基本的质性研究，民族志研究非常普遍，在许多期刊和实践领域中都可以找到例子。例如，对一场女子平道轮滑德比联赛（Donnelly，2014）、一个完整的美洲印第安家庭（Martin & Yurkovich，2014）、伦敦皇家芭蕾舞团（Wainwright，Wiliams & Turner，2006）和华尔街投资银行家（Michel，2014）进行的民族志研究。还需要指出的是，正如现象学研究的情况一样，有时研究被标记为"民族志"，是因为质性研究与民族志的历史有联系。然而，要进行民族志研究，必须使用文化的视角来理解某种现象。

四、扎根理论

扎根理论是社会学家格拉泽（Glaser）和斯特劳斯（Strauss）于 1967 年在其著作《发现扎根理论：质性研究的策略》中提出的一种特定的研究方法。在其他形式的质性研究中也是如此，研究者作为数据收集和分析的主要工具，假定了归纳的立场，并努力从数据中获得意义。这种质性研究的结果从数据中产生，或扎根于数据，因此，是扎根理论。丰富的描述也很重要，但不是这类研究的主要聚焦点。

查尔马兹（Charmaz，2000）阐述了为什么格拉泽和斯特劳斯的书如此具有"革命性"：

> 它挑战了（a）理论与研究之间的武断分割，（b）认为质性研究主要是更"严格"量化方法的前奏的观点，（c）对严谨程序的追求造成质性研究不合理的说法，（d）认为质性方法不精确、不系统，（e）数据收集和分析分离，以及（f）质性研究只能产生描述性案例研究而不能促进理论发展的假设。（p.511）

扎根理论与其他类型的质性研究的区别在于其关注构建理论（Corbin et al.，2015）。所开发的理论类型通常是"实体的"而不是正式的或"宏大的"理论。实体理论以特定的日常生活情境为参照对象，例如返校成人学生的学习应对机制，或与低收入儿童"合作"的特定阅读计划，或应对自然灾害后的创伤。实体理论具有针对性，因此对实践有用，而实践往往缺乏涵盖更多全球性问题的理论。此外，扎根理论对解决有关过程的问题特别有用，也就是说，事物如何随着时间而变化。

扎根理论研究中的数据可以来自访谈、观察和各种文本材料。与其他类型的质性研究一样，扎根理论研究也有自己的术语和程序。首先，数据收集以理论抽样为指导，其中"分析者共同收集、编码和分析……并决定接下来要收集哪些数据以及在哪里收集，以便发展……和呈现数据背后的理论"（Glaser & Strauss，1967，p.45）。其次，使用连续比较法分析进行数据分析。基本上，连续比较法涉及将一段数据与另一段数据进行比较以确定相似性和差异性，将类似维度上的数据组合在一起，给该维度暂定一个名称，然后将其作为一个类别。这种分析的总体目标是识别数据中存在的模式。这些模式在扎根理论的构建中彼此关联排列。（有关连续比较法的更多讨论，请参见第八章）

无论研究者是否正在建构扎根理论，数据分析的连续比较法都被广泛用于质性研究中。这或许可以解释为什么术语扎根理论被滥用于描述其他类型的质性研究，或者研究人员描述了使用扎根理论指导数据分析，并将其称为"扎根理论研究"。这可能会让新手研究人员感到困惑。事实上，查尔马兹（Charmaz，2011，p.360）指出"到目前为止，社会公平调查中很少有扎根理论研究能够表现理论建构。然而，许多都表明扎根理论的研究方式如何加强了主题分析"。扎根理论中数据分析的归纳比较性质为分析所有数据集提供了系统的策略。然而，数据分析的连续比较法不需要产生实体理论。我们认为，只有从研究中得出了实体理论并根据数据确定该理论时才最好将该研究称为"扎根理论研究"。

建立实体理论涉及确定核心类别，这是扎根理论的第三个特征。核心类别是连接所有其他类别和属性的主要概念元素。斯特劳斯（Strauss，1987）解释说，核心类别"必须是中心，即尽可能多地与其他类别及其属性联系……必须经常出现在数据中……并且必须有助于发展理论"。除了核心类别，该理论还包括其他类别、属性和假设。类别、定义或阐明类别的属性，都是理论的概念元素，所有这些元素都是从数据中归纳或"扎根"于数据中的。假设是类别和属性之间的关系，具有尝试性，并且源自该研究。它们不是在研究开始时就像量化研究那样进行检验。

与其他形式的质性研究一样，扎根理论研究的方法论也随着时间的推移而演变。近些年关于扎根理论研究的出版物均来自建构主义者的观点（Charmaz，2014）和后现代观点（Clarke，2005）。虽然起源于社会学家格拉泽和斯特劳斯，但是现在几乎所有学科和实践领域都能找到扎根理论研究。阿尔·莉莉（Al Lily，2014）使用扎根理论方法探索教育技术领域的国际学术团体如何像沙特阿拉伯贝都因（Saudi Arabian Bedouin）部落在文化、政治和社会方面的运作一样发挥"部落"的作用。斯坦利（Stanley，2006）对老年人幸福感知的扎根理论研究涉及一种"感知控制"的核心范畴，与"权衡交易"的基本社会过程相互关联。扎根理论也是研究农村拉丁裔农民工参与一项农药暴露研究的原因的方法论（Hohl，Gonzalez，Carosso，Ibarra & Thompson，2014）。

五、叙事研究

"最古老、最自然的感觉形式"是故事或叙事（Jonassen & Hernandez-Serrano，2002，p.66）。故事是我们如何理解自身的经历、如何与他人沟通，以及如何通过故事了解我们周围世界的载体。我们在电视和互联网上观看新闻报道，讲述我们工作当天的故事，通过文字或电影阅读或了解他人的故事。正如黛特（Daiute，2014，p.xviii）所解释的那样，"叙事的力量并不是与生命有关，而是与生命中的相互作用有关。叙事是一种古老的人类文化实践，当今通过技术、个人移动和跨文化联系得到增强"。叙事是我们如何分享日常生活，可以通过古代的洞穴绘画，也可以通过当代的脸书（Facebook）。黛特称之为"一个巨大的当代史诗叙事"（Daiute，2014，p.2）。故事，也被称为"叙事"，已经成为质性研究中受欢迎的数据来源。这种质性研究的关键是将故事用作数据，更具体地说，以故事形式讲述的第一人称体验经历，有开始、中间和结尾。有时用其他术语表述这些故事的经历——传记、生活史、口述历史、自传式民族志和自传。

自 20 世纪 90 年代初以来，故事已经成为了解人类经验意义的源泉。关于叙事研究的大量文章——例如五卷系列的叙事研究《他人的意义：关系的叙事研究》（*The Meaning of Others: Narrative Studies of Relationships*）（Josselson，Lieblich & McAdams，2007）、关于叙事分析的手册（Clandinin，2007），以及期刊《叙事调查》（*Narrative Inquiry*）和《叙事与生活史》（*Journal of Narrative and Life History*）——促成了这种质性研究方法的普及。第一人称经验记录构成了这种研究方法的叙述"文本"。无论描述/解释是自传、生活史、访谈、期刊、信件还是我们收集的其他材料的形式，对文本的分析都意在探究作者对其赋予的意义。

因为故事的"文本"构成了这类研究所分析的数据集，所以研究书面文本的解释学哲学，经常被引用认为对叙事探究有影响。解释学哲学侧重于解释。巴顿（Patton，2015）解释说：

> 解释学为解释性理解或意义提供了理论框架，特别关注语境和原始目的……解释学提供了解释传说、故事和其他文本的视角……为了理解和解释文本，重要的是要知道作者想要传达什么，理解想要表达的意义，并将文本置于历史和文化背景中。（Palmer，1969，pp.136-137）

巴顿（Patton，2002，p.115）指出，解释学"起源于书面文本的研究……叙事分析将文本的概念扩展到深入的访谈记录、生活史叙述、历史回忆录和创造性纪实文学"。此外，"解释学视角强调解释和语境，对叙事研究产生影响，就像解释主义社会科学、纪实文学和文学批评同样影响叙事研究"。他还注意到现象学的影响，因为叙事是生活经历的故事。

与其他形式的质性研究一样，叙事研究利用各种方法分析故事（De Fina & Georgakopoulou，2012；Riessman，2007）。每种方法都以某种方式检验故事的构建方式，以及使用的语言工具或故事的文化背景。传记、心理学和语言学的方法是最常见的。丹增（Denzin，2014）的传记方法，根据性别、种族、家庭出身、生活事件和转折点经历以及参与者生活中的人的重要性和影响进行叙事分析。心理学方法更多集中于个人，包括思想和动机。这种方法"强调归纳过程、语境化知识和人类意图……'它'是整体性的，因为它承认意义形成的认知、情感和动机维度。它还考虑到生物和环境对发展的影响"（Rossiter，1999，p.78）。语言学方法，或吉（Gee，2014）所谓的话语分析，侧重于故事的语言或口头文本，并且还关注说话者的语调、音调和停顿。吉提供了 18 个问题，通过这些问题可以构建分析。最后，语言学方法分析了叙事的结构（Labov，1982；Schiffrin，Tannen & Hamilton，2001）。利用该结构，人们总结了叙事的实质，并确定了事件及其发生的顺序、行动的意义，以及解决的方法或最终发生的事情。

作为获取人类行为和经验的手段的叙事研究越来越受欢迎，人们还随之讨论了如何更好地讲述故事、研究人员在过程中的作用以及这些叙述的信度和效度。米什勒（Mishler，1995，p.117）提醒"我们不是在发现故事；我们是在创造故事"。

> 我们通过分析性重述来再次描述/解释受访者的行为。我们也是故事讲述者，通过我们的概念和方法——研究策略、数据样本、转录程序、叙述单元和结构的规范，以及解释视角——构建故事及其含义。从这个意义上说，故事总是共同创作的，或者是在采访者直接引述过程中直接创作的，或者是通过我们的描述间接创作的，从而改变了他人的文本和话语。（pp.117-118）

由于叙事分析受到广泛关注，这类质性研究有很多例子和变体。例如，健康地理学关于叙事分析的全面讨论的例子，即一个人的健康相关经历如何受到物理场所的影响（Wiles，Rosenberg & Kearns，2005）。布罗肯伯勒为 5 位男性参与者提供了作为城市学校中的黑人男性教师，"多次重新叙述和构建他们的生活故事的机会"（Brockenbrough，2012，p.746）；麦克亚当斯、乔塞尔森和利布里希（McAdams，Josselson & Lieblich，2013）编写了一本书，进行了人们生活中转折点的叙事研究，例如处理中年离婚、从学校过渡到劳动力市场、从海洛因成瘾中恢复等。在另一个例子中，维伦斯基和汉森（Wilensky & Hansen，2001）让非营利性机构的高管讲述"故事"，以揭示他们对自己工作的信念、价值观和想法。最后，皮索尔（Piersol，2014）采用叙事调查来更深度地理解人际关系如何影响户外教育工作者与其教育所在地之间的关系，也就是说，参与者如何"倾听"教育所在地的声音，从而加强与生态的联系。

六、案例研究

术语"案例研究"通常与"质性研究"交替使用，特别是刚接触质性研究的研究人员，如果其研究只有"质性研究"一个标签系感到有压力。然而，正如已经讨论的其他类型的质性研究（现象学、民族志、扎根理论、叙事研究）一样，案例研究除了具有与其他形式的质性研究共有的特征，还具有一些本质特征。混乱的部分原因在于，一些案例研究采用了质性和量化方法（参见第三章中的"混合方法"讨论）。但是，本章关于"质性研究的类型"，我们将只讨论设计为质性的案例研究。案例研究与其他形式的质性研究一样，都探求意义和理解，研究者都作为数据收集和分析的主要工具，是一种归纳调查策略，最终的研究成果都具有丰富的描述性。

现代案例研究在人类学、社会学和心理学方面也有先例。此外，律师、医生、社会工作者甚至侦探都可以参与研究"案例"。但随着质性研究方法的演变，案例研究才从方法论的角度重新引起了人们的注意。早在 20 世纪 60 年代和 70 年代，教科书上的研究方法都是关于实验设计和统计方法的发展。其中一些内容包括一个标题为"案例研究"的笼统章节，承认针对某一现象存在偶然的历史性或深入的描述性研究。到 20 世纪 80 年代，斯塔克（Stake，1988）、因（Yin，1984）、梅里亚姆（Merriam，1988）和其他人都撰写了关于案例研究作为一种方法论的文章。

"案例研究"是对有界系统的深入描述和分析。围绕案例研究的部分问题是，进行案例研究的过程与研究单位（案例）及其调查结果混为一谈。例如，因（2014）将案例研究定义为一种实证研究，它调查现实生活背景下的当代现象（"案例"），特别是当现象和背景之间的界限可能不明显时（p.16）。正如因（2014）所观察到的，案例研究设计特别适用于无法将现象变量与其背景分开的情况。然而，斯塔克（2005）侧重于试图确定研究单位，即案例。沃尔科特将其视为"实地研究的最终产物"（Wolcott，1992，p.36），而不是策略或方法。

当然，以上每一种方法都包含了一些案例研究，并有助于对这种研究的本质进行一般性理解。然而，我们得出结论，案例研究最具决定性的特征在于界定研究对象，即案例。正如斯塔克所说，"许多质性研究旨在很好地理解一件事：一个操场，一支乐队，一家减肥中心"（Stake，2010，p.27）。此外，案例研究更偏向于"选择要研究的内容"而非做出方法论选择（Stake，2005，p.443）。"研究内容"是一个有界系统（Smith，1978），一个单一的实体，一个有边界的单位。你可以"陷入"你将要研究的某些现象的例子中。那么，案例可以是某种现象中的一个人、一个项目、一个团体、一所机构、一个社区或一项特定的政策。诸如斯普罗·福尔泰（Sprow Forté，2013）关于针对拉丁裔母亲的金融扫盲计划的案例研究，科迪（Coady，2013）关于新斯科舍省某社区心脏康复计划参与者的成人健康学习研究，以及佩里（Perry，2008）关于加纳的国家卫生政策的案例研究。迈尔斯、休伯曼、萨尔达尼亚（Miles，Huberman & Saladaña，2014，p.28）认为这种情况是"在某种有限的背景下发生的某种现象"。他们用中间带着核心的圆形将其呈现出来，这个核心就是研究的聚焦点，其周围的圆圈"界定了案例的边界：不会被研究的内容是什么（p.28）。

分析单位"不是"调查的主题，而是案例研究的特征。例如，一项关于老年人如何学习使用计算机的研究可能是一项质性研究，但不是案例研究，因为分析单位是学习者的经验，可以选择不定数量的老年学习者并对其使用计算机的经验进行研究。作为一项案例研究，一个特定的程序或一个特定的学习者课程（一个有界系统），又或一个特定的老年学习者，根据其典型性、独特性和是否成功等来选择分析的单位。斯塔克（Stake，2006，p.1）解释说：

案例是名词、事物、实体；它很少是动词、分词、功能。学校可能是案例——易于形象化的真实事物……培训模块可能是案例——无定形且抽象，但仍然是事物，而"培训"则不是案例。护士可能是我们的案例；我们通常不会将"护理活动"定义为案例。"管理""变得有效""分娩"和"投票"是事物发挥作用的例子，而不是我们可能认定为案例的实体。对于案例，我们可以选择"经理""生产场所""产房"或"选民培训课程"。在这些案例中，我们找到了检验作用发生的机会，但起作用的并非案例本身。

如果你感兴趣的研究现象不具有固定界限，那它就不是一个案例。评估主题界限的一种方法是根据数据收集的有限程度，也就是说，可以接受访谈的人数是否有限制或者可以进行观察的时间是否有限。如果无论从理论上还是从实践上看，可以进行访谈或者可以实施观察的人数是没有限制的，那么这就不足以成为一个案例。

由于分析单位决定了研究是否为案例研究，因此这类质性研究与本章所述的其他类型的研究不同。其他类型的质性研究，如民族志、现象学、叙事研究等，是由研究的重点而不是分析单位来定义的。事实上，由于有界限的系统是定义案例的分析单位，因此其他类型的研究可以与案例研究相结合。民族志案例研究就非常普遍，例如，深入研究特定社会群体的文化。此外人们可以在案例研究中建立扎根理论或者呈现一个人的"故事"，从而将叙事研究与案例研究相结合。

虽然我们对案例研究的定义是"对有界限的系统的深描和分析"，这其实与其他定义是一致的（Bogdan & Biklen，2011；Creswell，2013；Patton，2015；Stake，2005），有些读者可能认为克雷斯韦尔（Creswell）的详尽定义很有帮助。对他而言，"案例研究是一种质性方法，研究者通过多种信息源进行详细、深入的数据收集，随着时间的推移探索一个有界系统（案例）或多个有界系统（案例）（例如，观察、访谈、视听材料、文件和报告），并进行案例描述和分析基于案例的主题"（2013，p.27；原文中强调）。

最后，案例研究可以是历史性的，如一个组织或项目的历史；可以是传记，其中"研究人员为了收集第一人称叙事而与一个人进行大量的访谈"（Bogdan & Biklen，2011，p.63）；也可以是比较。比较案例研究也称为多案例研究或多场域案例研究，是指收集和分析来自多个案例的数据，并且可以与可能具有嵌入其中的子单元或子类的单个案例研究（如学校内的学生）区分开。例如，泰勒（Taylor，2006）希望探索非正式社群场所的学习。他将州立公园视为第一个案例，将家庭装修中心视为第二个案例，比较两者在教育活动规划和指导方面的共同点。另一个比较案例研究的例子是柯林斯（Collins，2001）、柯林斯与汉森（Collins & Hansen，2011）的著名研究，他们对表现从优秀到卓越并且满足严格选择标准的11家公司进行了研究，并与表现一般的公司进行比较。他们研究了在过去的15年间里，那些杰出的公司如何与表现平平的公司相比一直保持着高业绩。正如迈尔斯、休伯曼和萨尔达尼亚（2014）指出的那样，研究中包含的案例越多，并且案例之间的差异越大，解释就越有说服力。"通过比较一系列相似和差异明显的案例，我们可以更加清晰和深刻地理解单独案例的研究结果，并以其为基础说明研究为什么如此进行。这样可以增强调查结果的准确性、有效性和稳定性（p.33）。事实上，包含多个案例是增强研究结果外部有效性或普遍性的一种常见策略（见第九章）。

七、质性研究类型的交叉

我们在这里讨论的质性研究类型是最常见的，而且这些类型的质性研究存在较大差异。然而，还有许多特定类型的质性研究，也还有一些质性研究是我们上述类型的组合。例如，有时研究人员可以通过关注特定项目（特定案例）的文化维度（民族志）来进行民族志案例研究，或者研究人员可以将扎根理论与案例研究结合起来。民族志研究也可以利用叙事性访谈作为数据收集的一部分，这是特德洛克（Tedlock，2011）在叙事民族志的讨论中所提到的。

质性研究人员可以通过多种方式设计研究。研究人员如何做到这一点，在一定程度上取决于研究的理论框架（在第四章中进一步描述）、以及研究重点和研究问题所显示的研究目的。鉴于没有单一的正确方法来定义或描述质性研究，研究人员在确定如何标记其研究时，要依据质性研究文献及其研究目的提出明确的理由。有许多手册、书籍和教科书都有关于各种类型的质性研究章节（参见 Clandinin，2007；Creswell，2013；Denzin & Lincoln，2011；Knowles & Cole，2007）。在为调查确定质性研究类型时，检查文献来源是有帮助的，这有助于弄清所选特定内容之间的细微差别。

八、总结

在本章中，我们简要讨论了六种质性研究的类型。这些类型选自多种类型的质性研究，因为它们在社会科学和应用实践领域很常见。图 2.1 提供了本章讨论的质性研究的类型的概要。基本质性研究是最常见的形式，其目标是了解人们如何理解自身的经历，研究通过访谈、观察和收集数据，并进行归纳分析，以解决提出的研究问题。

本章讨论的其他类型的质性研究与基本质性研究具有完全相同的特征，这就是我们将基本质性研究置于图 2.1 中心的原因。然而，尽管每种类型都具有这些特征，但每种类型也具有"其他的"特征。现象学关注现象的本质或内在结构；民族志侧重于社会文化解释；扎根理论力求建立一个"扎根于"所收集数据的实质性的理论；叙事研究利用人们的故事来理解其经历；案例研究是对有界系统的深入分析。

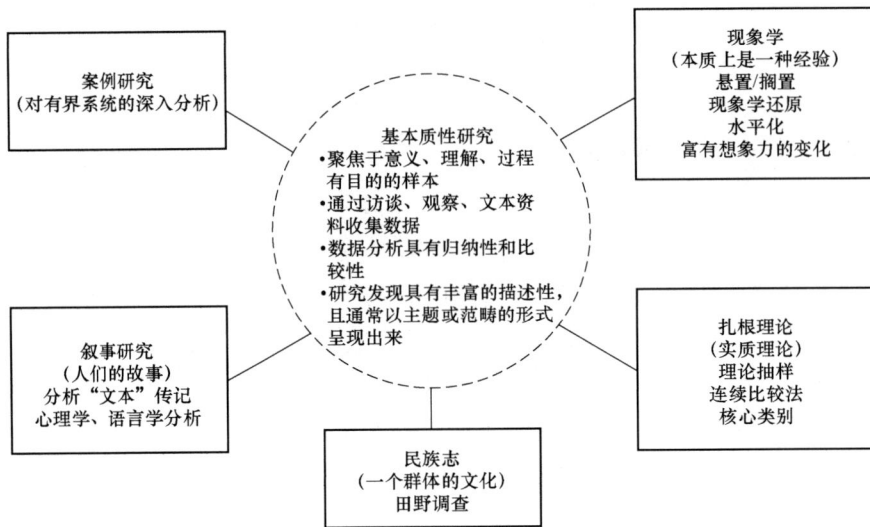

图 2.1　质性研究的类型

第三章 质性研究的扩展范式：混合研究方法、行动研究、批判性研究和艺术本位研究

想象一下，你对当地社区的发展感兴趣，同时你希望增加在社区中的参与度，需要了解关于社区的一些信息。你有兴趣设计一种研究项目来促进这一进程。在上一章我们讨论了六种最常见的质性研究，但是没有一种能真正帮助你获得你需要的所有信息，也不能帮助你增进社区参与。那么，还有其他类型的研究设计可以帮助你实现这一点，它们要么是完全质性，要么具有很强的质性成分。在本章中，我们将讨论几种近几年越来越流行的研究方法。

我们首先讨论混合研究方法（既有量化成分又有质性成分），然后讨论行动研究及其种类。其次，我们讨论批判性研究的意识形态形式（受新马克思主义、批判理论、女性主义理论、酷儿理论、失能理论、批判性种族理论、后现代/后结构/后殖民理论的启发，这些理论框架试图分析和挑战权力关系）。最后，我们将简要讨论艺术本位研究。虽然这些类型的研究所用的质性成分并不像上一章讨论的质性研究类型那样普遍，但是它们已经越来越流行，许多最近的论文和期刊文章都使用了这些方法。事实上，一些期刊正致力于推动这些研究方法在研究中的运用。如果不考虑这些研究方法，当前关于质性研究的内容就不完整了。

一、混合研究方法

开展一项关于社区发展的研究可以运用混合研究方法，在这种方法中，你将收集信息，并在理想情况下促进社区参与。你可以先开展一项量化调查，调查人们的态度和兴趣，他们对社区问题的参与程度，他们最关心的是什么，以及通常的人口调查。这会为你提供一些重要的基本信息，并且你或许能够根据性别、种族或经济状况探讨在社区关注的事情和社区参与方面的统计学显著性差异。但是，这样的调查不会告诉你任何关于那些最有兴趣参与社区的人如何理解、如何完成事情或促进其发展的信息。因此，你也可以选择一个质性调查，根据目的性标准访谈一部分调查对象。你可以通过单独访谈来收集这些信息，或者如果你也有兴趣让人们参与互动的话，可以进行焦点小组访谈。这是一个混合研究方法的例子。

讨论混合研究方法的方式各有不同。克雷斯韦尔强调，可以从哲学立场来讨论，"在这一立场中，认识论和其他哲学假设占据了中心地位。也可以将其描述为一种方法论，也就是说，作为一种源于广泛哲学并不断解释和传播的研究过程"（Creswell，2015，p.1）。他承认，不

同的作者以不同的方式讨论混合研究方法，但他自己的立场是将其视为一种方法。因此，他将混合研究方法定义为：

> 社会、行为和健康科学研究的一种方法，研究者收集量化（封闭式）和质性（开放式）数据，整合这两种数据，然后根据这两组数据的综合优势得出解释，以了解研究问题。（Creswell，2015，p.2）

在这本关于质性研究的入门书中，我们的目的主要是讨论混合研究方法对其质性研究部分的使用，正如克雷斯韦尔（2015）描述的那样。我们首先简要介绍混合研究方法的发展历史，然后讨论混合研究方法的设计类型。

（一）混合研究方法的历史

随着时间的推移，混合研究方法已不断发展并被广泛接受。克雷斯韦尔和普拉诺·克拉克（Creswell & Plano Clark，2011）讨论了其形成时期（20 世纪 60 年代末和 70 年代初），当时开始采用量化调查和访谈相结合的方式来回答研究问题。

他们把 20 世纪 70 年代末和 20 世纪 80 年代末称为范式辩论阶段。辩论集中于质性和量化研究在认识论假设上的差异。正如第一章所讨论的，质性研究一般基于这样一个假设，即"现实"是由个人根据自己的经验构建的。因此，在这种观点中，不是一个现实，而是有许多现实。相比之下，一些人认为，支持量化研究的实证主义是基于这样一种信念：只存在一种现实而且可以被测量。因此，在这一辩论时期（目前仍为一些学者所用），有一些专家认为量化和质性方法不应该结合在一起，因为它们有不相容的认识论基础。另一些人则反驳说，在不完全接受实证主义世界观的情况下，进行一项量化研究来探索总体趋势是可能的。这些情境主义者"使他们的方法适应这种情况"。然而，"实用主义者相信多种范例可以用来解决研究问题"（Creswell & Plano Clark，2011，p.26）。

下一个时期，也就是 20 世纪 90 年代，程序上的发展出现了，不同类型的混合研究方法得以充实，而从大约 2000 年到本书撰写之时，克雷斯韦尔和普拉诺·克拉克（Creswell & Plano Clark，2011）称其为"宣传和扩展期"。这一时期不仅扩展了混合研究方法使用的可能性，还认识到这种方法本身是一种方法论。在最近一段时间内，专门致力于混合研究方法的手册和期刊出现了。此外，基金支持为实施混合研究方法提供了基础，1999 年，美国国立卫生研究院（National Institutes of Health，NIH）率先行动。美国国家卫生研究院在 2003 年举办了一场关于质性研究方法的研讨会，宣传混合研究方法的优势（Creswell & Plano Clark，2011），从那时起，许多资金来源项目都要求使用混合研究方法的研究计划。

（二）混合研究方法的设计类型

混合研究方法有很多的设计类型。克雷斯韦尔（2015）讨论了三种主要设计：聚敛式设计、解释性序列设计和探索性序列设计。在聚敛式设计中，质性和量化数据或多或少是同时收集的，对两个数据集进行分析，并对结果进行比较。例如，克里根（Kerrigom，2014）对四所不同的社区大学（每所大学都作为一个"案例"）开展"聚敛式并行的混合方法案例研究"（p.341），以探索其组织能力和使用数据支撑决策之间的关系。在这方面，她主要借鉴了领导能力和资本形式领域的文献。首先，她用目的性标准来选择这四个案例。接下来，她邀请主任及以上级别的所有管理人员和选定的教员（基于某些标准）填写一份量化调查表。在同一时期，她还访谈了一组精挑细选的教员和管理员，了解他们以数据支撑决策的情况。她分析了每个案例和跨案例的两组数据，发现"社区大学以数据支撑决策的组织能力由人力资本和社会资本决定，而不是由物质资本决定"（p.346），物质资本是获取和理解技术的途径。这不仅是一个聚敛式设计研究的例子，也是一个混合方法比较案例研究的例子。

在克雷斯韦尔（2015）所指的解释性序列设计中，首先收集量化数据，随后收集质性数据，通常是为了更深入地解释结果或特定的研究结果。蒂斯德尔、泰勒和斯普罗·福尔泰（Tisdell，Taylor & Sprow Forté，2013）的混合研究方法就是一个例子，该研究考察了245名金融素养教育者的教学信仰和教学实践，以及他们如何尝试向工人阶级和文化社区教授金融问题相关内容。他们首先进行了量化调查，然后对15名在调查中高度关注文化问题的受访者进行了访谈，访谈的重点是他们在实践中实际做了什么。因此，量化数据提供了关于金融知识教育者的信仰和教育实践的信息，一般来说，还包括他们对文化问题的关注程度。但是质性访谈提供了文化故事和例子，以说明这些信仰，特别是关于文化问题的信仰，如何在教育中发挥作用。

在探索性混合研究方法设计（Creswell，2015）中，首先收集质性数据，然后根据质性数据分析设计调查问卷。人们通常在对某一特定人群或主题知之甚少的情况下采用这种研究方法，而质性数据用于探索和定义主题，以便创建一种调查工具，从更大的样本中收集数据。其中一个例子是乔迪·雅雷克（Jodi Jarecke，2011）的论文，这篇论文研究了三年级医学生对临床环境中师生关系的看法，以及这些看法如何与学生在未来作为教育者的角色中对教和学的看法相联系（p.三年通常是医学生从教室转换到诊所的时候）。因此，耶雷克在三年级医学生中访谈了13名学生，然后根据访谈过程中提出的问题和主题开展了一项调查，并将调查结果分发给了一所学校的所有三年级学生。她发现，与时间、临床层次和特定的临床轮换内容区域相关的背景因素会影响师生关系。此外，在确定学生的专业领域时，师生关系非常重要。

通常，混合研究方法中的一种数据形式比另一种更为主要（Plano Clark et al.，2013）。例如，利用本章开头提出的主题，我们可以预先将当地社区的发展研究设计作为案例研究，其中我们主要进行观察、分析文件，并访谈社区居民。在项目进行到一半的时候，可能会对更广泛的参与者群体进行量化调查，可能会进一步产生一些重要的数据。因此，从案例研究开始的研究成为质性混合方法的案例研究，但质性数据仍然是主要的。在这个场景中，量化部分嵌入以案例研究为主的设计中。普拉诺·克拉克等（2013）将其称为嵌入式设计，定义如下：

> 解决研究问题的量化和质性组成部分在关系上具有不平等优先权。当研究问题包括主要和次要问题时，研究人员选择嵌入式方法，其中一个问题（例如，主要问题）需要量化方法，而另一个问题（例如，次要问题）需要质性方法。（p.223）

鉴于本书主要是关于质性研究的方法，我们在本章中引用的大多数混合研究方法以及作为示例使用的都是嵌入式设计，其中量化部分嵌套在主要的质性设计中。我们的观点是讨论研究人员如何将质性和量化部分结合起来，寻求对所研究的主题更丰富的理解方式。有关混合研究方法的更多信息，我们建议读者阅读本部分引用的任何优质资源。

二、行动研究

行动研究是实践研究者进行研究的一种形式。它不仅旨在了解参与者如何在工作场所、社区或实践中表达或解释某一特定现象或问题，还试图让参与者在某种程度上参与进来。社会工作者、教师和卫生专业人员经常参与行动研究以改进实践（Stringer，2014）。例如，教师想知道特定的干预是否会对提高学生的数学技能有用，然后制定干预策略，并随着时间的推移研究其效果，同时让学生参与到这个过程中。

实践研究者还会参与一些组织中的行动研究，从而推动社会或社区发展以及社会变革。随着时间的推移，研究设计逐渐浮出水面，研究人员和参与者共同决定下一步工作，提出解决问题的方案。在考虑一个例子时，让我们回到本章开头提出的关于希望增加社区参与的社区发展研究。你可以通过行动研究方法轻松设计此类研究。这样的研究会是什么样的呢？

你可以从社区中的六位主要领导者开始并进行焦点小组访谈，探讨领导者认为的社区关键问题以及他们以为社区应该如何共同努力以促进自身发展。你可能试图让这些关键领导者参与其中，帮助设计下一阶段的研究，并讨论需要在社区中收集哪些类型的数据。作为一名研究人员，在领导的许可下，你可以将这种互动录音作为数据进行转录和分析。想象一下，在这个开放的焦点小组访谈中，这些领导者决定下一步应该是对社区成员进行访谈；他们这样做了，然后你们所有人都重新集合，开始分析到目前为止采集到的内容。在下一个阶段，你们可能会一起决定做一个调查，以获得更多关于社区的大规模量化数据。想象一下，通过访谈和调查，你发现人们强调的一件事似乎就是需要让社区的年轻人积极参与到社区的变革中来，一些人建议开展社区艺术项目。所以，在弄清楚如何找到资金来资助这样一个项目之后，一个小组决定聘请社区艺术家与青年合作来创作一系列社区壁画。然后，这个小组研究年轻人参与这些壁画创作的过程。

这里的要点是在行动研究中，研究设计持续展开，研究人员和参与者收集和分析数据，并为开展下一阶段研究做出决定。在研究的每个阶段，主要研究人员都与参与者共同合作。

（一）行动研究的原则

行动研究作为一种理论和研究方法，开始于 20 世纪 40 年代心理学家库尔特·勒温（Kurt Lewin）关于群体关系的研究。虽然他可能不是第一个使用行动研究的人——人们从一开始就非正式地开展过行动研究——但是"他是第一个开发行动研究理论的人，并使行动研究理论成为社会科学中一种受人尊敬的研究形式"（Herr & Anderson，2015，p.12）。自从勒温提出这个理论以来，行动研究已经在许多不同的情况下使用不同的结构解决过实际问题。实际上，这就是它的目的。行动研究有不同的类型，但所有形式的行动研究都有共同的原则。赫尔和安德森（Herr & Anderson，2015）对行动研究的解释是检验其中一些原则的一个有用的起点："行动研究面向组织或社区成员为解决特定问题而已采取、正在采取或希望采取的一些行动或行动周期"（p.4）。

行动研究的第一个原则是将重点放在实践中的"问题情境"上。因此，它的目的是要么解决这个实际问题，要么至少找到一种方法，进一步提高在实践中已经是积极的方面。它始终侧重于改进实践。

行动研究的第二个原则——行动研究的设计是发展的。正如赫尔和安德森（2015）所述，它"面向一些行动或行动周期"（p.4），研究人员和参与者在其中参与改进实践。因此，行动研究的设计通常在研究过程中通过一个螺旋式的计划、行动、观察、反思展开（Kuhne & Quigley，1997 年）。研究人员首先考虑他们第一步将做什么；在第二阶段，他们行动或实施最初的计划；在第三阶段，他们观察行动的结果；在第四阶段，他们根据在第一个周期中收集和分析的数据反思下一步行动。通常，反思阶段成为下一个周期的计划阶段。一般来说，这一反思阶段也会让参与者作为共同研究者参与下一步的研究。

行动研究的第三个原则是至少在某种程度上研究人员鼓动参与者作为共同研究者。行动研究通常不在参与者身上进行，而是与参与者一起进行。这就是为什么赫尔和安德森（2015）强调，行动研究是关于参与"组织或社区的成员已采取、正在采取或希望采取的行动"（p.4），以改变他们处境的某些方面。在行动研究项目中，参与者作为共同调查员的程度各不相同，而且他们在某些阶段的参与程度也可能高于其他阶段。例如，参加者通常对撰写研究报告不感兴趣。此外，环境可能在某种程度上决定了参与者可以作为共同研究者充分发挥作用的程度。然而，行动研究项目成功的一个关键是参与者支持和积极参与的程度。正如斯特林格（Stringer，2014）所指出的，"积极参与是拥有主人翁意识的关键，这种意识激励人们投入时间和精力，帮助塑造他们参与的行为、活动和行为的性质与质量"（p.31）。如果一个人想要在社区、工作场所或在专业实践领域做一些事情，关键要素之一就是参与者的积极参与。

行动研究的第四个原则是，牵头研究人员（负责这项研究的人员）在多大程度上是被研究社区的内部人士或外部人士这一点在任何行动研究中都是不同的，也是必须考虑的因素（Herr & Anderson，2015）。一个人可以作为一个组织的内部人士，或者外部人士，或者随着时间的推移可能成为两种身份兼备者来进行一项行动研究。一个人可以是完全的内部人士，例如，教师研究人员通常在他们自己的课堂上与学生进行研究，以改进他们教学的某些方面。他们对学校和自己的教室都完全知情。一个人也可以是一个合作研究者，与一位教师进行类似研究。例如，一所大学的研究人员可能会与一名教师或一组教师作为共同研究人员，以研究某种提高读写能力的方法。因此，如果大学研究员是一个外部人士，这个场景则代表了一个外部人士与一个内部人士的合作。在我们的社区发展研究例子中，如果你是社区成员，你就是一个内部人士，但在研究开始时，你不一定会是社区的领导者，反而可能会是一个边缘的内部人士，你生活在社区中，但可能与社区没有重大关系。然而，你是一个内部人士，作为一个研究者，与其他社区成员一起承担起带头人的角色，以完成研究并在社区中推进一些事情，你可能会成为一个社区领导小组的重要组成人员。如果一个人是一个组织的完全外部人士，那么尝试是很重要的，以某种方式与至少一位内部人士合作，以便能够更真实地与对改进实践有既得利益的参与者接触。不管一个人作为研究者采取什么立场，记住这一点很重要："行动研究旨在发展和维持非剥削性的社会和人际互动，并提高所有参与者的社会和情感生活。（Stringer，2014，p.23）"

行动研究的第五个原则是随着研究过程的进行，研究者和研究合作者以系统的方式收集和分析多种形式的数据。大多数行动研究只使用质性数据收集方法。然而，正如我们所看到的，作为合作者研究的参与者也可以决定将他们要进行的量化调查作为数据收集方法的一部分，尽管在行动研究中很少有参与者选择这样做。所有质性行动研究的共同点是，它们只使用质性数据收集方法，如访谈、焦点小组讨论、观察和文本分析或物品分析。许多质性行动研究从对参与者的深入访谈开始，作为计划过程的一部分，将参与者作为共同研究者参与到解决问题的过程中，并经常以思考研究过程的个人访谈或焦点小组访谈结束。例如，斯塔基（Stuckey，2009）对患有Ⅰ型糖尿病的参与者进行了一项行动研究，探讨了创造性表达在进一步了解糖尿病中的作用。她进行了个人访谈，然后让参与者参与一系列自己选择的小组创造性表达活动，并在过程结束时再次进行个人访谈。

总之，行动研究有不同的原则，这些原则推进事件发展，关注在实践中解决真正的问题，并且至少在一定程度上吸引参与者，这样的研究才能满足他们的需求。大多数行动研究都是质性行动研究，因为大多数研究只收集质性形式的数据。然而，正如我们所看到的，在行动研究中还可能包含量化的成分。

（二）行动研究的类型

许多类型的行动研究有不同的名称：教师研究、合作行动研究、合作调查、欣赏式调查、批判性行动研究、女性主义行动研究和参与性行动研究（Herr & Anderson，2015）。这些类型之间存在一些差异，但大多数差异可以在行动研究的理论框架中得到解释，也取决于参与者参与研究总体设计和实施的程度。

在阐述行动研究及其种类的进展时，凯米斯、麦克塔格特、尼克松（Kemmis，Mc-Taggert & Nixon，2014）根据哈贝马斯的三种知识类型观划分了行动研究的类型：

1. 以提高对成果的运用为目的的技术行动研究。

2. 以教育或启发从业者为目的的实际行动研究，使他们能够更加明智和谨慎地行动。

3. 以让个人和团体免受不合理，不可持续和不公正待遇为目的的批判性行动研究。（p.14）

这是一个有用的框架，可以了解行动研究类型的一些主要差异。

虽然确实有可能进行技术行动研究项目，也许只是为了提高标准化考试成绩而进行数学教学的干预策略，但是这种行动研究项目显然是不寻常的。大多数行动研究项目属于凯米斯等（2014）所指的"实际行动研究"或"批判性行动研究"。

教师和教授经常在自己的教室里进行质性行动研究，以改进教学实践。这些通常是凯米斯等（2014）所指的"实际行动研究"的例子。20世纪90年代，这种形式的行动研究通常被称为"教师研究"或"教师行动研究"；当前，它们通常被称为"实践探究"或"协作行动研究"（Cochran-Smith & Lytle，2009）。教师行动研究的意义在于改进教学实践，同时使研究者更多地成为反思实践者，与学生一起创造关于学生的新认识。这种教师行动研究项目通常出现在教师对自己的实践感到好奇或有"困惑时刻"的时候（Ballenger，2009，p.1）。由于这些令人费解的时刻，教师可能会开始实施一种新的教学策略或方法，利用"计划—行动—观察—反思"这一循环来实施教学变革。有些教师通过与大学研究人员合作来做到这一点，有些教师则通过自己或与其他教师团体合作来做到这一点。在这些形式的行动研究中，尽管教师征求他们的意见，但通常很少强调让幼儿园至十二年级的学生直接作为合作研究者。相反更强调合作教师群体的声音或教师在实践中不断促进知识积累和专业发展。

其他形式的实际行动研究更多地集中在组织变革上，有时是组织内特定小组的变革。例如，班纳吉（Banerjee，2013）对早期职业科学家进行了一项行动研究，以培养其在组织内的领导能力。她本人作为该组织的内部人员参与了这项研究。因此，她意识到组织内的早期职业科学家往往感到孤立，她的研究在一定程度上改善了这种状况，并培养了他们的领导能力。由这些早期职业科学家及其导师组成的两个不同的行动研究小组，在两年的时间内每月举行一次会议。在这种情况下，她希望这些科学家从事领导能力发展项目的同时，继续参与项目的设计（承担共同研究者的角色）。作为研究者，她负责召集小组并支持这一过程（撰写报告），但由参与者决定他们自己的项目。她发现参与者发展了适应性领导能力以完成他们的项目，这得益于小组本身的学习文化。

行动研究的另一个类型，特别是在教育和其他实践应用领域，是从组织发展领域产生的欣赏式探询。有些人认为欣赏式探询不同于行动研究，因为它本身并不专注于解决实践中的问题。根据库珀里德、惠特尼和斯塔夫罗斯（Cooperrider，Whitney & Stavros，2008）的研究，按照4D（发现Disvovery、梦想Dream、设计Design和命运Destiny）模型，欣赏式探询的重点更多地在于组织中的积极因素，以及通过强调积极因素来启动干预措施。他们特别强调指出，"欣赏式探询干预注重的是想象和创新的速度，而不是组织中常用的负面、批判和螺旋式诊断。发现、梦想、设计和命运模型将积极核心的能量与从未认为可能的改变联系起来"（p.3）。

欣赏式探询研究通常在医疗保健机构中进行。例如，里彻、里奇和马尔乔尼（Richer，Ritchie & Marchionni，2009）与医疗保健工作者进行了一项欣赏式探询研究，以发现和实践癌症护理方面的创新理念。随后，这组研究人员综述了重要的文献，分析了在医疗保健环境中使用欣赏式探询的研究（Richer，Ritchie & Marchionni，2010）。虽然欣赏式探询关注的是组织中的积极因素，而不是有问题的因素，但是考虑到它以过程为导向，并启动了一个变革过程，我们认为它是凯米斯等（Kemmis et al.，2014）所说的"实际行动研究"的一种形式。

大量文献讨论了凯米斯等（2014）所指的"批判性行动研究"。批判性行动研究专门针对试图挑战基于种族、性别、阶级、性取向或宗教的社会结构的权力关系。从理论角度来看，这类研究都借鉴了批判理论或教育学、女性主义理论、批判种族理论或其他专注于挑战权力关系的理论。一些批判性行动研究也属于参与性行动研究，其中参与者在研究中作为共同研究者在很大程度上发挥着重要作用。在其他批判性行动研究中，参与者作为共同研究者的程度有更多的限制。例如，在大多数正规教育环境中，学生参与确定课程或最终（分级）评估的程度存在一些限制。但在批判性行动研究中，教师通常与学生一起工作，这样学生就可以对自己所学的内容有一些发言权和控制权。

西哈（Siha，2014）的批判性行动研究就是一个例子。社区大学写作教授西哈根据保罗·弗莱雷（Paulo Freire）的思想（Norton & Freire，1990）在写作课上运用批判性教学法进行了一项批判性行动研究。他希望当他的学生了解到不同类型的写作时，开始写一些他们关心的事情和他们生活中重要的事情。这种写作是要求"标准式英语"的学术文化所期望的，不应使用学生在家里或街上可能使用的那种语言。他在教学中，强调一种语言的使用或写作形式并不一定比另一种"更好"。相反，学生需要知道在哪种环境下使用哪种类型，在社区大学的写作环境或任何正式的写作中，他们通常都必须使用由"权力文化"决定的写作和语言标准。在强调这一点时，他试图在某种程度上强调写作和语言的"标准"是由那些文化统治者决定的，这些标准语言并不比他们的母语更好或更糟。他们只需要知道在哪种环境中使用哪种语言即可。

作为计划阶段的一部分，西哈让参与者参与了一项初步的教育叙事写作任务，在该任务中，学生们强调了他们感兴趣的写作类型和主题。在将这些论文作为文本进行分析并作为集体制定过程的一部分后，他和学生参与者选择分成较小的写作小组作为一种批判式教学方法，以获得五种不同类型的写作作业反馈。学生们学会了质疑假设，分析与写作和语言有关的权力问题，他们参与的过程有助于他们更好地学习，并在这一过程中学会了更好的写作技巧。他和每位学生分析了写作。在研究结束时，西哈还对学生进行了个别访谈。这是一个批判性行动研究的例子，在这项研究中，学生作为积极的参与者在某种程度上参与了研究，并且在决定写作任务的方向上有发言权，但参与程度并不及参与性行动研究可能达到的程度。

实践者和社区成员有时扮演行动研究者的角色，在他们自己的社区开展参与性行动研究，挑战具体的权力关系，并发起社区变革。我们前面提出的社区发展研究可以很容易地被认为是一项参与性研究。在几乎所有的参与性研究中，这类研究人员要么是社区的内部人士，要么是由社区专门邀请帮助他们进行参与性研究的人。凯米斯等（2014）强调在批判性参与性研究中，参与者对自己的实践"以及实践的条件是否适当深感兴趣"（p.6）。因此，让这些受试者加入参与性研究是很容易的。事实上，这通常是他们的想法，他们发起这项研究是为了与其他人接触，从而改善条件。凯米斯等（2014）在他们的工作中提供了大量批判性参与性研究的例子。

批判性参与性研究可以从个人和社会的角度影响和改变人。皮尔希（Pyrch，2007）认为，参与性研究可以帮助人们摆脱恐惧——或即便恐惧——采取行动，控制恐惧本身就是解放。他描述了自己在加拿大的许多工作经历，然后讨论了参与性研究与作为成人教育的大众教育之间的关系，并指出："对我来说，社区发展概念是成人学习和社会行动的结合，目的是教育人们为集体合作企业服务，以便控制地方事务（p.208）。"许多人要么不相信他们可以和其他人一起行使对地方事务的控制权，要么太害怕以至于不认为他们可以这样做。摆脱恐惧、摆脱缺乏认识，或者同时摆脱两者，都是参与性研究的一部分。这有时也会产生政策影响。例如，卡尼、邓登和尼莱姆（Carney，Dundon & NiLeime，2012）研究了爱尔兰社区活动团体，描述了人们在已经摆脱了恐惧后，如何通过参与性研究影响政策决定。事实上，这是参与性研究的最终目的，即鼓励社区的人们为自己的利益采取行动。

总之，行动研究有许多类型。大多数此类研究属于凯米斯等（2014）称作的"实际行动研究"或"批判性行动研究"。此外，大多数人只使用质性数据收集方法。尽管一些行动研究人员或合作团队会选择收集一些形式的量化数据，但这在行动研究中并不常见。虽然所有的行动研究都试图让参与者满足自己的需求和兴趣，但是参与者实际成为共同研究者的程度因行动研究的类型和研究阶段而异。参与性行动研究最鼓励参与者作为共同研究者。正如我们所看到的，无论批判性行动研究还是参与性行动研究都旨在挑战结构化的权力关系，比如那些基于社会阶级、种族、性别、性取向或宗教的权力关系。不过，还有一些其他形式的批判性研究，我们下面介绍这些类型的质性研究。

三、批判性研究

在前面的讨论中，我们讨论了一种批判性研究——批判性行动研究（以及参与性行动研究，这是一种批判性研究的形式）。但更仔细地思考批判性研究便发现最关键的是为研究提供信息的理论框架。批判性行动研究的重点是帮助人们在研究过程中理解和挑战权力关系，并且在研究进行的过程中推动某些事件发生。还有许多其他类型的质性研究，如批判理论或女性主义理论、酷儿理论、批判种族理论、失能理论或后结构/后现代/后殖民理论（统称为"批判性研究"），在研究进行时，有必要试图让某些事情发生或在实践中解决问题。问题的关键在于，这些类型的研究在指导研究的理论框架以及对权力关系的分析方面都具有集体批判性。正确根据理论框架和社会权力关系对数据进行分析，才使这项研究具有了批判性。在下一章中，我们将更彻底地讨论理论框架在质性研究中的作用。由于现在批判性研究非常普遍，因此，根据伊万娜·林肯（Tyvonna Lincoln，2010）在质性社会科学研究中所指的"批判性转向"，我们将在这里进行更加深入的讨论。

（一）批判性研究的目标和类型

在批判调查中，研究发现或结果的目标是批评、挑战、转变和分析权力关系。在大多数批判性研究中，人们通常希望根据研究的结果采取行动。正如巴顿（2015，p.692）所观察到的，批判性研究之所以具有批判性，是因为"它旨在批判现有条件，并通过这种批判带来变化"。因此，批判性研究并不属于上一章所提到的几种质性研究的"类型"。相反，批判性研究是一种世界观，这种世界观和从这个角度分析的工具可以应用于许多类型的质性研究。例如，人们可以做一个批判的民族志或批判的叙事研究。在基本的质性研究、扎根理论研究或个案研究中，批判也可用于解释数据。重点是在研究的设计和分析中，研究者将专门考察权力关系的性质。

批判性研究植根于几个传统，目前的实践包括各种各样的方法。早期的影响包括马克思的社会经济条件和阶级结构分析，哈贝马斯的自由知识观，以及弗莱雷的教育变革和教育解放。金奇洛和麦克莱恩（Kincheloe & McLaren，2000）将批判性研究的重点放在批判解释学上，"在批判理论驱动的背景下，解释学分析的目的是发展一种文化批判形式，揭示社会和文化文本中的权力动态"（p.286）。

批判性研究已经成为一个广泛的术语，它涵盖了许多研究方向，所有方向不但旨在了解正在发生的事情，而且也探寻批判事情运转的方式，以期产生一个更加公正的社会。批判性研究可以与其他质性研究方法相结合。例如，查尔马兹（2011）建议将社会公正的批判性立场与扎根理论的分析工具结合起来。作为另一种方法论组合，批判民族志试图解读文化，同时揭露压迫和排斥某些人群的文化体系（Madison，2012）。在批判性的自我民族志研究中，研究人员使用数据来分析文化中固有的权力结构如何影响生活的某些方面。例如，赖特（Wright，2008）分析了她的工人阶级如何根源于性别及其"对知识的痴迷"，与她如何成为一名研究人员，和学者之间存在何种关系。

如前所述，批判性的质性研究可以从批判性理论、女性主义理论、批判性种族理论、酷儿理论或后结构/后现代/后殖民理论等理论中获得启发。批判性理论倾向于对社会阶层展开分析；批判性种族理论强调种族；女性主义框架倾向于关注性别；酷儿理论关注性取向；后殖民主义理论分析殖民关系；后结构/后现代框架分析各种形式的权力产生的影响，福柯（Foucault，1980）的理论认为，权力如"毛细血管"般无处不在，这种理论观点倾向于质疑真理或知识的范畴和已有概念。

事实上，权力动力学是批判性研究的核心，尽管正如前面所暗示的，通常研究人员对特定的结构性权力关系有兴趣，如女性主义研究中的性别或批判性种族研究中的种族，或社会结构的交叉点，例如，黑人女性主义者思想研究中的种族和性别（Hill Collins，2008）。人们提出的问题包括：谁拥有权力，权力如何协商，社会中的哪些结构强化了权力分配等。批判性的观点通常假定人们无意识地接受事物的现状，并且这样做会加强现状。其他人可能以看似自我毁灭或背道而行的方式抵制现状。批判性研究假设权力与统治社会结构的结合导致了无权力者被边缘化和受压迫。批判性研究试图彰显这些动态，以便人们能够挑战权力关系。

批判性研究关注的不是个体，而是环境。例如，批判教育研究质疑学习的发生环境，包括更大的社会系统、形成教育实践的文化和机构，以及限定实践的结构和历史条件。相应的问题是，教育系统的组织方式为谁的利益服务，谁真正有权获得特定的项目，谁有权做出改变，以及教育结构产生了什么样的结果。因此，批判性的质性研究提出了这样一个问题：权力关系如何促成一个群体的利益，同时压迫其他群体的利益。还提出了真理的本质和知识的建构问题。

布尔布勒斯（Burbules，1986）对儿童读物图特尔（Tootle）的分析是一个令人愉快的经典的批判性研究例子。这是一个批判性研究的好例子。布尔布勒斯揭示了一个看似幼稚的婴儿火车头学做成人火车头的故事，如何被解读为关于学校教育、工作和成年的寓言，以及阶级和性别的压迫结构是如何在我们的社会中得到强化的。戴维森（Davidson，2006）、英格利希（English，2005），以及罗伯逊（Robertson）、布拉沃（Bravo）和切尼（Robertson，Bravo & Chaney，2014）又提出了三个最新的质性研究实例。戴维森（2006）利用一个批判和酷儿的理论视角，呈现了一个拉丁裔双性恋男性的案例研究。英格利希（2005）运用后殖民理论对为社会正义而从事国际性工作的女性进行研究，研究那些因种族、性别及因殖民产生的族群被边缘化的人。罗伯逊、布拉沃和切尼（2014）从批判性种族理论的角度研究了拉丁裔/拉美裔学生在白人占主导地位的大学中的种族主义经历，以及他们如何在白人占主导地位的环境中找到对抗空间。批判性研究还有许多，而且还有整本专门致力于发表批判性研究的学术期刊。

（二）关注批判性研究中的关系结构与反思性

到目前为止，我们已经强调了这样一个事实，即社会权力关系的理论框架和对社会权力的分析使得研究具有批判性。但也存在方法论问题，特别是与研究者的角色有关的问题，这些问题在理论上存在于任何涉及分析权力关系的批判性观点中，需要在批判性质性研究中充分考虑（Steinberg & Cannella，2012）。批判理论、女性主义理论、失能理论、批判性种族理论、酷儿理论和后殖民/后结构/后现代理论的一个基本假设是，世界是由基于种族、性别、阶级、性取向、失能或宗教的结构化权力关系所决定的。从本质上来说，这种假设就反映了权力关系无处不在，包括研究性学习本身。虽然所有形式的质性研究都涉及在质性数据收集中与参与者建立融洽关系等问题，但是批判性研究应将更多的注意力放在研究行为本身权力关系的检验上。

我们在前面已经指出，除了批判性行动研究，在其他类型的批判性研究中，研究者通常并不打算在研究过程中做出改变。然而，在大多数批判性研究中，都有一个特定的假设，即变化一直在发生。当参与者在访谈或其他形式的数据收集中被问及他们与性别、种族、阶级或性取向相关的经历时，谈论这些问题的行为本身就改变了他们对这些事情的认识，从而引发了改变（Kemmis et al.，2014）。因此，批判性的质性研究，认为变化是既定的。无论如何，除了批判性的行动研究案例（有时在批判性民族志中），真正研究人或群体在研究过程中如何变化并非关键，相反，分析参与者生活中权力关系的相关问题才是关键。当然，大多数批判性的研究人员希望参与者或其他人能够通过这项研究做一些事情并参与到行动中去。但是，大多数批判性的研究人员也意识到并试图在研究过程中处理研究本身的权力关系（Koro-Ljungberg，2012）。

关于批判性研究的讨论在考虑研究人员与参与者的关系时往往会突出三个主要的相关问题：内部/外部人士问题、关系结构问题以及由于这两个相互交织的因素产生的研究人员反思的重要性。林肯（Lincoln，2010，引自 Fine，1994）将这些问题的工作统称为"效应反思[①]"，并解释说"效应反思指的是研究自我与他人的关联"（p.5）。其实质上是研究者与参与者的关系，以及在研究过程中一方如何影响另一方。在某种程度上，我们在之前关于行动研究的讨论中已经谈到了内部或外部人士问题。但所有类型的批判性研究人员都需要努力解决这些问题，考虑一个人是内部人士还是外部人士会如何影响研究过程。例如，如果一个人以大学研究员的身份研究高中教师如何在课堂上处理权力关系，而他从未当过高中教师，那么他就是一个彻头彻尾的外部人士。如果一个人过去曾是高中教师，但现在在大学教书，在参与者看来，他可能既是内部人士又是外部人士。这些内部人士或外部人士的身份问题会影响到研究人员是否能接触到参与者，是否能听到他们告诉研究人员的故事。

这一内部/外部身份概念的延伸是研究者的关系结构问题，即他们的种族、性别、社会阶层、背景和性取向，尤其是在研究目的方面。例如，如果一个人是同性恋，那么做一个关于男同性恋的研究可能会更容易；如果研究者的关系结构与正在开展的研究对象相似，那么与参与者接触和建立信任通常更自然。维卡斯（Vicars，2012）在他对同性恋男子童年和青少年阅读实践的研究中强调了这一点，这些实践与他们的身份发展有关。他以一个同性恋者的身份进行了这项研究，他写道："如果没有内部人士的参与，很难找到愿意并准备公开谈论自己经历的受教育同性恋者"（p.468）。这并不是说研究人员的关系结构需要始终与参与者相匹配。正如约翰逊-贝利（Johnson-Bailey，2004）所解释的，在她对返回高等教育的黑人女性进行批判性叙述研究的经历中，人们的立场总是与参与者不匹配；她在种族和性别方面是参与者的内部人士，在社会阶层和肤色方面，却是外部人士。重点是边缘化群体（按种族、性别、阶级、性取向）的研究参与者经常怀疑那些属于主流文化的人对受压迫群体进行的研究。他们经常担心研究者的议程是什么以及他们将会被描绘为怎样的参与者。批判性研究的重点一般是与人做研究，而不是对人做研究。

所有的质性研究者都认为研究者的反思性很重要，但由于研究行为本身固有的权力关系，批判性研究者尤其强调这一点。普罗布斯特和贝伦森（Probst & Berenson，2014）在他们最

---

① 译者注：指研究参与者受到的影响，与实验研究中的"霍桑效应""罗森塔尔效应"等类似。

近研究反思性对社会工作研究的作用时指出："反思性一般被理解为研究者能够意识到自身对正在研究的内容的影响，以及研究过程如何影响研究者。它既是一种心态，又是一系列行动。"（p.814）这意味着质性研究是一个辩证的过程，至少在一定程度上影响和改变了参与者和研究者。从质性研究的批判性意义上来说，如果一个人认真想要挑战世界和研究过程中的权力关系，那么批判性研究者就有责任反思：在研究中考虑关系结构和内部或外部立场等问题，并尽可能地承认这些问题在这个过程中的影响。不过，在本书中要注意一点，正如皮洛（Pillow，2003）所观察到的那样，在讨论这些问题时，人们可能会全身心投入，因此研究可能更关注研究者，而不是参与者和研究结果。然而，研究者在批判性研究中的反思以及研究者如何在报告中处理这一问题，也能够在某种程度上促使批判性研究具有批判性。

四、艺术本位研究

质性研究从根本上讲就是研究人们如何创造意义。最典型的是，研究人员通过观察和记录实地笔记来分析人们所说的（在访谈或书面文本中）以及人们所做的。因此，大多数质性研究人员分析的数据都是文字。但是人们不只通过文字来表达意义，还通过艺术、视觉、符号、戏剧艺术，以及摄影、音乐、舞蹈、故事或诗歌来表达意义。随着新世纪的到来，人们更加强调创造性表达如何成为质性研究工作的一部分，这被称为艺术本位研究。巴龙和艾斯纳（Barone & Eisner，2012）讨论了单独使用叙述性词语的局限性，并指出"艺术本位的研究是为了超越话语交流的局限性，以表达原本难以言喻的意义而做出的一种努力"（p.1）。

研究人员可以在研究的不同阶段或所有阶段使用基于艺术的实践。正如利维（Leavy，2015）所解释的，"艺术本位研究实践是社会研究所有阶段（包括数据收集、分析、解释和呈现）各学科质性研究人员使用的一套方法学工具"（pp.2-3）。将艺术融入研究的意义在于认识到人们创造意义，并以不同的方式表达意义。然而，正如艺术家和许多教师所知道的那样，当人们被要求通过符号、摄影、视觉艺术、音乐、隐喻、舞蹈、诗歌或其他的创造性方式来表达某些东西时，人们也常常以新的甚至更深层的方式来表达意义（Bailey & van Harken，2014）。艺术家知道这一点，并经常在他们的创作过程中这样做。不过，那些不把自己看作艺术家或不把自己看作"擅长"艺术的人，也可以通过基于艺术的表达形式来创造更深层次的意义，也许是因为这样做能触及大脑的不同部分（Zeki，2000）。在任何情况下，研究人员都可以从事艺术本位研究，而不用将自己认定为艺术家；一个人也可以将艺术的活动纳入研究项目的各个方面，与那些不认为自己是艺术家的人一起研究。研究人员之所以这样做，是因为这样通常会带来更深层次的意义创造，而意义创造是质性研究的重点。

艺术本位研究是否是一种独特的研究形式存在着争议（Barone & Eisner，2012；Leavy，2015）。有些人认为，这本身并不是。一个人可以在基础解释性研究、民族志、叙事研究、扎根理论方法、案例研究、或批判性研究或行动研究中以多种方式利用艺术本位的方法。然而，也有人认为艺术本位研究有其自身的方法论，并扩展了质性研究的范式。在某种程度上，争论的两极分化取决于艺术本位研究的目的是收集和/或呈现数据，还是研究艺术家和/或艺术过程。因此，为了简单起见，我们将艺术本位研究的讨论分为两个主要领域。

（一）艺术在数据收集和研究结果呈现中的应用

在呈现研究结果以表明一个观点时，许多研究人员或多或少地利用艺术本位的方法作为数据收集方法的一部分。在这些情况下，研究的目的并不是关于艺术或图像。从这个意义上讲，图像在访谈中更常被用作引导工具。在谈到照片在研究中的使用时，哈珀（Harper，2002）解释说，照片引导是"将照片插入研究访谈的简单想法"（p.13）；他接着指出，任何视觉图像——如卡通、绘画、符号、图形图像或物体——都可以被插入访谈之中。在访谈过程中，参与者谈论这幅图像，看看他们是如何理解这幅图像的。如果这是一幅研究人员制作的图像，那么这些图像通常被用于引出某种类型的体验。例如，马泰乌奇（Mattucci，2013）使用了弗拉门戈音乐和舞蹈的照片，这些照片拍摄的是专门前往西班牙南部参加弗拉门戈音乐和舞蹈课程的游客。他自己选择这些照片的原因主要有两个：一是他对这些照片中所描绘的游客对弗拉门戈音乐和舞蹈的感知和体验的某些方面感兴趣；二是参与者只在这一地区逗留了很短的时间，所以他们自己拍摄照片有些来不及。

更多的时候，研究人员使用参与者收集或拍摄的照片与视觉图像作为数据收集的工具，我们将在第七章进一步讨论。如果参与者只是简单地找到一个图像或一个物体，并将其带到访谈中，研究者不仅会问它有什么含义，还会问它是如何被选择的；如果参与者创造了它，研究者可能会问创作它的体验是什么样的。例如，拉沙尔（Lachal et al.，2012）对肥胖青少年进行了一项研究，以研究食物在家庭关系中的作用。他们给这些青少年一个拍立得相机，提示他们在饭后清理餐桌之前，给家庭餐桌拍照，并告知他们照片不能有任何人。他们访谈这些青少年，询问他们在家里吃饭的情况以及关于食物呈现出来的家庭关系的性质。这张照片被当作一种引入媒介。

在此类运用艺术本位的方法收集数据的研究中，研究通常不是关于图像本身的，而是关于主题本身的。马泰乌奇（2013）的研究是关于游客参加弗拉门戈音乐和舞蹈的课程体验的；拉沙尔等（2012）的研究是检验食物在家庭关系中的作用的。图像的使用只是一种引入媒介，用来观察参与者如何理解他们的体验。

在一些使用艺术本位的方法的研究中，艺术或图像制作则扮演了更为核心的角色。这种情况在行动研究中最常发生，参与者被要求创作某种绘画、拼贴画或用符号来表达某些内容。斯塔基（Stuckey，2009）和她的研究参与者，在一项关于创造性表达如何增进对糖尿病的了解的行动研究中，共同决定首先在一个环节中创建一个图像，然后在另一个环节中拍摄照片。他们还讨论了图像制作和摄影经验。这些环节不仅涉及他们如何认识糖尿病，而且谈到了创造性表达如何促进意义的创造过程（Stuckey & Tisdell，2010）。在最后的访谈中，参与者被邀请创作一个艺术作品来描绘他们的整个经历。在该研究中，研究内容是关于如何通过参与创作过程增进对糖尿病的了解。这项研究虽然仍更多地关注研究参与者如何理解糖尿病，但是创造性表达的确发挥了核心作用。

质性研究人员采用艺术本位的方法，不仅研究数据收集方法，还对研究结果进行研究。例如，洛迪科、斯波尔丁和沃格特尔（Lodico，Spaulding，and Voegtle，2010）讨论了青年夏令营学术充实计划的项目评估研究，研究人员让一些年轻人拍摄他们体验的照片，并用这些照片展示研究的一些主要发现，但该研究更多的是关于青年夏令营计划的评估。

当然，基于艺术的探究不仅仅是使用或创造图像，它通常还使用更具创造性的词汇，如使用诗歌或用参与者的话语创造一个表演。例如，沃德（Ward，2011）对四名残疾学生进行了叙事研究。她描述了她如何利用学生叙事中的诗意写作来"传达信息"（p.355），以解决她在此过程中遇到的研究困境。在结论中，她写道，使用诗歌的效果"突出了学生的故事，使他们能够专注于他们经历的意义和线索，并创造故事情节连贯、逼真和引发共鸣的文本，使读者参与反思和更深层次的理解"。

研究人员有时会使用参与者的话语或工作来创造某种形式的表演，以吸引更多公众关注研究结果。例如，利维（Leavy，2014）创建了一部关于年轻人在通识教育学位（General Educational Development，GED）课程中从高中过渡到成人基础教育的民族戏剧，这些故事在读者剧场上演，旨在讨论这些年轻人在这些教育项目中的生活经历。艺术本位研究的一个更为戏剧性的例子就是"伊芙·恩斯勒（Eve Ensler）如何将对性暴力受害者的访谈转变成戏剧"，名为《VV 勿语》（*The Vagina Monoloques*），已在数百个地方演出过（Lodico，Spaulding，& Voegtle，2010，p.201）。

还有很多其他的例子表明研究人员如何利用艺术创造性地将他们的研究成果呈现给不同的受众，而不是在学术期刊中严肃地展示研究发现。在某种程度上，这就是为什么一些艺术本位的方法往往在定位上具有批判性，因为这些发现旨在通过提高对所研究问题的意识来影响人们的变化。那些利用研究结果来呈现诗歌的人（Barone & Eisner，2012）发现他们的方法引起了一些争议。有些人担心调查结果的信度或这样做的道德规范。因此，大多数讨论艺术本位的研究方法的人都会特别地提出这些问题（Barone & Eisner，2012；Leavy，2015）。此外，以这种方式呈现研究结果的研究人员通常会获得参与者的许可，或者专门与参与者一起参与。另外，当研究结果以诗歌甚至创意散文的形式呈现时，无论是在研究文章还是为更广泛的受众写作，作者—研究人员通常都会将他们正在做什么透明化，以便采取更具创造性的方法来吸引更广泛的受众。

（二）关于艺术家与艺术过程的艺术本位研究

在刚刚提供的大多数例子中，研究的目的是探索参与者如何为特定现象或经验赋予意义，而不是探索艺术本身。但是，有一些质性研究项目专门用于研究艺术家或呈现某种形式的艺术过程。

这些研究采取了多种多样的形式。一些研究侧重于艺术家及其以知识创造或教育形式创作的艺术。例如，佐里利亚（Zorrilla，2012）研究了在德国出生的乌拉圭概念艺术家路易斯·卡姆尼策（Luis Camnitzer）的艺术和实践如何被用作公共教育学的一种形式。从卡姆尼策还是一个孩子并与家人一起逃离纳粹政权的那段时间开始，他就一直处于压迫政权下不断流亡的状态，他用自己的艺术来提高对压迫的意识。佐里利亚的具体目的是研究卡姆尼策如何看待他作为一个从事公共教育者的角色，以及他的艺术作为一种教育形式的功能。她通过采访卡姆尼策和展示他作品的艺术馆馆长，以及分析他的作品和艺术来进行研究。佐里利亚的具体观点是审视艺术家和艺术过程。

利维（2015）在她关于艺术本位方法的书中，特别讨论了研究人员为了艺术创作的目的或者为了检验艺术如何有助于知识建构的过程而从事艺术的情况。她有很多章节是关于视觉艺术、舞蹈和动作、音乐、戏剧和表演研究、诗歌，以及叙事研究中的虚构和自传创作的质性方法。使用戏剧和诗歌的一个很好的例子是汉利和维欧（Hanley & View，2014）的批判性种族理论研究，他们通过访谈非洲裔美国人、拉丁美洲人和美洲原住民来创作诗歌和戏剧，挑战种族和文化的主流叙事。其目的明确，就是利用参与者的话语创造一场演出，让社区参与讨论同种族和族裔身份的相关问题，并明确创造力在反叙事创作中的作用。

许多关于艺术家和（或）艺术过程的艺术本位研究被写成自传式民族志，研究人员通过参与一种或多种艺术来审视自己文化身份的各个方面。马诺夫斯基（Manovski，2014）运用多种艺术形式，包括诗歌、视觉艺术，尤其是音乐，来审视她在种族、性别、性取向和民族出身方面的身份认同，这是一个引起不小争论的例子。许多艺术本位研究项目在一定程度上是关于参与者如何通过在研究过程中运用艺术来产生新知识的。因此，它们通常是参与式行动研究。有这样一个有趣的例子——泰勒（Tyler）（见于新闻报道）对一个组织发展项目的研究。这个组织是由一个信仰驱动、以社区为基础的非营利组织，名称为"我兄弟的守护者"（My Brother's Keeper，MBK），位于巴尔的摩市中心，为整个社区提供各种服务。她的目的是将讲故事和创造镶嵌图案结合起来，把一种与社区共同创造的综合图像构成的景观作为一种展示性认知，来看这些活动是如何影响组织的战略构想和规划过程的。她首先召集了30名来自社区的参与者。让他们想象一下十年后，更大的社区正在蓬勃发展，其部分原因是MBK的作用。然后，她让参与者两个人一组讲述一个促使成功的故事。根据这个故事，她要求他们想象出一个图像，并与大家分享。最终，随着时间的推移，社区从这些图像中选出一些最突出的图像并绘制出来，按照一个有意义的顺序将它们排列出来作为社区的一种愿景。然后，他们用这些画制作了一个镶嵌图案。泰勒描述了这个过程及其对组织的影响，指出关键因素是参与者对项目的认可和所有权。事实证明，他们把镶嵌图案安装在餐厅的入口处，所以他们的愿景每天都会被时间和空间铭刻，并被印在身处这个空间的人的心灵、思想和灵魂中（图3.1）。正如泰勒所观察到的，做这样的项目是令人振奋的，利用了多种方式的认知，并且得到的回报是巨大的，但是这样的项目也需要时间和耐心以及社区的支持。事实上，许多有趣的例子表明，艺术的创造及其影响对质性或行为研究的目的达成至关重要。

图 3.1 "我兄弟的守护者"镶嵌图案
资料来源：泰勒（见于新闻报道）。经许可能够重印。

五、总结

在本章中，我们探讨了新形式的质性研究或具有较多质性成分的研究。我们首先讨论了混合研究方法，即采用质性和量化研究相结合的方法。其次，我们讨论了各种行动研究，指出这些研究通常只使用质性方法，但偶尔也可以包含量化成分。再次，我们讨论了批判性研究，旨在检验并希望挑战权力关系。最后，我们通过考虑艺术本位的质性研究方法结束了本章，指出这些类型的研究可能存在交叉。例如，艺术本位的方法可以被纳入行动研究、批判性研究或其他类型的研究中。

这些类型的设计有助于扩展研究的质性范式。在过去的 20 年中，它们变得越来越普遍；现在许多论文研究使用混合研究方法、行动研究和艺术本位研究，或者专门设计实施为旨在挑战权力关系的批判性研究。现在也有一些专门的期刊专注于一种或多种利用质性研究方法的研究设计，表明这些设计在进一步扩大质性范式的影响方面变得非常普遍。

第四章　研究设计与样本选择

很少有人出门旅行就直接走出家门，而不思考去哪里或者怎么去。开始一项研究也是如此。你需要明确想要知道什么，并制订一个实现它的计划。这张地图，或者说是研究设计，是"从'这里'到'那里'的一个逻辑计划，'这里'可以定义为要回答的初始问题集，'那里'是对这些问题有一些结论（答案）"（Yin，2014，p.28，原文中强调）。

本章从如何选择研究主题开始，然后阐述如何聚焦这个主题并将其凝练成一个研究问题。研究问题反映了理论框架。接下来解释什么是理论框架，以及文献综述在建立理论框架和形成研究问题方面的作用。虽然我们在这里依次界定了研究问题，确定了理论框架，并对文献进行了综述，但是在现实中，这是一个互动的过程，我们希望能够明确这一点。一旦确定了研究问题，下一个任务就是要选择研究样本。选择样本的过程在本章中也有涉及。

一、选择主题

如何选择一个主题进行质性研究？首先要看的是你的日常生活——你的工作、家庭、朋友、社区。你对什么感兴趣？工作中发生了什么让你困惑的事情？为什么事情是这样的？

当你的工作、家庭、邻里发生变化时，会发生什么样的事情？环顾四周，什么是你感兴趣但又不完全理解的？例如，你可能注意到，你试图让某些学生参与课堂讨论的所有努力都失败了。你可能想知道与这种情况有关的一些因素。这些学生为什么不愿意参与课堂讨论呢？是你的方法不对吗？是课堂气氛的问题吗？因此，出于个人的实际经验，你可以提出一些研究问题。以下是从我们日常生活中产生研究主题的几个例子：

● 临终关怀顾问保罗（Paul）想知道，老年人的悲伤经历如何也能成为一个重要的具有变革意义的学习经历（Moon，2011）。

● 阿梅莉亚（Amelia）一直从事成人基础教育工作。她对高中毕业的年轻人如何过渡到成人教育项目的故事和经历着迷（Davis，2014）。

● 阿尔弗雷德（Alfred）在一所社区大学教写作。他感兴趣的是如何以一种吸引学生的方式开展教学，并且既帮助学生学习写作，又让他们觉得自己正在改变世界和生活（Siha，2014）。

● 罗宾（Robin）曾是一名博物馆教育者。她注意到有些讲解员的工作非常出色。她想知道这些接受了较少培训的志愿讲解员是如何成为专家的（Grenier，2009）。

　　在教育、管理、社会工作、卫生等实践应用领域，绝大多数研究课题都来自个人对该领域的兴趣和工作本身。研究主题也可以有其他来源。当前的社会和政治问题也为选择研究主题提供了许多可能性。例如，考虑到医疗保健的变化和循证医学的压力，人们可能会对卫生保健提供者的学习和实践产生兴趣（Timmermans & Oh，2010）。出于对这些问题的关注和兴趣，阿姆斯特朗和奥格登（Armstrong & Ogden，2006）对执业医生如何应对这些变化以及这些变化如何改变他们的行为进行了质性研究。另一个例子是社会政治领域的，与 2008 年的金融危机有关，并且当时公众对许多成年人金融素养的讨论也在增加。越来越多的公众讨论促使蒂斯德尔、泰勒和斯普罗·福尔泰（Tisdell，Taylor，and Sprow Forté，2013）开展了一项研究，以检验金融素养教育者的教学信念，以及他们如何试图在工人阶级群体中开展金融问题教育。

　　研究主题也可能来自文献，特别是以前某个领域的研究或理论。你在协会通讯上读到的一些东西，你为课程作业写的一篇论文，甚至是休闲阅读，都可能成为研究问题的来源，而这个问题可能会衍生为一项研究。已完成的研究是一个很好的资源，因为几乎每一项研究都有一个部分是为未来的研究提供建议，其中许多问题都可以进行质性研究。理论也可能暗示一些问题。例如，许多成人教育的理论文献指出，成人是自我导向的，因此更愿意参与规划、实施和评估自己的学习。然而，基于成人学习者的数据研究显示，一些人并不希望或不知道如何控制自己的学习。由于这两个概念不一致，问题就产生了。自主学习是成人学习的前提条件，还是成人学习活动的目标之一？自我导向型学习者和非自我导向型学习者的区别是什么？学习内容会不会促进自我导向呢？与合作学习相反的自主学习可取吗？

　　此外，研究问题也可以通过质疑一个特定的理论能否在实践中得到证实而引出，这在质性研究中不像在量化研究中那样常见，即使是扎根理论的提出者（见第二章）也承认，质性研究可以通过严格的"理论与数据的匹配"来阐述和修改现有的理论（Strauss & Corbin，1994，p.273）。例如，温格（Wenger，1998）的实践共同体理论假设认为，学习是一种社会活动，当我们共同参与某种活动时，我们就会集体创造意义。此外，学习改变了我们是谁，我们的身份。要探索温格的理论，你可以选择一个实践共同体来研究，就像艾伦（Allen，2013）在其民族志案例研究中所做的那样。他研究的是社交媒体如何弥合在工作办公场所办公的实践共同体和利用微软协同办公平台办公的外部专业群体之间的边界。

　　因此，研究主题通常来自对日常活动的观察和提问，也可以来自社会和政治问题，来自某个主题的文献，或者来自理论。这些区域当然是相交的，例如，一个人的工作环境中总会蕴含着社会和政治问题。你也可能在阅读所在领域的文献时遇到对你有启发的理论。决定你想要研究什么主题的一个关键因素是，你要真感到好奇并有兴趣找到问题的答案。这种兴趣，甚至是激情，比任何其他单一因素都更能帮助你完成这个过程。一旦你有了一个主题，下一步就是把它变成一个研究问题。

二、研究问题

在没有首先确定研究问题的情况下开始一项研究是徒劳的。大多数人都理解"问题"的含义。传统意义上的问题是指包含怀疑、不确定或困难的事情。确定了问题的人通常寻求解决方案、解释或对策。研究问题也是如此。对于杜威（Dewey，1933）来说，问题是任何"使大脑感到困惑或受到挑战，并怀疑曾经的想法……"的事情（p.13）。

因此，进行质性研究的首要任务是提出一个会困扰和挑战大脑的问题。人们常说，研究与其说是科学，不如说是艺术。在将质性研究与舞蹈的艺术形式进行比较时，杰内西克（Janesick，1994）谈到这重要的第一步时表示："所有的舞蹈都以一个问题开始，我想在这支舞蹈中说些什么？同样的道理，质性研究者也从一个类似的问题开始——在这个研究中我想知道什么？这是一个关键起点。不管我们的观点如何，往往正是我们的观点才构建了研究问题"（p.210）。

那么，你所好奇的东西就构成了研究问题的核心，或者说是问题陈述。它反映了独特的理论框架，更准确地说，它代表了已有研究中的一个缺口。基尔伯恩（Kilbourn，2006）指出：

> "我想探索……"和"这项研究将检验……"这样的语句不会告诉读者这项研究的问题是什么；相反，这样的语句会说这项研究将做什么，尽管这项研究将做什么同样重要，但读者首先想知道的是研究的重点问题是什么。（p.538）

在构思研究问题的过程中，要从对某一情况的一般兴趣、好奇心或怀疑转移到对研究问题的特定陈述上。实际上，你必须把好奇心转化为一个可以通过研究解决的问题。

问题陈述的结构，本质上体现了研究的逻辑，这一结构可以比作漏斗形——顶部宽，底部窄。在"顶部"，你确定感兴趣的一般区域。是家里的第一代大学生吗？如何应对工作场所的多样性？数学焦虑？在线学习？你要让读者了解这个话题的全部内容；你要介绍一些关键的概念，关于这个话题已经研究到了什么程度，为什么它是一个重要的问题。也就是说，为什么每个人都应该关心这个问题。

接着，你缩小问题范围，引导读者关注你的具体问题。在这个时候，你还应指出这个主题某特定方面缺乏的信息——知识缺口。也许文献没有解决你提到的问题，或者可能已经有一些研究，但它们在某些重要方面不充分或有缺陷，你必须说明你的理由。你刚刚只是引导读者进入一个显现研究必要性的地方。需要做什么就成为你研究的确切目的。你通常会指出与确切主题相关的研究，然后问题陈述通常以这样的陈述结束："本研究的目的是……"，目的陈述是已有研究中"缺口"的再次强调。一旦你已经讨论过这个话题和我们大概知道的东西，你就要指出我们所不知道的，例如，"尽管文献中有很多关于身体亲历学习的探讨，但是缺乏数据研究来说明人们如何通过身体学习"。我们知识上的缺口（人们如何通过身体学习）就变成了目的陈述；目的陈述还可以确定要研究的特定人群。例如，关于人们如何通过身体学习的知识缺口，目的陈述可能是"本研究的目的是确定武术教师的身体亲历学习过程"。

目的陈述之后通常会有一系列研究问题。这些问题反映了研究者对最重要研究因素的思考。马克斯韦尔（Maxwell，2013）建议研究人员问自己"研究中最核心的问题是什么？这些问题如何形成一个连贯的集合来指导你的研究？你不可能研究与主题相关的所有有趣的东西。你需要做出选择。对于质性研究来说，合理的数量通常是三四个主要问题，不过每个主要问题都可以有额外的子问题"（p.84）。例如，上文提到的身体亲历学习研究，研究问题可能是：（1）武术教师如何识别身体亲历学习正在发生？（2）身体亲历学习的步骤或阶段是什么？（3）武术教师如何培养或促进身体亲历学习？

研究问题也决定了如何收集数据。在质性研究中，他们通常会找出探究的领域，以便确定观察对象或者在访谈中要探寻的问题。研究问题通常不是具体的访谈问题，研究问题的范围更广，可以确定所提问题的领域。指导质性研究的研究问题不应与最初引起研究的一般性问题、好奇心或困惑相混淆（这反映在研究的问题陈述和目的中）。例如，在比雷马（Bierema，1996）对女性高管的研究中，她的总体问题或目的是了解这些女性是如何充分了解企业文化从而突破职业天花板的。指导这项研究的问题是："女性在建立对组织文化的理解时经历了哪些正式和非正式的学习？女性在晋升过程中遇到了哪些障碍？在企业环境中，女性管理人员的应对策略是什么？"（p.149）。

总之，问题陈述是一篇精心构思的短文，阐述了研究的逻辑。在一篇论文中，问题陈述通常出现在标题为"问题介绍"或"问题背景"的部分之后。这个介绍部分可长可短，但通常是五页到十页。这个部分需要介绍关于这个问题的细节，读者已经知道的东西，关于这个问题做了什么研究，重要的概念和理论等。你基本上是牵着读者的手，引导他们通过主题到达你想要让他们到达的地方，也就是你提出的关于这个现象的特定问题。问题陈述是对这个介绍部分的一种总结，可以短至半页，一页或两页最常见。在期刊文章中，问题陈述、问题介绍、文献综述有时常常交织在一起。然而，问题陈述的重要组成部分都需要呈现出来。

问题陈述有三个重要组成部分。第一个部分是研究背景，也就是你感兴趣的领域或话题是什么，在这一领域你有什么特定的问题。这是问题陈述中比较容易的部分，因为写任何关于某个主题的内容都能明确研究的背景。第二个部分是找出已有研究中的空白点——你的研究将解决哪些读者不知道的问题。第三个部分需要含蓄或明确地指出，该研究问题是一个需要解决的重要问题，以及解决这个问题的紧迫性。为什么知道问题的答案很重要？为什么填补知识空白很重要？问题陈述以目的陈述和研究问题结尾。

表 4.1 是一个问题陈述的例子，该研究关注成人课堂中的情绪处理。第一段介绍了研究的背景——情感状态和学习之间经过充分研究建立的联系。以"成人教育与学习领域的文献"这一句开头说明了这项研究的意义，即更多地了解这一环节能促进学习。接下来，已有研究中的"空白点"被清楚界定——我们对成人课堂上情绪的表现知之甚少。已有研究中的这一空白被转化为研究目的，也就是说，研究将直接解决已有研究中的这一空白。目的陈述之后是三个研究问题。

表 4.1 问题陈述：吸引人的时刻——成人教育者在课堂上识别情绪并做出反应

问题陈述	
神经科学的研究表明，情绪状态是所有学习的起点（Damasio，1994a，1999，2003；LeDoux，1996，1999，2002）。有成千上万种状态，每一种状态都包含着潜在的行为、感受和16种情绪的独特组合，这些都可以提高或阻碍学习。成人教育和学习领域的文献一般都承认情绪会影响学习过程（Argyris，Putnam，& Smith，1985；Dirkx，2001；Heron，1999；Lovell，1980；MacKeracher，2004；Merriam et al.，2007；More，1974），然而，令人惊讶的是，几乎没有研究关注这一过程在成人教育中是如何发挥作用的。本研究试图深入理解并描述成人教育者的经历特征，以及他们如何在实际中识别和应对学习者的情绪状态。	背景 意义 空白点
目的陈述和研究问题 本研究旨在更好地了解成人教育工作者在识别与应对学习者情绪状态上的行为。 本研究以下列问题为指导： 1. 成人教育者使用什么指标来识别和确定情绪状态？ 2. 成人教育者如何应对学习者的情绪状态？ 3. 采取这些行动的理由是什么？	目的

资料来源：Buckner（2012）。经许可转载。

在表 4.2 的例子中，瓦伦特（Valente，2005）建立了关于老年人自主学习和健康护理的问题陈述。第一段介绍了研究背景——管理医疗系统中老年人的健康护理需求。在第一段和第二段中都提到了这个问题的重要性：健康教育者建议让病人"在自己的健康护理中发挥积极作用"，老年人在这个系统中尤其面临风险。已有研究中的空白点是，我们对老年人如何利用自我导向的学习来进行医疗保健知之甚少。这一空白点成为该研究的目的，然后是五个研究问题。

表 4.2　问题陈述：自我导向学习在老年人健康护理中的作用

问题陈述	
越来越多的老年人对医疗服务系统提出了越来越高的要求，这将影响到未来卫生保健政策的方向。为了应对日益增长的老年人数量、医疗成本和医疗需求，医疗机构已经改变了病人护理政策。例如，管理式医疗服务提供者报销政策鼓励让病人迅速通过医疗保健系统，并向医生施加压力，要求限制就诊时间，减少进行对话和健康教育。为了应对这些变化，健康教育工作者一直致力于促进患者在自身健康护理中发挥积极作用（Berman & Iris, 1998；Keller & Fleury, 2000；国家慢性病预防与健康促进中心, 2002）。	背景 意义
了解有助于保持健康的因素对老年人尤为重要，因为这部分人群面临的风险最大。那些已经掌握了自身医疗保健的老年人正在进行自我导向学习。然而，对于老年人如何利用自我导向学习来获得健康信息以及这些信息如何影响他们的健康护理，人们知之甚少。	空白点
研究目的 本研究旨在了解自我导向学习在老年人健康护理中的作用。 本研究的研究问题如下： 1. 是什么促使老年人进行医疗保健的学习？ 2. 自我导向学习者能够控制哪些保健行为？ 3. 自我导向学习者能够控制的环境因素是什么？ 4. 自我导向的医疗保健学习过程是怎样的？ 5. 自主学习如何影响个人的健康护理？	目的

资料来源：Valente（2005）。经许可转载。

　　表 4.3 是一个工作表，你可能会发现它有助于提出研究问题。与所有问题陈述一样，首先要确定感兴趣的主题。这是漏斗结构的顶部。当你继续解释这个话题是关于什么的，关于这个话题有哪些是已知的，还有哪些是未知的（已有研究中的空白点），你就进入了漏斗的窄端。其次，在这个过程中，需指出为什么这是一个需要研究的重要问题。最后，在漏斗最窄的一端，找出已经确定的空白点，并写一份明确阐述你的研究将如何解决这个空白点的目的陈述。这个目的陈述之后紧接着就是研究问题。

表 4.3　问题陈述工作表

在你所从事的领域中，你感兴趣的什么课题可以形成研究？
关于这个问题，我们从文献中知道了什么？
我们对这一现象的认识/理解上的空白是什么？也就是说，关于这个主题的文献有什么空白点？这就是你研究的问题。（虽然我们知道关于这个现象的 x，y，z，但是我们不知道……）
把我们已有研究中的空白点转化为目标陈述。完成下面这句话： 本研究的目的是……
阐述细化研究目的的具体研究问题是什么。

三、理论框架

我们的一位同事曾经说，如果她能早一点搞清楚什么是理论框架，她就可以少读一年研究生。的确，一项研究的理论或概念框架（许多作者互换使用这两个术语），以及理论与研究的契合之处一直令许多新手（有时是经验丰富的）研究者感到困惑和沮丧。然而，往往是缺乏清晰的理论框架——或者一般来说理论薄弱——导致研究建议或报告被评审委员会和出版机构拒绝。遗憾的是，尽管发现理论框架的不足之处相对容易，但要解释理论是什么以及如何将理论运用于研究中则要困难得多。

（一）什么是理论框架

在质性研究中，在某种程度上确定理论框架的困难在于，质性研究的目的是归纳性地构建，而不是检验概念、假设和理论。由于这一特点，许多人错误地认为理论在质性研究中没有地位。此外，一些质性研究的作者谈到理论时会涉及所使用特定的方法论和方法论的认识论基础（Crotty，1998；Denzin & Lincoln，2011）。

另一个令人困惑的地方是，理论框架和概念框架这两个术语在文献中经常互换使用。我们更喜欢理论框架，因为理论框架似乎更广泛，包括术语、概念、模型、思想和理念及对特定理论的引用。此外，概念框架经常出现在量化研究的方法论部分，用以说明概念及概念如何被操作和测量。

你想要探索知识的本质和它的构造（认识论）以及二者与你如何进行研究之间的逻辑联系（方法论），这样的想法很好，但这在方法论一节中讨论的更多。这不是我们和其他人对一项研究的理论框架的看法。

我们同意施万特（Schwandt，1993，p.7）的说法："非理论研究是不可能的。"所有研究都有一个理论框架作为基础。理论存在于所有的质性研究中，因为没有一项研究可以在设计时不提出一些问题（不论是明确的还是含蓄的）。这个问题是如何表达的，以及它是如何变成一个问题陈述的，均反映了理论方向。

什么是理论框架？理论框架是研究的基础结构、支架或框架。这个基础结构由概念或理论组成，这些概念或理论为研究提供了信息（Maxwell，2013）。理论框架源于研究方向或立场，每个研究都有一个方向或立场。正如安法拉和默茨（Anfara & Mertz，2015，p.xv）所观察到的，理论框架"是任何社会和（或者）心理过程的经验主义或准经验主义理论，在不同的层次上（例如，宏大的、中观的、解释性的），可以应用于对现象的理解"。他们还写到，理论框架是研究现象的"镜头"。他们所说的研究现象的"镜头"范例可能包括"维果茨基（Vygotskian）学习理论、微型政治理论、阶级理论、再生产理论，职业选择理论和社会资本论"（p.xv）。安法拉和默茨在《质性研究的理论框架》（*Theoretical Frameworks in Qualitative Research*）一书讨论了在质性研究中如何使用理论框架。框架的范围很广泛，涵盖了从转型学习理论到库布勒–罗丝（Kübler-Ross）的悲伤模型，再到黑人女性主义思想和人类学的阈限理论。

（二）确定理论框架

有几种方法可以确定理论框架。

首先，你的专业方向是什么？我们每个人都被社会化到一个有自身词汇、概念和理论的学科中（如教育学、心理学、商学等等）。这种学科取向是你观察世界的镜头。它决定了你对什么感到好奇，什么让你困惑，你问了什么问题。这些问题反过来又开始使你的调查成形。例如，看着同一个教室，不同的研究人员可能会提出不同的问题。教育工作者可能会就课程、教学策略或学习活动提出问题，心理学家可能会对某些学生的自尊或动机感到好奇，社会学家可能会对不同参与者所扮演的社会互动角色感到好奇，人类学家可能会对教室的文化——仪式和礼仪——感到好奇。

确定理论框架最简单的方法之一是关注你正在阅读的与你感兴趣的主题相关的文献。期刊的标题是什么？你用什么关键词来检索数据库中的文献？至少，你会查阅文献，看看你想做的研究是否已经有人完成。在你的检索中，重复出现的概念、模型和理论是什么？这一领域的主要作者、理论家和研究人员是谁？（关于该过程的进一步全面讨论，请参阅后面关于文献综述的部分）

研究框架将基于特定文献基础和学科方向的概念、术语、定义、模型和理论来确定。这个框架将依次产生研究的"难题"、具体的研究问题、数据收集和分析技术，以及将如何诠释研究发现。大约 30 年前，舒尔茨（Schultz，1988）就职业教育研究解释了这一过程："任何研究问题都可以从不止一个理论角度来探讨……理论模型/概念框架的选择……将指导研究过程，包括相关概念/结构的确定、关键变量的定义、要调查的具体问题、研究设计的选择、样本和抽样程序的选择、数据收集策略……数据分析技术和调查结果的解释。"（p.34）

研究的各个方面都受到其理论框架的影响。与要研究的具体问题相关的理论框架可以描述为一组紧密连接的框架。如图 4.1 所示，最外层的框架——理论框架——是文献的主体，用来定位研究的学科方向。这个框架向读者表明你感兴趣的主题。前面提到的巴克纳（Buckner）研究的理论框架是情绪在学习中的作用，而在瓦伦特（Valente）的研究中，它是一种自主学习。基于从文献中提出的理论框架，你确定了关于这个主题已经知道的知识（引用适当的文献），你将关注这一主题有哪些方面是你不知道的（已有研究中的空白点），为什么明确已有研究中的空白点很重要，以及精确的研究目的。所有这些信息都是从研究的更大框架中提取出来的，以便构建问题陈述（请参阅前面关于问题陈述的部分）。因此，置于整个框架内的第二框架表示问题陈述。最后，研究的确切目的在问题陈述中，可以被描述成这组紧密连接框架中的第三个、最内层的框架。

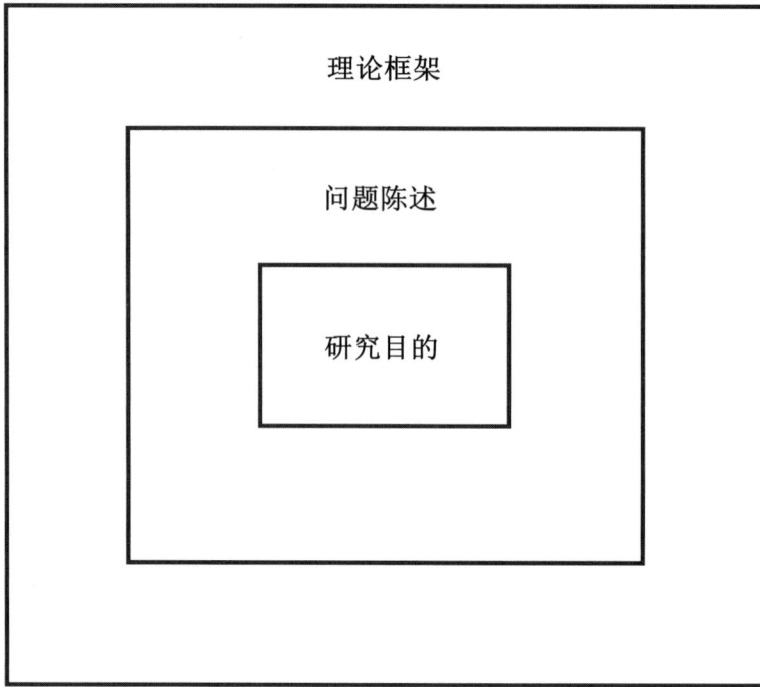

图 4.1　理论框架

　　理论框架、问题陈述和研究目的可以在一项对韩国退休工人再就业的研究中得到说明（Kim，2014）。作者金首先说明一个迅速老龄化、经济全球化的韩国，"创造了不同的就业趋势和工作生活，进而要求成人适应职业变化"（Kim，2014，p.4）。然后提出：有数据显示，55 岁以上的劳动力增加，其中 65 岁到 69 岁年龄段的就业率为 41%，尽管官方规定的退休年龄是 60 岁。她指出："退休后自愿再就业在韩国是一个相对较新的现象，一个尚未得到充分研究的现象"（p.4）。构建该研究（以及理论框架）的文献是职业发展理论。金对这些文献进行了综述和评判，认为几个众所周知的模型似乎最适合研究"20 世纪各类组织中员工特有的可预测的职业流动性"，强调"过程可变性"的发展情境方法连同 21 世纪（p.5）快速变化的背景，才最适合构建她的研究框架。

　　她研究的问题，或者说是对这种现象认知的空白点，如下所述："人们对于个人在退休后再就业领域中经历职业转型的过程知之甚少"（p.5）。

　　除了确定问题和目的如何形成，"我们作为研究人员的观察以某些形式而非其他形式进行，这使得感知本身具有理论深度。理论允许我们看到可能会错过的东西；它有助于我们预测和理解事物"（Thornton，1993，p.68）。也就是说，我们在现场观察到的事情、向参与者提出的问题以及我们所关注的文本都是由研究的理论框架决定的。它也决定了我们没有看到、不过问、不关注的一些问题。或者，正如默茨和安法拉（Mertz & Anfara，2015）指出的那样，理论框架既揭示又隐藏了意义和理解，研究人员应该意识到这一点。

我们收集数据的意义同样受理论框架的影响。也就是说，我们的分析和解释、研究结果的呈现，将首先反映构建研究的结构、概念、语言、模型和理论。正如沃尔科特（Wolcott，2005，p.180）所观察到的那样，"每个研究人员都需要能够将自己的研究放在更广阔的背景下"，而且一个人的理论框架就是更广阔的背景。这通常在研究的"讨论"部分进行。例如，在刚刚引用的员工退休后再就业的职业转变过程的研究中，研究结果又回到了职业发展文献中。将研究结果放回文献中可以准确地告诉读者特定研究如何解决我们已有研究中的空白，这一空白点是在确定问题时发现的（前文已提及）。

正如我们在本小节开头关于理论框架所指出的那样，理论在质性研究中的地位令人困惑，因为质性研究是归纳性的，会导出解释性或分析性结构，甚至是理论。然而，可以提出的论点是，大多数质性研究天然地塑造或修改现有理论，因为（1）数据是根据特定理论取向的概念进行分析和解释的，（2）研究的结果几乎总是在与现有知识（其中一些是理论）的关系中被讨论，着眼于展示本研究如何为扩展知识做出贡献。例如，梅里亚姆（Merriam）讨论了如何对 HIV 阳性年轻成年人进行质性研究，该研究隐含地检验了埃里克森（Erikson）的八阶段理论（Merriam，2015）。她提出死亡威胁如何通过发展阶段影响患者的活动，并发现患者活动并不像埃里克森的理论所展示的那样具有线性或连续性。即使那些着手构建扎根理论的人（参见第二章）也不会以空洞的思维进入研究，不会不想着要思考或寻找什么。例如，阿尔·莉莉（Al Lily，2014）关于在教育技术领域，国际学术界如何作为一个组织发挥作用的扎根理论研究，是受到沙特阿拉伯贝都因部落的实际习俗和实践的社会学和人类学文献影响的。

本小节介绍了理论渗透整个质性研究过程的案例。你提出的问题源于你对世界的看法。在研究中，这种观点存在于学科基础中，可以通过参考你为研究准备的文献来确定。关于如何以及为何进行文献综述的讨论在下面会介绍。

四、文献综述

确定和建立质性研究理论框架的一种方法是查阅相关文献。我们指的文献是一个领域的理论或概念作品和基于经验数据的研究，这些研究都有收集和分析数据的部分。在实践中，设计研究不是一个阅读文献、确定理论框架，然后撰写问题陈述的线性过程。相反，该过程是高度互动的。你的问题将引导你查阅一些文献，这些文献会让你重新思考你感兴趣的现象。在试图提出问题时，你会再次查阅文献。从本质上讲，你可以与之前的研究进行对话，并在该领域展开工作。

通常你在此对话中提出的第一个问题是，是否有关于该主题的一些文献。如果是的话，它是否能确认你遇到了需要研究的问题，或者你的想法是否已被研究过？在一篇名为《害怕文献》（*Terrorized by the Literature*）的章节中，贝克尔（Becker，2007）说到每个人都害怕"在他们想到一个理念之前（可能在他们出生之前），经过精心发展的理念就已经出版了，而且是在一个他们本应该查寻到的地方"（p.136）。贝克尔认为，没有关于某个主题的文献，只能意味着没有人认为该主题值得研究，该主题没有办法研究，或者更有可能是你的检索范围太窄。根据我们的经验，总会有一些相关的文献。忽视先前研究和理论的研究者，可能会探寻一个微不足道的问题，或重复已经完成的研究，又或重复他人的错误。然后，研究的目标——对该领域的知识库做出贡献——可能永远不会实现。根据库珀（Cooper，1984，p.9），"从研究的内在属性来看，任何一项研究的价值都源于它如何与以前的研究相适应并加以扩展"。如果一些研究似乎比其他研究更重要，是"因为他们解决的那一领域（或者他们介绍的领域）的研究问题非常重要"。

（一）为什么要进行文献综述

没有花时间查阅文献的研究者可能会错失为其所在领域做出重大贡献的机会。实际上，文献综述的一个功能是为扩充知识库打下基础。在某一领域中，没有一个问题是与人类行为的其他领域分离的。因此，通过查阅文献总会发现有一些研究、一些理论、一些与问题相关的思考对手头的研究有所帮助。

许多新手研究人员认为进行文献综述是相当令人生畏的，蒙托里（Montuori，2005）讨论了如何进行文献综述才是一项相当具有创造性的活动。他强调了这样一个事实，即做文献综述就像是与那些已经走在你面前的人对话，他们也对类似的话题着迷。进行文献综述就像和参与该领域的对话一样，你可以强调你假设的内容，并在讨论中添加你自己的想法。这有助于相关主题的知识构建过程。

除了为要调查的问题提供基础——理论框架，文献综述还可以证明该研究如何推进、改进或修改已知的内容。研究人员必须知道他的研究如何不同于已有研究。文献综述不仅可以为研究创造条件，还有助于制定问题并回答具体的关于研究设计的问题。比如，知道先前已经进行和验证过什么假设，如何定义术语，以及其他研究者已经处理了哪些假设可以简化研究人员的任务；了解之前使用过哪些研究设计，以及取得哪些成功，可以节省时间和金钱。对于质性研究而言，通过了解先前相关研究使用的某些数据收集技术是否可以产生有意义的数据，研究人员可以从中获益。

先前的研究经常被引用来支持研究框架、概念界定等。也可以利用以往的文献来证明本研究是必要的、紧迫的和重要的。

最后，充分了解已有研究及与主题相关的内容，可以作为参考来讨论当前研究对推进该领域知识积累的贡献。研究人员将他的研究结果放在以往的文献中，指出其研究的确切贡献。

在特定研究中，对以前文献的参考——有时甚至是引用——可能出现在三个地方。第一个地方，在引言中引用以前的文献，或许这样引用是明智的，以构建进行研究的案例。引用一名知名权威人士对一个问题重要性的声明和该领域的研究需求将支撑研究人员的立场。通过引用少数现有研究来强调缺乏对某一主题的研究也是有说服力的。

第二个引用文献的地方是一个通常被称为"文献综述"或"已有研究"的章节。这里的文献被整合与评判，强调了就该主题已做的工作及其优缺点。在一篇研究报告中，以前的文献经常被整合到研究问题的展开中。

第三个地方是在研究报告的最后对研究结果的讨论部分，这里总是包含对先前文献的参考。在讨论中，研究人员通过展示研究结果如何扩展、修正或否定之前的研究，指出本研究对该领域知识发展的贡献。在这个讨论部分，研究人员将研究结果置于已有研究的基础上，并指出哪些新的见解、理论的哪些方面受到了挑战等。

毫无疑问，文献综述可以支撑研究项目，但确定进行综述的最佳时间是一个有争议的问题。大多数作者都认为最好在研究过程的早期熟悉主题背景；文献综述对问题形成的影响是一个互动过程。在连续统一体的一端是研究人员综述文献以找出问题；另一端是研究人员正在查阅文献，看看先前是否已经研究过一个已确定的问题。在中间的某个地方是研究人员对想要研究的内容有一些概念，并参考文献以帮助解决问题。虽然文献综述无论如何设计都有助于形成问题，但是在扎根理论研究中，关于何时应查阅文献有多种意见。格拉泽（Claser，1978）认为最好等到数据收集完毕。然而，格拉泽很清楚，即使在归纳的、扎根的理论研究中，也必须广泛阅读。他建议首先阅读与研究领域略有不同的实质性领域的文献，然后在项目开始时阅读研究人员所在领域的文献。这项活动具有高度的相关性，因为研究人员可以"跳过和汲取，以获得更大的阅读范围，因为他现在有明确的目的来了解自己的领域，将自己生成的理论与该领域的其他文献相结合"（Glaser，1978，p.32）。然而，是否可能受到先前文献的过度影响，以及早期已有研究是否可能增强其研究，尤其是扎根理论研究，在权衡这些时，大多数质性研究人员在此过程中更早地而不是更晚地参考文献。根据我们的个人经验，在过程早期掌握文献可以极大地促进研究问题的形成，同时也有助于进行研究决策。

（二）撰写文献综述

如何撰写文献综述？这一话题在其他文献中有更深入的介绍（Cranton & Merriam，2015；Galvan，2012；Imel，2011）。然而，这里对这一过程进行总结可能会有所帮助。首先，检索的范围取决于研究问题的界定，以及研究人员之前对该主题的熟悉程度。如果你作为一名准研究人员，对你想要调查的问题只有一种模糊的感觉，那么一个开始的好方法就是对该主题进行概述。通过这种方式，你可以识别主要研究、理论、问题等。下一步是查找与研究主题相关的参考书目、索引和摘要。

一旦收集了一系列参考文献和摘要，你必须决定应获取哪些文献的全文，可以使用以下标准：

- 文献来源的作者是该领域的权威，是在该领域做过大量实证研究的人，还是后续研究和撰写作所需的开创性理论的提出者？如果是这样，该作者的作品将被其他人引用并被列在该主题的参考书目中。
- 文章、书籍或报告是什么时候写的？文献综述应包括这一领域的最新研究。
- 文献的内容或查验的对象究竟是什么？如果特定的资源或研究与你目前的研究

兴趣高度相关，即使不符合"研究对象"和"时间"的标准，也应该包括在内。

● 文献来源的质量怎样？一篇重要的文献应经过深思熟虑的分析、精心设计的研究或以一种独特的方式看待主题。在历史或文献分析中，主要文献和次要文献的质量是衡量的主要标准。

一旦确定了要更密切关注哪些文献，就必须获得相应的完整文献。在你查看文献来源时，请认真记录完整的书目参考资料。如果你记下特别好的引文或引用想法，请记录页码。许多研究人员会花费几个小时回去寻找作者文章的卷号、日期或页码。你可以着手整理一份带注释的参考文献目录。在开始整理研究的论据时，可以添加和借鉴这些内容。

知道何时停止综述文献与了解信息资源的位置和方式同样重要。有两种方法可以确定是否做得足够多。第一种方法是要认识到你已经掌握了该领域的所有相关文献。当你转到文章或报告末尾的参考列表并发现你熟悉列出的所有参考文章时，你就知道可能已经阅读过它们了。当这种情况发生两三次时，你可以感觉到你已经了解了大部分（如果不是全部）相关文献，这是一个饱和点。第二种方法有点主观，即你意识到你了解了文献。你可以引用研究、研究人员、日期、理论、历史趋势等。当你掌握了文献的时候，就可以停止查阅文献了。

文献综述是一篇叙述性文章，整合、综合和评论了特定主题的重要思想和研究。在收集并核实了相关文献来源后，研究人员仍然面临着将评论写成连贯的叙事文章的任务。有多少作者就可能有多少种文献综述的组织结构。大多数文献综述都是根据文献中的特定主题进行组织的。例如，对学习风格的文献综述可能包含学习风格概念化的内容、衡量学习风格的工具、学习风格研究中选择的人群样本等。有时综述是按时间顺序综述早期重要作品的，其组织特点是汇总多数关于某个主题的最新研究。

无论如何组织，任何文献综述的关键组成部分都是对研究和文献的批判性评估。读者想知道你对这些文献的看法及其优点和缺点，它们是否形成了对这一主题研究的重大突破，是否对知识基础有所贡献等。新手研究人员有时不愿意评判某一领域的研究，特别是评论一个众所周知和受人尊重的文献作者的时候。然而，要指出的是，评判并不意味着消极，而是评估特定理论或研究的优点和缺点，特别是这篇文章如何推进（或未推进）对主题的思考。

总之，想要将研究置于该领域的知识基础中，有必要综述该研究领域的先前研究和理论。文献综述也可以对做出决策提供有用的信息。此外，文献综述对确定研究的整体理论框架以及塑造问题陈述至关重要。

五、样本选择

一旦确定了研究问题，你的任务就是选择分析对象——样本。在每项研究中，都有许多可以访问的网站、可以观察的活动、可以采访的对象、可以阅读的文献。因此，研究人员需要选择观察或访谈的内容、地点、时间和对象。

基本的抽样方式有两种，分别是概率抽样和非概率抽样。概率抽样（其中最常见的是简单随机抽样）允许研究者将研究结果从样本推广到从中抽取的人群。由于统计意义上的普遍化不是质性研究的目标，因此在质性研究中概率抽样不是必需的，甚至是不合理的（关于普遍性的进一步讨论，见第九章）。因此，非概率抽样是大多数质性研究的首选方法。例如，人类学家一直以来都坚持认为非概率抽样方法"是合乎逻辑的，只要实地工作者不是用其数据来回答'多少'和'多久'等问题，而是主要解决质性问题，例如发现了什么，产生了什么，产生了什么影响，以及事件之间的关系是什么"（Honigmann，1982，p.84）。因此，最合适的抽样方法是非概率抽样，其中最常见的方式被称为目的性抽样（Chein，1981）或有目的抽样（Patton，2015）。有目的抽样是基于研究者想要发现和获得透彻理解的假设，因此必须选择那些可以从中了解到最多的样本。尚（Chein，1981）解释说："这种情况类似于一些专家顾问在棘手的医疗案件中被召集起来会诊。这些专家顾问也是一个有目的的样本，研究人员并没有要求他们得出与整个医学专业的平均意见相对应的意见。召集他们是因为他们的经验特殊、能力不凡"（p.440）。

巴顿认为"质性有目的抽样的逻辑和力量源于对具体案例，即信息丰富案例的深入理解。信息丰富的案例指可以从中得到很多对调查目的至关重要信息的案例，因此被称为有目的的抽样"（Patton，2015，p.53，原文强调）。

要进行有目的抽样，必须首先确定哪些选择标准对选择研究对象或地点至关重要。一些质性研究人员，如勒孔普特和申苏尔（LeCompte & Schensul，2010）也使用术语"基于标准的选择"。在基于标准的选择中，首先要确定样本的哪些属性对研究是重要的，然后找到符合这些标准的人员或地点。为有目的抽样建立的标准直接反映了研究目的，并检验了案例信息是否丰富的标准。不仅要说明你将使用的标准，还要说明为什么这些标准很重要。例如，比雷马（Bierema，1996）在对企业环境中的管理层女性进行研究时，这些女性必须来自 500 强企业（第一个标准）；必须具有一定的行政级别，这意味着她们负责具有监督、政策制定或组织战略职责的业务部门（第二个标准）；必须在同一家公司至少工作五年，"以确保每个参与者都了解企业文化"（第三个标准，p.150）。

（一）有目的抽样的类型

许多作者区分了不同类型的目的性抽样（Creswell，2013；Miles，Huberman，& Saldaña，2014；Patton，2015）。一些较常见的类型有典型抽样、独特抽样、最大变量抽样、方便抽样和滚雪球或链型抽样。以一群高中毕业生为例，以下讨论每种类型的例子。

典型抽样的选择是因为它反映了一般人、一般情况或一般现象。当使用典型的、有目的的抽样策略时，你希望"突出什么是典型的、普遍的和平均的"（Patton，2015，p.268）。当选择一个"典型"的地点时（如在一个案例研究中），"该地点是专门选择的，因为它在任何主要方面都不是非典型的、极端的、偏离的或极不寻常的"（p.284）。参照一个普通或典型高中毕业生的简介，任何符合此简介的人都可以包含在典型的有目的样本中。

独特抽样是基于让研究者感兴趣的现象中，属于独特的、非典型的、罕见的属性或事件。你会对它们感兴趣，因为它们是独特的或非典型的。如果是高中毕业生，你可以选择一个已经成为职业运动员的学生。

最大变量抽样是格拉泽和斯特劳斯（Glaser & Strauss，1967）在他们关于扎根理论的书中首次提出的。有人认为，扎根理论如果在不断变化的现象中"扎根"，则可能产生更多的概念和发挥更大的潜在作用。"巨大变化中产生的一般模式，在获得核心经验和共享情境或现象的维度方面具有特别的价值"（Patton，2015，p.283）。有时，这种策略涉及寻找"负面"或"不确定"现象的例子（Miles，Huberman，& Saldaña，2014，p.36）。高中毕业生的最大变量抽样就是识别和寻找那些具有研究所关注的最大差异化特征的人。

方便抽样正是该术语所表示的内容——可以根据时间、金钱、地点、场所或受访者的可用性等因素选择样本。虽然样本选择总会考虑便利性的某些方面，但是仅在此基础上进行的选择并不十分可信，并且可能产生"信息贫乏"，而不是信息丰富的案例。高中毕业生的方便抽样可以从你自己的孩子及其青少年朋友中开始。

滚雪球或链型抽样可能是最常见的目的抽样类型。这种策略就是找到一些轻松满足研究标准的关键参与者。在访谈这些早期关键参与者时，要求每个人将你推荐给其他参与者。"通过询问受访者推荐哪些访谈对象，可以积累信息丰富的新案例，雪球变得越来越大"（Patton，2015，p.298）。高中毕业生会提到其他毕业生，这些毕业生都会体现出对研究感兴趣的特征。

最后，一些质性研究设计结合了正在进行的样本选择过程，通常称为理论抽样。这种类型的抽样与有目的抽样开始的方式相同。格拉泽和斯特劳斯（1967）首先提出："理论抽样是生成理论的数据收集过程，由分析者全面开展数据收集、编码和分析，并决定接下来要收集哪些数据以及在哪里找到它们，以发展理论"（p.45）。研究人员首先选择一个初始样本，因为它与研究问题明显相关。数据将调查人员引向下一个要阅读的文件、下一个要访谈的人等。这是一个由不断发展的理论引导的演化过程——理论抽样。分析与识别样本、收集数据同时进行。随着数据的收集和理论构建开始发展，研究人员也可能会寻找新发现的异常（否定选择）或变化（差异选择）。

（二）"双层"抽样

与第二章（基本质性研究、现象学、民族志、扎根理论、叙事研究）中提出的其他类型的质性研究不同，案例研究通常需要两个级别的抽样。首先，必须选择要研究的案例。其次，除非计划要访谈、观察或分析案例中的所有人员、活动或文本，否则你需要在案例中进行一些抽样。

正如我们在第二章中讨论的那样，案例是一个单元，一个有界系统。斯塔克（Stake，1995）指出，有时候选择一个案例就会变成"根本不是'选择'……当教师决定研究学习上有困难的学生，当我们对某个特定机构感到好奇，或者当我们负责评估一个项目时，就会发生这种情况"（p.3）。其他时候，我们有一个普遍的问题，一个我们感兴趣的问题，我们就认为对特定实例或案例的深入研究将阐明该问题。

为了找到最佳案例进行研究，首先要建立指导案例选择的标准，然后选择符合这些标准的案例。例如，如果你对成功解决学习障碍的计划感兴趣，你可以为成功计划的内容制定标准，然后选择一个符合这些标准的项目。这个项目就是案例。对于多个案例或比较案例的研究，你可以根据相关标准选择几个"案例"。其中一个标准可能是你希望有尽可能多的变化，因此，你将在选择案例时采用最大变量抽样策略。以成功解决学习障碍的项目为例，你可以找到一些项目，这些项目可能是在广泛的社会经济社区中成功的项目，也可能是针对各种学习障碍或不同年级水平的项目。

因此，研究人员首先要确定要研究的案例——有界系统，即分析单位。案例可以是多种多样的，二年级的教室、公司的培训部门、全系统模型科学计划或当地医院的患者教育门诊。每种情况都有许多可以进入的现场（如模型科学计划中）、可以观察的事件或活动、可以被访谈的人以及可以阅读的文本。然后，要在数据收集开始之前或数据收集之时（正在进行或理论抽样）选择案例中的样本。可以使用随机抽样，实际上，这也正是一种用于保证效度的策略（见第九章）。然而，更常见的是，如前所述的有目的抽样用于选择案例中的样本，就像用于选择案例本身一样。但是，通常需要第二组标准来有目的地选择访谈对象、观察内容以及要分析的文本。

因此，质性研究的问题、关注点和目的会决定非概率抽样的形式，这又决定了要包含在研究内的实例、地点、人物和时间样本。目的抽样通常在收集数据之前进行，而理论抽样则与数据收集结合进行。案例中样本的大小由与研究目的相关的许多因素决定。因此，在案例研究中，通常有两个级别的抽样：首先选择案例，其次选择案例中的人员、事件、地点等。针对双层抽样，需要建立标准来指导抽样过程。以成功解决学习障碍项目为例，选择案例的标准可能如下：该项目将至少进行 5 年；60% 的学生在参加项目一年后可以参加常规课程；该项目仅涉及阅读和数学方面的学习障碍。一旦选择了这个项目，你需要确定访谈对象（除非你打算访谈所有人）并确定要观察的内容。选择访谈样本的标准可能包括所有管理人员、已经参加该项目至少五年的教师、不同年龄的学生代表、项目的过程以及特定的学习障碍。

（三）如何确定样本数量？

有多少人要访谈、有多少现场要进入或有多少文本要阅读，这些问题最有可能困扰新手的质性研究人员。不幸的是，对那些对模糊性容忍度较低的人来说，这些问题是没有答案的。因为其总是取决于所询问的问题、收集的数据、正在进行的分析以及支持研究所需的资源。我们需要的是足够数量的参与者、现场或活动来回答研究开始时提出的问题（以目的陈述的形式）。林肯和古帕（Lincoln & Guba，1985）建议抽样直至达到饱和点或冗余点。"在有目的的抽样中，样本的大小由所考虑的信息因素决定。如果目的是使信息最大化，则在新抽样单位没有新信息时终止抽样。因此，冗余是主要标准。"（p.202，原文中强调）

达到饱和点或冗余点意味着你开始听到与访谈问题相同的回答或在观察中看到相同的行

为，也就是没有新的见解出现。饱和何时发生无法提前知晓。为了辨别你的数据是否已经饱和，你必须参与分析和收集数据。正如第八章中更全面讨论的那样，数据分析最好与数据收集同时进行。

如果你要向资助机构、论文委员会或其他监督委员会提交研究计划以获得批准或支持，你可以提供暂定的、大致数量的样本单位（即人员、现场、案例、活动等），并使其充分了解在调查过程中你还会进行调整。巴顿（2015）建议"要根据研究目的感兴趣的现象中所预期的合理范围"（p.314）来确定最小样本量。

六、总结

本章首先解释了如何选择要研究的主题。一旦选择了研究主题，就需要将其塑造成一个研究问题。确定研究问题是所有类型研究的关键步骤。你可以审视自身实践、综述已有文献或关注当前的社会问题，以发现可能形成研究问题的问题。问题陈述表明了研究的逻辑，包括确定研究的背景、已有研究中的空白，以及为什么通过研究解决这一空白具有重要性或意义。问题陈述的最后是非常具体的目的陈述，随后是研究问题。

本章还讨论了研究的理论框架，即研究的所有其他方面都依赖的基础结构。已有的文献在研究理论框架的形成中起着重要作用，我们阐述了进行文献综述的价值、文献综述的步骤并评价了文献综述在整个研究过程中的地位。我们在本章中依次讨论了建立理论框架和进行文献综述，但实际上它们是相互交织的。通过对文献的综述，研究人员才可能发现关于某个主题的研究，并发现理论和已有研究如何有助于构建当前的研究。同样，新出现的问题、数据收集和分析过程中出现的问题，以及根据已有研究解释研究结果的需要，都会将研究人员引导到特定的文献领域。

如何选择样本取决于研究问题。在质性研究中，最合适的抽样策略是非概率抽样。非概率抽样策略是质性研究中众所周知且广泛使用的目的性和理论抽样。有时样本选择会发生两次，如在案例研究中，首先选择案例，然后选择案例中的人物、事件和文本。本章最后以对样本量的简要讨论结束。

第二部分　质性数据收集

数据只不过是在环境中发现的一些原始信息。它们可以是有形的、可测量的，比如上课出勤率；也可以是无形的、难测量的，比如情感。在一项研究中，一部分信息能否成为研究的数据完全取决于研究者的兴趣和视角。例如，雨水从土地流失的方式可能成为土壤科学家的数据，而房主可能不会注意到这些信息。同样，对于学校食堂中的活动模式，虽然学生、教职员工没有多大的研究兴趣，但是那些在正式课堂环境之外研究学生行为的人对此也许会觉得非常有吸引力。

通过文字表达的数据被标记为质性数据，而以数字形式呈现的数据是量化数据。质性数据包括通过访谈"直接从受访者那里获得的他们自身的经历、观点、感受和认知"，通过观察记录的对"人们活动、行为、行动的详细描述"，以及从各种类型文本中提取的"摘录、引文或完整段落"（Patton，2015，p.14）。

第二部分与数据收集有关，数据收集通过访谈、观察和文本方式实现，或用沃尔科特（Wolcott，1992）的"常见日常用语"（p.19）来说，数据收集就是询问、观察和评论。而我们应该记住，"我们'收集'数据的想法有点误导人。数据不会像人行道上的垃圾袋一样等待收集。首先，研究人员必须注意到它们，并将其作为达到研究目的的数据来对待"（Dey，1993，p.15）。所使用的数据收集技术，以及在研究中被当作数据的特定信息，取决于研究者的理论取向、研究问题和研究目的，以及所选的样本（关于这些要素的讨论，请参阅第一部分的章节）。

在教育领域，如果不是在大多数应用领域的话，访谈可能是质性研究中最常见的数据收集形式。在一些研究中，它是唯一的数据来源。第五章将重点介绍访谈：不同类型的访谈，好的访谈问题，如何记录和评价访谈数据及访谈者和受访者互动的注意事项。

第六章的主题是观察。观察者可以扮演的不同角色，在现场观察什么，何时观察，如何记录观察内容以及现场笔记的内容都是第六章讨论的主题。

第七章介绍了数据收集的第三种技术，即从文本材料和人工制品中挖掘数据。"文本"一词在本书中被广泛使用，指与研究相关的印刷材料和其他材料，包括公共档案、个人文档、流行文化和大众媒体、视觉文本和实物制品。第七章也将区分研究背景下自然存在的材料文本（普遍引用的文本）与研究人员生成的文本进行了区分。此外，还考虑了文本的局限性和优势及处理网上数据来源时的特殊注意事项。

由此，第二部分的三章介绍了解决质性研究设计中提出的困难与具体研究问题的方法。访谈记录、现场观察记录以及所有类型的文本（包括在线数据）都有助于发现研究问题的意义、增进理解和提出与研究问题相关的见解。

第五章　进行有效的访谈

沙兰及其同事正在为一项关于马来西亚老年人学习情况的研究收集数据。当一位乡村干部送我们到一位接受访谈的老妇人家里时，一群村民围在我们身边，一个年轻人问："你们是来自美国有线电视新闻网的吗？我们也想接受采访。"

访谈已经渗透到大众媒体中，我们已经身处"'访谈社会'，在这个社会中，每个人都会接受访谈，享受阳光下的时刻"（Fontana & Frey，2005，p.695）。脱口秀、社交媒体、24小时新闻轮播和印刷媒体都依靠口头或书面的访谈来讲述故事。但与"日常对话中自然流露的观点交流"不同，研究性访谈"是一种具有结构和目的的对话"（Brinkmann & Kvale，2015，p.5）。为达到研究目的实施的访谈是一项成体系的活动，你可以通过学习把它做好。访谈作为数据收集的流行技术已经在几十本关于访谈的书中得到证明，包括菲尔丁（Fielding，2008）的四卷本系列和一本最近的手册（Gubrium，Holstein，Marvasti，& McKinney，2012）。在本章中，我们将探讨访谈如何作为质性研究的数据收集技术，并讨论访谈的类型以及相关的话题：提出好问题、开始访谈、记录和评估访谈数据，以及访谈者和受访者之间互动的性质。

一、访谈数据

在大多数形式的质性研究中，一些数据或有时候全部数据都是通过访谈收集的。德马雷斯（DeMarrais，2004）将访谈研究定义为"一个由研究者和参与者围绕与研究有关的问题进行对话的过程"（p.55）。最常见的访谈形式是面对面的访谈，其中一人从另一人那里获取信息。小组或集体访谈也可以用于获取数据。无论是面对面的访谈，还是小组访谈都可以被定义为一种对话——不过是一种"有目的的对话"（Dexter，1970，p.136）。访谈的主要目的是获取特殊信息。研究人员想要知道"别人在想什么"（Patton，2015，p.426），正如巴顿所说：

> 我们访谈人们，是想从他们那里找到我们无法直接观察到的东西……我们无法观察到的感情、思想和意图。我们无法观察到在之前某个时间点所发生的行为。我们无法观察到观察员不在场时的情况。我们无法观察到人们是如何组织世界的，以及他们为世界上发生的事情所赋予的意义。我们必须向人们询问有关这些事情的问题。
>
> 因此，访谈的目的是让我们进入对方的视角。（p.426）

当我们无法观察行为、感受或人们对周围世界的解读时，访谈就尤为必要。当我们对过去无法复制的事件感兴趣时，访谈也非常必要。例如，学校心理学家可能会对学生在学校目睹老师被攻击时的反应感兴趣。同样，诸如核事故或自然灾害等灾难性事件也无法复制，但其对社区的影响可能是案例研究的重点。访谈也是在对几个人进行案例研究时使用的最佳技巧，正如贝特森（Bateson，1990）在为她的著作《谱写生活》（*Composing a Life*）中访谈五位女性时所做的那样。相应地，访谈也可用于在大量的人群中收集一系列有代表性的观点。特克尔（Terkel，2001）关于死亡和死亡之谜的书就是基于对各界人士的几十次访谈。简而言之，是否使用访谈作为数据收集的主要方式，应该基于所需的信息类型以及访谈是否是获得数据的最佳方式。德克斯特（Dexter，1970）总结了何时使用访谈："当……访谈是数据收集的首选策略时，它会以比其他方式更低的成本获得更好的或更多的数据"（p.11）。我们想补充一点，根据不同的主题，访谈有时是获取数据的唯一途径。

二、访谈类型

可以通过多种方式对不同类型的访谈进行分类。在本小节中，我们首先从结构化的程度来讨论访谈的类型，然后从不同的理论立场出发来讨论不同类型的访谈。之后，我们还会讨论焦点小组访谈和在线访谈。

（一）结构化访谈

决定访谈类型最常见的方法是以访谈的结构化程度为依据。表 5.1 列出了三种类型的访谈，这些访谈根据访谈中固有的结构化程度而有所不同。如果放在一个连续体中，访谈的结构范围从高度结构化的以问卷调查主导的访谈到非结构化、开放式、对话式访谈不等。高度结构化的访谈有时也被称为标准化访谈，要预先确定问题及提问的顺序。

表 5.1　结构化访谈的类型

高度结构化/标准化	半结构化	非结构化/非正式
● 预先确定访谈问题	● 访谈提纲包括多种结构化的访谈问题	● 开放式问题
● 预先确定问题的顺序	● 所有问题都灵活使用	● 灵活性，探索性
● 访谈以书面调查的口头形式进行	● 通常需要从所有受访者那里获取特定数据	● 更接近谈话
● 在质性研究中，通常用于获取人口统计数据（年龄、性别、种族、教育等）	● 访谈的大部分内容由要探究的问题或问题列表引出	● 当研究人员对现象不够了解时会问相关问题
● 示例：美国人口普查局调查、市场调查	● 没有预定的问题或顺序	● 目的是从这次访谈中学习，为以后的访谈确定问题
		● 主要用于民族志、参与观察和案例研究

高度结构化的访谈实际上是书面调查的一种口头形式。美国人口普查局调查和市场调查是口头调查的范例。在质性研究中，使用高度结构化访谈的问题在于，严格按照预定的问题访谈可能无法让你了解参与者对世界的看法和理解。相反，你会得到对调查员先入为主的世界观的反映。这种访谈还基于一种不可靠的假设，即假设受访者都使用同样的词汇，且所有受访者解释这些问题的方式也相同。在质性研究中，这种高度结构化的形式主要用于收集受访者共有的社会人口数据。也就是说，你可能想知道每个人的年龄、收入、工作经历、婚姻状况、受正规教育的程度等。你可能还希望每个人都对特定语句做出回应，或者每个人都能解释某个特定的概念或术语。

然而，在大多数情况下，质性调查中的访谈比较开放，结构化程度较低。非结构化的形式假定个体受访者以独特的方式定义世界。因此，你的问题需要更加开放。另一种不那么结构化的访谈是半结构化访谈。如表 5.1 所示，半结构化访谈介于高度结构化和非结构化之间。在这种类型的访谈中，要么所有问题的措辞都更灵活，要么访谈由结构化程度不同的问题混合组成。通常，所有受访者都希望获得具体的信息，这样访谈内容就会更具结构性。但是，大多数访谈都是由一系列问题来引导的，而这些问题的具体措辞和顺序都不是事先确定的。这种形式允许研究人员对临场的情况、受访者全新的世界观以及关于这个话题的新想法做出反应。

第三种类型的访谈是非结构化或非正式访谈。当研究人员对某种现象了解不足而无法提出相关问题时，这种方式就尤其有用。因此，无须预先确定问题，访谈基本上也是探索性的。事实上，非结构化访谈的目标之一是充分了解情况，为随后的访谈准备好问题。因此，在质性研究的早期阶段，非结构化访谈通常与参与观察结合使用。这种方式需要一位熟练的研究人员来处理非结构化访谈所要求的极大灵活性。虽然通过这种方法可以获得深刻的见解和体会，但是与此同时，访谈者可能会在不同观点和看似无关的信息之中迷失。在质性研究中，完全非结构化的访谈很少被作为收集数据的唯一手段。在大多数研究中，研究人员可以将以上三种类型的访谈结合起来使用，从而获得一些标准信息，向所有参与者询问一些相同的开放式问题，并且在非结构化形式中投入一些时间，以获得新的见解和新的信息。

让我们通过举例来说明你可能在每种类型的访谈（高度结构化、半结构化或非结构化）中提出的问题。假设你正在研究指导在优秀教师职业发展中的作用，在一个高度结构化的访谈中，你可以首先为每个受访者提供一个指导的定义，然后要求该受访者指出谁是导师。在半结构化的访谈中，你更有可能要求每位教师描述他对指导的理解，或者你可能会让教师想想谁是导师。在非结构化的访谈中，你可能会要求受访者分享他是如何成为一名优秀教师的。更直接但仍然相当非结构化的问题是关于帮助受访者塑造职业生涯的人、影响或因素。

（二）哲学和学科取向的访谈

作为信息收集的一种手段，访谈已经历经了几个世纪。人口普查、调查和民意调查长期以来一直是访谈导向的测量形式。在 20 世纪初的几十年中，更加非正式的解释性访谈出现了，主要是在社会学领域（Fontana & Frey，2005）。从 20 世纪后半叶到现在，已有诸多理论从哲学角度对访谈进行了讨论和分析，例如女性主义视角、后现代主义视角和跨文化视角等。

对哲学取向与访谈类型之间的关系分析最清晰的学者之一是鲁尔斯顿（Roulston，2010）。她提出了六种访谈概念，每种概念都有不同的理论框架。第一种是新实证主义访谈，即"熟练的访谈者提出好问题，通过其中立立场将偏见最小化，生成高质量的数据并产生有效的结果"（p.52）。第二种访谈，她称之为"浪漫"概念的访谈，是研究人员"自认为并不客观"（p.58），分析和揭示主观性，并努力"产生一种亲密的和自我坦诚的对话"（p.56）。这种类型的访谈借鉴了现象学、精神分析学、女性主义研究和社会心理学理论。

鲁尔斯顿（2010）的第三种访谈类型是建构主义访谈，即通过话语分析、叙事分析、会话分析等工具来进行访谈数据的建构。第四种访谈类型是后现代主义访谈。与后现代主义和后结构理论相一致，访谈的目的不是要提出一个单一的自我感知，因为没有本质的自我，而是要有"自我的各种非单一表现"，这些数据是通过创造性的表现来呈现的（p.63）。

最后两种类型的访谈是变革性访谈和非殖民化访谈，它们都属于批判理论的哲学取向，其中权力、特权和压迫的问题是显而易见的。在鲁尔斯顿（2010）所称的变革性访谈中，研究者"有意挑战和改变参与者的理解"（p.65，原文中的斜体字）。非殖民化访谈关注的是原住民的"恢复性司法"（p.70），其中的一个关键是优先安排一个"涉及非殖民化、转型、动员和治愈过程"的本土研究议题（p.68）。

其他文献作者更多地根据学科视角对访谈进行分类。例如，人类学的"民族志"访谈侧重于文化，也就是说，从访谈中获得的信息类型是关于一个群体文化的数据，如它的仪式和典礼、神话、等级制度、英雄等。斯普拉德利的著作《民族志访谈》（*The Ethnographic Interview*）（Spradiey，1979）是该领域的经典之作。第二种经常讨论的以学科为基础的访谈类型是现象学访谈。现象学是一种哲学，在一定程度上指导了所有质性研究（见第一章）。然而，我们也可以进行一次具体的现象学研究（见第二章），在这种情况下，我们会进行现象学访谈，这意味着研究者试图揭示个体"生活"经验的本质（Seidman，2013）。这样的访谈"关注事件对个体深刻的、鲜活的意义，且假设这些意义能够指导行动和互动"（Marshall & Rossman，2016，p.153）。在现象学研究中，研究人员在访谈他人之前，通常会写下自己对这一现象的经历，或者接受同事的访谈，以便在访谈他人之前将自己的经历"归类"。

（三）焦点小组访谈

在美国总统大选前整整一年，候选人的工作人员、媒体、公民团体等都会对选民进行焦点小组访谈，以搜集选民对议题、政策和候选人的建议。这是对 20 世纪 50 年代开始的营销研究中广泛使用的焦点小组访谈的延伸。在营销研究中，企业测试消费者的偏好，并推广特定的产品。焦点小组访谈作为一种社会科学研究方法，其使用可以追溯到 20 世纪初开始的关注群体动力学的社会心理学研究，然后是社会学家罗伯特·K. 默顿（Robert K. Merton）及其同事发表的焦点小组访谈文章（Merton，Riske，& Kendall，1956）。"焦点小组研究与其他类型研究（如调查、个人访谈和实验室实验）之间的主要区别在于，数据收集发生在群体环境中并由其推动。"（Stewart & Shamdasani，2015，p.17）无论是在市场营销中还是社会科学研究中（现在有了虚拟小组），焦点小组访谈仍然是一种流行的数据收集策略。

在质性研究中，作为收集数据方法的焦点小组访谈是对一个话题的访谈，访谈对象是一群了解该话题的人。由于从焦点小组获得的数据是在小组成员的互动中进行社会建构的，因此其数据收集过程以建构主义的观点为基础。亨宁克（Hennink，2014）解释道："也许焦点小组研究最独特的地方是在互动讨论中生成数据，这类数据不能通过单独的访谈获得。在小组讨论期间，参与者分享他们的观点，听取他人的观点，也许还会根据他们所听到的完善自己的观点。"（pp.2-3）

焦点小组访谈的对象取决于要讨论的主题。与个人访谈一样，应该使用有目的抽样来抽取最了解该主题的人。虽然没有硬性规则来规定一个小组应该包括多少人，但是大多数学者建议焦点小组访谈的参与人数为6~10个，并且最好彼此是陌生人。此外，建议小组的主持人或访谈员熟悉团队过程以及主持人可能扮演的角色范围（Barbour，2008；Hennink，2014；Krueger & Casey，2015；Stewart & Shamdasani，2015）。

最后，"焦点小组访谈的主题最好选择那些最适合人们在日常生活中可以互相交谈的话题"（Macnaghten & Myers，2004，p.65）。显然，对于敏感、高度个体化和文化上不适合在陌生人面前谈论的主题来说，焦点小组访谈不是一个好的选择。当然，一个话题是否合适也并不总是很明显。克罗（Crowe，2003）成功地使用了焦点小组访谈，为聋人群体创建了适合其文化的艾滋病预防材料。乔伊特和奥图尔（Jowett & O'Toole，2006）报告了两个有趣的焦点小组访谈：一个是成年学生对参与高等教育的态度，另一个是年轻女性对女性主义的看法。他们发现，成年学生的焦点小组访谈是失败的，而年轻女性小组访谈却是成功的。他们没有预料到"对于那些感到被排斥在教育之外的人来说，这种不充分感有多么根深蒂固"（p.462），也没有预料到成年学生群体的成员之间，以及研究人员与成年学生群体之间的权力不平衡如何阻碍了学生参与访谈。最后，斯图尔特和威廉斯（Stewart & Williams，2005）探讨了同时和非同时进行在线焦点小组访谈的实践和伦理问题。

因此，与其他数据收集方法一样，当这是为解决研究问题而获得最佳数据的最好方法时，焦点小组访谈就是合适的方式。和任何其他方法一样，它不仅需要权衡优势和不足，还需要掌握使用这种技术所需的技能。

（四）在线访谈

毫无疑问，互联网改变了世界，增加了利用各种信息通信技术和计算机通信工具在线收集数据进行质性研究的可能性（Salmons，2015）。质性数据的收集可以采用电子邮件、博客、在线讨论组、网络电话、推文、短信和各种社交媒体等多种方式。接下来我们将对在线访谈的问题进行讨论。

在线访谈可以通过各种计算机通信工具［如讯佳普（Skype）或奥多比视频会议系统

（Adobe Connect）〕同步（实时）进行。通常是利用视频组件进行口头访谈，这种方式更像是面对面访谈，当然，还可以通过电话进行语音实时访谈，也可以通过电子邮件或在线讨论组进行非同步访谈（有时间上的滞后）。非同步访谈往往是基于文本或书面的访谈。同步和非同步访谈都有其优缺点，稍后我们会做更详细的讨论。一般来说，在进行质性研究的访谈时，与参与者建立融洽的关系是有益的。当缺少视觉线索时，仅靠文本的非同步沟通（例如电子邮件），与参与者构建融洽关系可能会更具挑战（James & Busher，2012）。此外，参与者可能不回复电子邮件中的问题或不回答电子邮件中的某些问题，但他们可能会回答以同步视频或语音对话方式中的问题。不过，对话中的非语言提示和暂时停顿的信息都会丢失，但通过电子邮件完成的文本访谈信息为研究人员提供了现成的文字稿，可以很容易记录参与者所说的内容。这样的电子邮件"转录本"可以为研究人员节省在转录成本中的时间和金钱。

考虑到可以使用各种信息通信技术工具进行同步或非同步的在线访谈，萨蒙斯（Salmons，2015）在她关于在线访谈的书中呈现了一个被她称为"电子访谈研究"的框架（p.4）。她邀请研究人员探讨八个相互关联类别中的关键问题：使研究目的与研究设计保持一致；考虑与数据收集方法选择有关的问题；考虑与研究人员定位有关的问题；确定电子访谈方式；确定使用的信息通信技术工具类型；确定抽样问题；确定伦理问题；确定实际收集数据的方式。质性研究人员在所有质性研究中总是需要考虑类似的问题，而萨蒙斯则提出了与在线环境尤为相关的问题。

对在线访谈使用的各种信息通信技术工具的可用性讨论越来越多，萨蒙斯（2015）和其他人对其中许多讨论做过评论，主要探讨的是个体访谈问题。图塔斯（Tuttas，2015）更专注于从使用实时视听网络会议技术中获得经验，以便对来自美国不同地区的护士进行焦点小组访谈。虽然她最终选择使用 Adobe Connect，但是她会考虑各种网络会议技术平台〔讯佳普（Skype）、欧沃（ooVoo）、GoTo 视频云会议（GoTo-Meeting）和奥多比视频会议系统（Adobe Connect）〕的优势和劣势，以便进行焦点小组访谈。这能够为一些可用的选择提供一些帮助。

与任何数据收集的方法一样，进行在线访谈收集数据有其优势和不足。其中一个显而易见的优势是研究人员在选择参与者时不再受地域限制，他们可以访谈世界各地的参与者，甚至可以进行焦点小组访谈，让所有参与者都能看到对方。另一个优势是许多计算机通信平台允许录制视频，如果人们想要在访谈结束后再研究或回顾非语言提示，这可能会有所帮助。当然，进行在线访谈有一些明显的缺点，即并非每个人都可以接触到各种计算机通信工具或了解它们的使用方法。此外，技术总会出现故障。音频录制设备可能存在问题，因为通过手机、Skype 或其他计算机软件录制的声音有时会受损，这可能会给访谈者和受访者带来挫败感。最后，当通过互联网使用计算机通信工具时，始终存在机密泄露的可能性。虽然这种可能性很小，但是研究人员和伦理审查委员会在处理研究中的伦理问题时，这始终是一个考虑因素。总之，在进行质性研究时，需要考虑与访谈相关的计算机通信工具的所有优缺点。

三、提出好问题

从访谈中获取好数据的关键是提出好问题，这需要一定的练习。试验性访谈对测试问题来说至关重要。你不仅可以在访谈中进行一些练习，还可以快速了解哪些问题令人困惑而需要重新编写，哪些问题会产生无用的数据，哪些问题是由受访者建议应该首先考虑的问题。

不同类型的问题会产生不同的信息，提出的问题取决于研究的重点。以硕士生导师职业发展中的指导经历为例，如果你想知道其职业发展中导师的角色，你会问教师在指导方面的个人经历，可能会获得一个描述性的个人成长史。如果后续的问题是关于他们对指导经历的感受，则会得到更具情感性的信息。你可能还想了解他们关于指导对于教师职业生涯影响的看法。

提问题的方式是提取所需信息类型的关键因素。显然，研究起点是确保让受访者清楚要访谈的内容。因此需要用他们熟悉的语言表达问题。"使用对受访者有意义的词语和反映受访者世界观的词语，会提高访谈期间获得的数据质量。如果受访者对特定词语不敏感，那么获得的信息可能完全没有意义或者可能没有答案"（Patton，2015，p.454）。可以从避免使用特定的学科方向的技术术语和概念开始。例如，在一项关于 HIV 阳性年轻人的研究中，参与者被问及他们是如何理解或接受诊断的，而不是他们在视角转变过程中如何构造意义（研究的理论框架）（Courtenay，Merriam，& Reeves，1998）。

（一）问题类型、好问题和要避免的问题

访谈者可以提出不同类型的问题以激发受访者回答。巴顿（2015）提出了六种类型的问题：

1. 经验和行为问题。这类问题涉及一个人现在正在做或之前做过的事情，即他的行为、行动和活动。例如，对管理者进行领导力研究时，你可以问："告诉我一个典型工作日的日常安排；你早上第一件事是做什么？"

2. 意见和价值观问题。这类问题用于研究人员对一个人的信仰或观点感兴趣时。接着前面的管理者和领导力研究的例子，你可以问："你对管理者是否也应该成为领导者有什么看法？"

3. 感受问题。这类问题主要是"挖掘人类生活的情感维度。在询问感受问题时——'你对此感受如何？'——此时，访谈者会用形容词反映焦虑、快乐、害怕、恐惧、自信等感受"（p.444）。

4. 知识问题。这类问题旨在了解参与者对有关问题的实际事实性知识。

5. 感官问题。这类问题类似于经验和行为问题，但可以获得关于是什么或看见了什么、听到了什么、触摸到了什么等更具体的信息。

6.背景或人口统计学问题。所有访谈都包含受访者与研究相关的特定人口统计学（年龄、收入、教育、工作年限等）问题。例如，一些研究可能与受访者的年龄相关，也可能不相关。

有趣的是，巴顿（2015）建议不要问"为什么"这类问题，因为它们往往产生对因果关系的猜测，并且可能导致受访者无法作出回应。巴顿在开放式教室的研究中回忆了与一个孩子有趣的访谈。当一年级学生对于她"在学校最喜欢的时段"的回答是"休息"时，巴顿问她为什么喜欢休息，她的回答是因为可以到户外玩耍、荡秋千。当被问"为什么喜欢到外面"，孩子回答："因为那儿是荡秋千的地方！"（p.456）。虽然"为什么"的问题可以解答一系列质疑，但是我们的经验是，偶尔的"为什么"问题可能揭示具有推测性的见解，但这也可能导致一系列新的质疑。

我们发现另一类不同类型的问题非常有助于从沉默寡言的受访者身上获得信息，斯特劳斯、沙兹曼、布赫、萨布申（Strauss，Schatzman，Bucher & Sabshin，1981）将这类问题归为四大类：假设性问题、故意唱反调的问题、理想状态的问题和解释性问题。每类问题都在表 5.2 中进行了定义，并通过一个例子来说明，这个例子是对失业工人参与职业培训和合作（job training and partnership，JTPA）项目的案例研究。

表 5.2　四种类型的问题与 JTPA 项目的案例研究实例

问题类型	举例
1. 假设性问题——询问受访者可能会做什么，或者在特定情况下可能会做什么。这些问题通常以"如果"或"假设"开头	假设这是我参加这个培训项目的第一天，会是什么样的？
2. 故意唱反调的问题——让受访者被要求考虑对某种情况采取相反的观点或解释	有人会说，失业的员工做了一些导致他们被解雇的事情。你会告诉他们什么？
3. 理想状态的问题——让受访者描述理想的情况	你能描述一下你认为理想的培训项目是什么样的吗？
4. 解释性问题——研究人员对受访者所说的内容进行初步解释或解读，并要求受访者作出回应。	你是否发现作为成年人返回学校的经历与你的预期不同？

假设性问题要求受访者推测某事物可能是什么样的，或某人在特定情况下可能做些什么。假设性问题以"如果"或"假设"开头，回答通常是对个人实际经历的描述。例如，在 JTPA 研究中，假设性问题"假设这是我参加这个培训项目的第一天，会是什么样的？"引出参与者对实际情况的描述信息。

当主题存在争议并且你想要了解受访者的意见和感受时，特别适合使用故意唱反调的问题。如果他们碰巧对这个问题敏感，这类问题也可以避免让受访者感到尴尬或反感。措辞以"有些人会说"开始，实际上会使问题更为客观。然而，回应却总是受访者对此事的个人意见或感受。在 JTPA 的例子中，"有人会说，失业的员工做了一些导致他们被解雇的事情。你会告诉他们什么？"这样的问题通常会透露受访者是如何失业因而参加培训项目的。

理想状态的问题可以激发出更多的信息和观点。这类问题基本都可用于研究任何现象。它们很适合用于评估研究，因为这类问题揭示了一个项目的积极方面和消极方面。当你询问JTPA例子中理想的培训项目是什么样的，就可以发现参与者喜欢和不想改变的方面，并发现那些可能使项目变得更好的方面。

解释性问题可以检验你认为自己理解的内容，并获取掌握更多信息、意见和感受的机会。在 JTPA 的例子中，解释性问题如"你是否发现作为成年人返回学校的经历与你的预期不同？"允许调查人员做出访谈内容的初步解释。

总体而言，好的访谈问题是开放式的，并产生描述性数据，甚至可以是关于这种现象的故事。数据越详细、描述越多越好。以下问题可以很好地生成此类数据：

> 告诉我一个当……的时候。
> 给我举一个……的例子。
> 告诉我更多关于……的信息。
> 当……时，这对你来说是什么样的。

在访谈中应避免某些类型的问题。表 5.3 概述了要避免的三类问题，并说明了 JTPA 研究中的每一类问题。

表 5.3　要避免的问题

问题类型	举　例
多个问题	你对 JTPA 培训计划中的教师、作业和课程安排有何看法？
引导性问题	失去工作后你有什么情绪问题？
"是"或"否"的问题	你喜欢这个项目吗？回到学校很困难吗？

首先，要避免多个问题。即看似是一个问题，但实际上是由多个问题组成的问题，或一系列不允许被访者逐个回答的单个问题。例如，"你对 JTPA 培训计划中的教师、作业和课程安排有何看法？"一系列的问题可能是"作为一名成年人回到学校有什么感觉？教师如何看待你？你有什么样的作业？"在以上两种情况下，受访者都可能会要求你重复这些问题，要求厘清或者只回答问题的一部分，而且可能还无法进行解释。例如，当一位受访者回答"你对教师、作业和课程安排有何看法"这个问题时说："他们还可以，有些我喜欢，有些我不喜欢。"对于这个回答，你不知道他说的是教师，是作业，还是课程安排。

其次，还应该避免引导性问题。引导性问题带有研究人员此时的偏见或假设，参与者可能不会持有这种偏见或假设。这些问题会让受访者接受研究人员的观点。例如，"失去工作后你有什么情绪问题"反映了一个假设，即任何失业的人都会有情绪问题。

最后，所有研究人员都要注意不要问"是"或"否"的问题。任何问题实际上都可以用简单的"是"或"否"回答。"是"或"否"的回答基本不会提供任何信息。对于那些不情愿、害羞或不善言谈的受访者，这为他们提供了一个简单的出路。"是"或"否"的问题还会关闭或至少减缓受访者输出的信息流。在 JTPA 的例子中，尽管以"是"或"否"的方式表达的问题核心是寻求有用的信息，最终却什么都获得不了。因此，询问"你喜欢这个项目吗？"回答可以为"是"或"否"，而将它改为"你对这个项目有什么看法？"则可获得更多的信息。"回到学校很困难吗"这个问题也是如此。若问"你觉得重返学校的经历怎么样"则需要受访者做出更全面的回应。

在实际进行访谈之前，强烈建议对访谈问题进行客观审查，删除没有把握的问题。问自己这些问题，挑战一下尝试尽可能少地回答这些问题。还要注意你是否会在回答问题时感到不舒服。审查问题之后，进行试验性访谈，这将对确保你提出好问题大有裨益。

（二）探究

探究是对已经提出过的问题进行追问或评论。事实上这类问题不可能提前确定，因为它们取决于参与者对之前引导性问题的回答方式。这是在研究初始阶段就成为数据收集者的优势所在，特别是如果你保持高度敏感。在访谈中，随着时间的推进你会做出调整。你感觉到受访者知道一些重要的事情，或者还有更多需要了解的事情。探究可以是提问，如问更多细节的问题、用于澄清的问题。格莱斯内和佩什金（Glesne & Peshkin，1992）指出"探究可能表现为多种形式，包括沉默、声音、一个词及完整的句子"（p.85）。沉默被"客观地使用……是一种有用且简单的探究——就像一连串的话语一样，如'嗯，嗯，嗯'，有时结合点头。'是的，是的'是一个很好的选择。多样性很有用"（p.86，原文中强调）。不仅是探究，所有问题都一样，访谈者应该避免访谈节奏过于紧迫和过快。毕竟，参与者正在接受的是访谈，而不是审问。

探究或追问，塞德曼（Seidman，2013）喜欢称之为"探索"，可以像寻求更多信息或澄清当事人刚才所说的一样简单。这些问题通常有是谁、是什么、何时，以及在哪儿的问题，比如还有谁在那儿？之后你做了什么？这是什么时候发生的？或者发生的时候你在哪里？其他探究性问题是为寻求更多细节或做详细说明，比如你是什么意思，告诉我更多相关信息，可以举个例子吗，跟我说说你的经历，你能解释一下吗，等等。

以下是对一位中年男性访谈的简短摘录（Weeks，n.d.），他之前被文法学校留级了（停一级）。调查人员感兴趣的是留级如何影响他的个人生活。请注意后续的追问或引导，以便更好地了解他对留级的最初反应。

> 访谈者：你第二次上一年级时，对自己有什么看法？
> 受访者：我真的不记得了，但我想我不喜欢。这对我来说可能很尴尬。我想我甚至

可能很难向朋友解释。我可能被取笑过，可能为自己辩解过，甚至可能像孩子一样反抗过。我知道在人生的这个阶段我变得更有攻击性，但我不知道这是否与被留级有关。

访谈者：你觉得你的新一年级老师怎么样？

受访者：她很友好。我有一段时间很安静，直到我了解了她。

访谈者：在这第二年你对自己感觉如何？

受访者：我必须把它看作我不成功时期的延续。严格地说，我第一次读一年级时也不是很成功。

访谈者：当你谈到这个时，你的声音有时会改变。

受访者：好吧，我想我还是有点生气。

访谈者：你认为留级是否合理？

受访者：（长时间停顿）我不知道如何回答这个问题。

访谈者：你想考虑一会儿吗？

受访者：好吧，我第一次读一年级的时候没有学到任何东西，但当时的老师很好。她是我妈妈最好的朋友。所以她没有教会我任何东西，她让我再读一年。他们说，我必须留级，因为我没有学到什么东西，但（摇动他的手指），我本可以学到的。我很聪明。

提高探究技能的最佳方法是练习。访谈的次数越多，特别是对同一个话题的访谈越多，你就会变得越轻松，进而就能更好地进行潜在的富有成效的询问。另一个好的策略是仔细检查你某次访谈的书面记录。寻找那些你本可以跟进但没有跟进的地方，并将它们与你获得了大量优质数据的地方进行比较。两者的区别很可能在于，温和的探究可以最大限度地获得获取更多信息的机会。

（三）访谈提纲

访谈提纲，有时被称为访谈清单，是访谈中要问的一系列问题。根据访谈的结构化程度，访谈提纲可能包含几十个非常具体的问题，这些问题或按特定的顺序（高度结构化）列出，或是一些没有特定顺序（非结构化）草草记下的主题领域，又或介于两者之间。如前所述，质性研究中的大多数访谈都是半结构化的，因此，此类访谈提纲可能包含你想问每一个人的几个具体问题，可以跟进探究的一些开放式问题，以及你想要了解更多关于某些领域、主题和问题的列表，但是在研究开始时并没有足够的信息来形成特定的问题。

一名初学通过访谈收集数据的调查人员会对结构化访谈更有信心，在结构化访谈中，大部分问题（如果不是全部）都提前在访谈提纲中写好。按照访谈清单工作，可以让新研究人员有经验和信心进行更多开放式提问。大多数研究人员发现，在最初的几次访谈中，他们会非常依赖访谈提纲，但随着访谈的自然进行，他们很快就能从问题中解脱出来。此时，偶尔检查一下是否涵盖了所有的领域或主题就足够了。

新手研究人员经常关注访谈中的问题顺序，但没有规则规定先问什么和后问什么。提问的顺序在很大程度上取决于研究的目标、分配给访谈的时间、被访谈的人以及受访者对一些问题的敏感程度。事实上，访谈开始时可以问一些社会人口学类型的问题，但是如果这类问题有很多，或者其中有一些敏感问题（例如，问他们的收入、年龄或性取向），最好在访谈结束时问。到那时，受访者已经投入到访谈中，更有可能通过回答这些问题以顺利结束访谈。

通常，在访谈开始时，适合询问一些相对中立、描述性的信息。可以要求受访者提供关于他们感兴趣的现象的基本描述，无论是计划、活动还是经历，或者用他们感兴趣的现象记录过去。这些信息为获得受访者的看法、观点、价值观、情感等问题奠定了基础。

当然，不可能总是将事实信息与更主观、更有价值的回答区分开来。判断问题排序是否有效的最好方法是在试验性访谈中尝试一下。

总之，问题是访谈的核心，为了收集有意义的数据，研究人员必须提出好问题。在我们从事和指导质性研究的多年经验中，问题越少、越开放越好。少问一些宽泛的问题能让你脱离访谈提纲，让你真正地倾听你的参与者想要分享的内容。这反过来又能让你更好地追踪调查途径，从而获得潜在的丰富数据。案例 5.1 是一个访谈提纲，用于研究老年人如何在其医疗保健中成为自我导向者（Valente，2005）。这些开放式问题随后巧妙地使用探究方式引出了关于该主题的实质性信息。

案例 5.1	访谈提纲

1. 我知道你担心自己的健康，请告诉我你的健康状况。

2. 是什么促使你了解自己的健康状况？

3. 请详细告诉我你所做的事情，以了解更多有关你健康的信息。（你先做了什么？）

4. 你在哪里可以找到有关你健康的信息？

5. 请告诉我你学到的东西什么时候对你的健康开始产生积极影响。

6. 你的学习让你的生活改变了什么？

7. 你和谁谈论你的健康问题？

8. 请告诉我你目前与健康护理者的互动情况。

9. 请告诉我你如何跟踪自己的健康状况。

10. 你还有什么其他方法来管理你的健康？

11. 你在管理自己的健康护理时遇到什么样的挑战（障碍）？

12. 与你健康有关的学习感受，你还有想分享的吗？

资料来源：瓦伦特（Valente，2005）。经许可转载。

四、开始访谈

要想通过访谈收集数据，首先要确定访谈对象。这取决于调查人员想要了解的内容以及从哪个角度来看需要的信息。受访者研究人员理解研究现象有多大帮助，是研究人员挑战受访者的基础，其中应用了目的性抽样或理论抽样（已在第四章中讨论）。例如，在社区学校项目的案例研究中，该项目的整体内容将涉及与项目有不同关联的人，即管理者、教师、学生、社区居民的经验和看法。与调查研究不同，样本数量和样本代表性是主要的考虑因素，在这类研究中，关键因素不是受访者的数量，而是每位受访者为深入洞察和理解现象做出贡献的程度。

如何找到这些受访者？第一种方法是通过对研究计划、活动或现象进行初步的现场观察。现场观察通常涉及与参与者的非正式讨论，以找到应该深入访谈的人。第二种方法是，从一个关键人物开始，这个人是其他人眼中知识渊博的人，然后请这个人推荐。可以通过调查员自己的联系人、社区和私人组织、公告板上的广告或互联网找到初始受访者。在一些研究中，为了确定这个人是否符合参与研究的标准，有必要对其进行一次初步的访谈。例如，在研究老年人化解悲伤的潜在能力时，穆恩（Moon，2011）首先要确定潜在的参与者是否能够识别出由失去亲人而产生的自我意识或世界观的一些变化。

泰勒和波格丹（Taylor & Bogdan，1984）列出了在每次访谈开始时应解决的五方面问题：

1. 调查员的动机和意图以及调查的目的。
2. 通过使用匿名保护受访者。
3. 决定谁对该研究内容有最终决定权。
4. 付费问题（如果有的话）。
5. 预计时间、地点和访谈次数的保障支持。（pp.87-88）

除了要注意用清晰的语言提问，访谈者还必须注意对受访者的态度。由于受访者是有目的选择的，所以可以假设受访者有一些有用的数据，有一段值得谈论的经历，有一个使研究者感兴趣的观点。这种态度要在很大程度上使受访者感到舒适，并使他们愿意分享所知道的信息。

访谈者也应该对受访者的观点保持中立，也就是说，无论访谈者的立场可能与受访者的信念或价值观多么对立，访谈成功的关键是要避免争论、辩论或以其他方式使个人观点的表达被外人所知。巴顿（2015）区分了中立性和融洽性。"与此同时，我对受访者所说的内容保持中立，我非常关心受访者是否愿意和我分享。对于受访者而言，中立是一种立场。中立性是对该人所说内容的立场的稳定性。"（p.457，原文中强调）

有几种方法可以使受访者在信息分享中花费的时间最大化。例如，慢速开始的访谈可以通过询问受访者关于他们自己、事件或正在研究的现象的基本描述信息来推进；旨在构建生活史的访谈可以通过书面叙述、个人文档和日常活动日志加以补充。这些都要求受访者提前提供。当然，访谈的价值取决于访谈者对话题的了解程度，以及能否用受访者容易理解的语言提出有意义的问题。

五、访谈者和受访者的互动

访谈者和受访者之间的互动可以从任意一方的角度来看待，也可以从互动本身来看待。熟练的访谈者可以带来积极的互动，尊重、不评判、不威胁是一个好的开始。显然，成为一名熟练的访谈人员需要练习，练习与表现反馈相结合是培养所需技能的最佳途径。角色扮演、同伴评价、录像和观察有经验的访谈者，都可以提升新手研究人员的技能。

怎样才能成为一个好的受访者？人类学家和社会学家把好的受访者称为"线人"，即了解文化且能够反思文化，并向研究人员阐明正在发生的事情的人。"关键线人"能够在一定程度上站在调查者的立场上引导并提供对访谈者而言陌生领域里有价值的信息。但并不是所有优秀的受访者都能被认为是人类学家的"关键线人"。优秀的受访者是那些能够表达自己想法、感受和观点的人，也就是说，他们能够对研究话题提出自己的观点。参与者通常喜欢与感兴趣且富有同情心的听众分享他们的观点。对一些人来说，这也是一个阐明自己想法和经历的机会。

德克斯特（Dexter，1970）认为，在每一个访谈情境中都有三个变量决定互动的性质："访谈者的个性和技能，受访者的态度和取向，以及二者（通常由重要他人）对于访谈情境的解释"（p.24）。这些因素也决定了从访谈中获得的信息类型。例如，让我们假设两位研究人员正在研究大一学生的创新课程。一般来说，一位访谈者倾向于采用一般的创新实践，而另一位则倾向于传统的教育实践。一名学生"线人"被分配到该项目，而另一名学生申请了该课程，并渴望接受访谈。在某种程度上，访谈者和学生的特定组合将决定所获数据的类型。

近年来，学者们对访谈过程中固有的主观性和复杂性进行了大量的研究。批判理论、女性主义理论、批判种族理论、酷儿理论、后现代主义理论等都被用来分析访谈境遇的复杂性。虽然每一种理论都让我们思考我们在访谈时所做的事情，但是它们的共同点是关注参与者和他们的声音，访谈中固有的权力动态、"故事"的构建以及其他听众的表达形式。

其中一些讨论是基于内部—外部人士的身份，特别是关于明显的社会身份。其中最显著的是性别、种族、年龄和社会经济阶层。塞德曼（Seidman，2013，p.101）讨论了"我们在阶级、种族和性别问题上的经验……与我们生活中的权力感相互作用"。反过来，"访谈关系充满了权力问题——谁控制着访谈的方向，谁就控制着结果，谁就会从中受益"。例如，福斯特（Foster，1994）在研究两代人对法律和秩序的态度时，探讨了访谈者与受访者关系的模糊性和复杂性。她分析了自己在与女性和男性、年青一代和年长一代、中产阶级和工人阶级互动方面的立场。

为进行可信的研究，研究人员是否需要也是被调查群体中的一员？女性访谈女性或西班牙裔美国人访谈西班牙裔美国人是不是更好？种族、性别和阶级是如何交织的呢？人们更愿意向内部人士还是外部人士透露信息？当然，这些问题都没有唯一正确的答案，只有访谈者和受访者的任意组合的优缺点。塞德曼（2013）认为，除了对这些问题高度敏感并在整个研究过程中都将其考虑在内，"访谈要求访谈者与受访者保持足够的距离，这使他们能够提出真正的问题，探索而不是分享、假设"（p.102）。

因此，访谈者与受访者之间的互动是一个复杂的现象。双方都会带有偏见、倾向、态度和外形特征，这些都会影响双方的互动和数据提取。一个熟练的访谈者会考虑这些因素，以便对获得的数据进行评估。采取一种非评判的、敏感的、尊重受访者的立场只是该过程的一个起点。

六、记录和转录访谈数据

记录访谈数据有三种基本方法，目前最常用的是录音。这种方法可确保访谈的所有内容都保留下来，以供分析。访谈者也可以通过倾听来提高提问技巧。录音的记录方式潜在的缺点是设备会产生故障，以及受访者对进行录音产生不安的情绪。然而，大多数研究人员发现，在经历了最初的谨慎之后，尤其是当使用不显眼的数字录音机时，受访者往往会忘记自己正在被录音，访谈偶尔也会被录像。这种方式能够记录非言语行为，但这比录音更麻烦，更具干扰性。

记录访谈数据的第二种方法是在访谈时做笔记。由于并非所说的每件事都可以写下来，而且在研究开始时，研究人员并不确定什么是重要的且需要写下来的，所以只有在机器录音不可行或参与者不想被录音时，才推荐使用这种方法。一些调查人员喜欢在录音的同时做笔记。访谈者可能想要记录下他对受访者所说的话的反应，以此来告诉受访者他所讲内容的重要性，或者来调整访谈的节奏。

第三种，也是最不可取的记录访谈数据的方法，是在访谈后根据回忆尽快写下尽可能多的信息。这种方法的问题很明显，但有时候在访谈中记笔记或录音可能会令人感到不快（如在访谈绝症患者时）。无论如何，研究人员必须在访谈后立即写下感想。这些感想可能包含访谈中提出的见解，关于受访者的言语和非言语行为的描述性说明，研究人员的深度思考等。访谈后的记录可以让研究者掌握数据收集的过程，并开始分析收集到的信息。

理想情况下，录音访谈的逐字记录为分析提供了最好的数据库。然而，要提前考虑到这是一个耗时的过程。你可以自己转录访谈内容，也可以让别人帮你。雇用一个转录员是很昂贵的，并且这样做是有代价的。他不会像你自己转录一样，对数据了如指掌。此外，转录员可能不熟悉术语，没有进行过访谈，也无法填补录音质量较差的地方。如果别人已经把你的访谈记录下来了，为了纠正错误和补录空白，边听边通读记录是个好办法。不过，雇人转录可以为你省出时间来分析数据，而不是誊写数据。我们建议，如果可能的话，新手和缺乏经验的研究人员至少要转录任何研究的最初几次访谈。

自己转录访谈有很多好处，其中最重要的一点是加深你对数据的熟悉程度。如果你自己转录，你可以在转录的过程中写分析备忘录。但是即使你有很好的打字记录技能，我们的许多学生发现一些语音识别软件非常有助于完成转录任务，可减少转录花费的时间，况且转录访谈录音也是一个乏味的过程。最常被提及的，也是在时间和金钱方面最经济的，那就是声龙语音识别软件（Dragon Naturally Speaking）。然而，这个软件通常只能识别训练有素的讲话者的声音。我们的一名学生描述了她使用该软件进行转录的过程，就像软件网站上描述的那样：使用他们所谓的"鹦鹉学舌"功能，也就是重新播放访谈录音。她发现这非常有用，而且速度相对较快。此外，使用该软件使她有机会在这个过程中非常熟悉数据。她使用的程序在网站上有详细的介绍：

> 通过 Dragon 耳机听录音，并激活 Dragon 麦克风，复述听到的录制文本。
>
> 用你自己的声音大声朗读文本，使 Dragon 能够使用调整到你的音量的 Dragon 配置文件准确地转录音频。
>
> Dragon 能以最快的速度把你的声音转换成文字，所以当你试着输入相应的文字时，没有必要不断地回放音频。

这当然不是唯一可用的转录软件，但她发现这个软件非常有用，并强烈推荐给其他人使用。这些技术辅助工具一直在开发，所以可以使用这种方法，也可以密切关注新的技术进展。

为便于分析，应设置访谈记录的格式。在第一页的顶部，列出关于确定访谈时间、地点和访谈对象的信息。启用分析的一个关键因素是在页面的左侧添加行号。从第一页开始，按顺序开始编号直到访谈结束。另一个格式问题就是要考虑使用单间距还是双间距。根据我们的经验，单间距效果最好，但讲话者之间的行间距要加倍。你也可以把访谈者的问题用粗体或斜体写出来，这样更便于阅读。最后，在页面的右侧留出足够大的空白，以便在分析文本时添加注释或代码。

案例 5.2 呈现了转录访谈的摘录，该访谈是为了研究文化在老年亚裔印度移民健康相关行为中的作用（Thaker，2008）。请注意，标识信息在顶部，有连续的行号，并且内容是单间距的，但是讲话者之间的文字记录是双间距的。

案例5.2	访谈记录

［摘自 2008 年 3 月 22 日，斯瓦蒂（Swathi）与迪帕克（Deepak）的访谈］

1. *斯瓦蒂*：你能告诉我一些关于你体检的信息吗？你说它适合老年人。在什么地方？

2.

3.

4. *迪帕克*：莱拉·肖尔斯（Lyla Shoals）医院，他们，每年他们有前列腺检查周或

5. 类似的项目。当时他们所有的医生都来给免费检查

6. 50 岁的人或者老年人，你知道。所以我正好听说了，就说好吧，让我去吧。

7. 因为我已经 50 岁了，所以去做检查是免费的。

8.

9. *斯瓦蒂*：这是为整个社区开设的检查。

10.

11. *迪帕克*：是的，整个社区。任何 50 岁以上的人都可以去检查。

12. 在那里，我觉得有四五名医生在检查。

13.

14. *斯瓦蒂*：你是怎么听说的？

15.

16. *迪帕克*：他们在广播和当地报纸上做广告，所以我说

17. 让我去吧。所以下班后我就去了那里。

18.

19. *斯瓦蒂*：但是，你说他们当时没有做血液检查。

20.

21. *迪帕克*：不，他们建议做。因为，你看，我在这个问题上撒了谎。你

22. 知道他们做了手指测试并且做了检查，他们可能已经意识到我

23. 当时可能会有一点点前列腺肿大，但他们并不确定，

24. 这就是为什么他们建议做 PSA，还要测试、验血，明确地告诉你

25. 嗯，你是否有前列腺肿大。但是我没有去。我认为

26. 该走了。

27.

28. *斯瓦蒂*：所以，你提到过，直到现在你还没去看过

29. 医生。你为什么这么做？

30.

31. *迪帕克*：虽然并不是每年都检查，但是我之前也没有那么严重。我知道每年我都

32. 感觉很冷，特别是当我住在纽约时，但是那时候

33. 我服用康泰克和其他普通感冒药，然后就没什么事了。

34. 所以，我从来没有病得那么严重需要去看医生或者

35. 做任何相关的事情，你知道。这就是我从未去过的原因。那时候，它不像，

36. 我们不知道，即使你感觉不舒服，它实际上也很好，就是不舒服而已

37. 去看医生并进行检查或其他什么的，也会变好的。

38. 这就是为什么我没有去，直到它变得更糟。之后，我的妻子说

39. 去找医生看看。然后我才知道我有前列腺问题，所以我

40. 无论如何都想注意我的病。很多时候我不会去检查，是因为我

41. 没有保险，你知道的。有时你独立工作，你

42. 没有保险，你就不想去。为了什么？我说，为了什么，没有

43. 错，他们要检查什么？所以25年、30年，我从来没有去看过医生

44. 在这里。如果你有问题，你只能去看医生做检查，

45. 你知道的。不像现在这样，你应该每年都去做体检。

46. 那个概念不存在。我的意思是我没有办法，是的，没有，你

47. 不必去看医生。

48.

49. *斯瓦蒂：* 你在印度去看过医生吗？

50.

51. *迪帕克：* 只有在我受伤或其他什么时候去过。是的，在印度，当我还是小男孩的时候，

52. 我曾经常常生病。所以，我每隔一两个月就去看一次

53. 医生，我们那边有认识的家庭医生。所以去那边，叫

54. 医生叔叔，讲讲发生的事情，所以医生给打几针。我病了，我

55. 的意思是没有病但很瘦，所以总是想去看医生，想胖起来。所以我总是叫

56. 医生叔叔，给我一些可以变胖的东西。他说没有这样的东西。你拿

57. 呃，一些维生素类的，不是维生素，我很抱歉，喝的是鱼肝油，你会

58. 没事的，像这类东西。喝下去，你会好起来的。后来，在我

59. 长大之后，高中时，我们说我们吃肉、蛋或类似的东西，然后

60. 也可以变胖。所以，即使我们是婆罗门，我们不应该，我们，

61. 和朋友，总是去穆斯林餐馆，你知道的，

62. 我们吃那种肉。但是没用，并没有胖起来（笑）。不过，那是我

63. 我以前去看医生的唯一原因。有几次，有一次我

64. 得了，呃，不是流感，他们叫什么，然后我病了好几天。当我

65. 上11年级的时候，得了天花。然后医生，

66. 通常医生来到家里检查，而我却无能为力，

67. 只有三四天。你知道，没有治愈的方法。否则不，在之后，直到

68. 三年级或四年级我常常生病，但是在六年级之后，我甚至在印度都没有生过病，

69. 所以，不需要去看医生。

70.

71. *斯瓦蒂：* 从你的经历中，印度的医生与这里的医生相比如何？

72.

73. *迪帕克*：在印度，很多医生都很友善，因为医生是我们家庭的一部分，

74. 我们叫他们叔叔而不是医生，你懂的。不会感到

75. 任何恐慌或奇怪，当我们还是孩子的时候，我的意思是我不知道

76. 在那之后，当你去看医生时，你知道的，你必须带着你的瓶子，你

77. 自己的瓶子，医生给一些药。每个医生都在那儿，你

78. 带瓶子，他们给你一些药，然后你必须服用三次，

79. 每天一次或每天四次，喝了。这位医生很好，我说给我

80. 甜的东西，药物大多数都不好吃。我不知道他们混合了什么，

81. 但是他说可以了，我们就回家了，太好吃了。所以你需要三次

82. 一天，然后第二天你又去了，他们补充相同的药，三四天

83. 你都去那里。所以那里就很好。当你来到这里的时候，我去

84. 看医生或我看到其他人看医生，他们没有任何……在印度

85. 印度的医生有很多瓶子，装全部用药，在

86. 他们所谓的药房或在他们的办公室，他们将药混合在一起，把药给你

87. 或他们在那里给你注射。当我来到这里，医生的办公室就像一个

88. 客厅，你知道的，然后医生给你开药，并说去那儿。所以

89. 那是我在这里看到的最重要的区别。呃，你可以在那里

90. 只要你想要什么，就去和医生说。这不只是时间问题，而且感觉不到

91. 很贵，或者是因为它是按月计算的，所以你甚至不知道

92. 你支付多少钱。在这里，这就是差异。

资料来源：萨克（Thaker，未注明出版日期）。经许可转载。

除了记录访谈数据以进行分析，尽可能评估所获数据的质量也很重要。有几个因素可能影响受访者的反应，研究人员可能难以辨别这些因素，比如受访者的健康状况、访谈时的情绪等都可能影响所获数据的质量，受访者参与访谈的动机也可能影响所获数据的质量。此外，从受访者那里获得的所有信息都是有意识或无意识地从其所知道的所有信息中挑选出来的。你在访谈中得到的只是受访者在那个特定时间点对感兴趣现象的看法。虽然这种个人观点无疑是质性研究所追求的，但是任何一次访谈的资料都需要参照其他访谈和其他数据来源（如观察和文本）来加以考虑（有关信度和效度的讨论见第九章）。

七、总结

在质性研究中，访谈通常是理解研究现象所需的质性数据的主要来源。访谈的结构可以是多种多样的，包括预先确定问题和提问顺序的访谈，以及完全非结构化的访谈。最常见的是半结构化访谈，它由一系列问题和要探讨的事件来引导，但既不确定确切的措辞，又不确

定问题的顺序。

　　提出好问题是获得有意义数据的关键。访谈问题可以是询问经验、观点、感受、知识、感觉或人口统计数据。假设性问题、故意唱反调的问题、理想状态的问题和解释性问题也可以用来引出好的数据，此外应该避免多个问题和引导性的问题，以及产生"是"或"否"答案的问题。追问或探究是这个过程的重要组成部分。访谈提纲包含了研究者想要问的问题。

　　考虑如何开始访谈时，需要考虑访谈者和受访者之间互动的复杂性，这会使访谈数据分析更全面。本章讨论了以上问题及一些记录访谈数据的技术。

第六章 做一位细心的观察者

访谈是质性研究的主要数据来源，观察也如此。观察在许多类型的质性研究中很常见，如在案例研究、民族志和行动研究中。观察在民族志研究中尤其重要。

观察与访谈的区别有两方面。一方面，观察发生在感兴趣的现象自然发生的环境中，而不是发生在为达成访谈目的而指定的地点中。另一方面，观察获得的数据代表了对有趣现象收集的第一手资料，而访谈获得的数据是对世界的二手描述。然而，在收集数据的现实世界中，非正式的访谈和对话常常与观察交织在一起。"实地工作"和"实地研究"这两个术语通常包括两种活动（观察和非正式访谈），也可能包括对文本和实物的研究。尽管如此，本章的主要焦点还是观察，包括观察作为研究工具的用法、观察的内容、观察者和被观察者之间的关系以及记录观察的方法。另外，我们还讨论了在线观察的概况，当今我们可以通过在线和各种虚拟技术进行远距离观察。

一、研究中的观察

生活使我们成为日常活动和行为的自然观察者。我们所学的内容有助于理解世界和指导未来的行动。大部分的观察都是日常的，即很大程度上是无意识的、无组织的。观察是生活的一部分，是我们与世界互动的一部分。但是，就像与人随意交谈不同于访谈一样，这种日常观察也不同于研究观察。当观察被有组织地用于解决一个特定的研究问题，以及为产生可信结果而需要检验数据时，观察就是一种研究工具。

将参与式观察作为一种数据收集技术的评论者指出，人类感知具有高度的主观性，因此这种方法不可靠。人类的感知也是有选择性的。想想在繁忙的十字路口发生的交通事故，事故的每一个目击者对所发生的事情都会有不同的甚至是相互矛盾的描述。然而，目击者并未有计划地、系统地观察事故的发生过程，也没有接受过观察技术方面的训练。这些因素将日常观察与研究观察区分开来。巴顿认为，将未经训练的观察者与研究人员进行比较，就像将"社区业余才艺秀"与"专业表演"进行比较一样（Patton，2015，p.331）。训练和心理准备对于成为一个好的观察者和成为一个好的访谈者一样重要。沃尔科特（Wolcott，1992）也指出，"普通人"和质性研究人员的区别是："质性研究人员，就像其他的角色——艺术家和小说家、侦探、间谍、警卫和小偷，仅举几例——需要选择性注意力。对于一些小事，普通人通常会一扫而过，而质性研究人员则需要特别注意。任何行业的观察者都不会关注所有事情：我们都关注某些事情，没有人能关注所有的事情"（pp.22-23）。

正如你可以学习成为一名熟练的访谈者，你也可以学习成为一名细心的、有条理的观察者。接受训练成为一名熟练的观察者包括"学习注意力集中"，学习如何"描述性地"写作，练习规范地记录现场笔记，"知道如何区分琐事与细节……并使用系统的方法来验证和进行三角观察"（Patton，2015，p.331）。可以通过多种方式练习观察——在公共场所做一个完全的观察者，在工作、社交、看电影或录像场合做一个积极的观察者。也可以向经验丰富的实地研究人员学习，将他的观察结果与你的进行比较。也可以阅读其他人对这种经历的描述。

研究人员可能出于多种原因通过观察收集数据。作为一个局外人，观察者会注意到一些对参与者本人来说已经习以为常的事情，这些事情可能会帮助观察者理解情境。观察还可以对新的发现进行三角互证，也就是说，观察与访谈和文本分析一起被用来证实调查结果（见第九章）。参与的观察者直接观察事物，并使用自己的认知和专业知识来解释所观察到的事物，而不是依赖从访谈中一次性获取的记录。观察可以记录正在发生的行为。

进行观察的另一个原因是观察可以提供一些背景知识或特定的事件、行为等，以作为后续访谈的参考点。对于不太理解的现象，这是一个特别有用的策略。例如，在一项关于呼吸治疗师批判性思维的研究中，米绍（Mishoe，1995）观察了治疗师在临床环境中的工作情况，之后不久又访谈了他们。因此，她能够问他们关于她在现场看到的具体行为的想法。这里顺便提一下，这种类型的访谈有时被称为"锚定访谈"，因为访谈问题是由观察到的内容"锚定"的。

最后，人们可能无法自由谈论或不想讨论所有的话题。例如，在做一个小型的教育单位研究时，研究人员可能会观察到某些工作人员之间的争执和冲突，而这些现象是访谈所不能揭露的。当一项活动、事件或情境可以被直接观察到，或当需要一个新的视角，或当参与者不能或不愿意讨论正在研究的主题时，观察是最好的方式。

二、观察内容

观察内容取决于几个因素。首先，最重要的是研究者的研究目的。换句话说，理论框架、研究问题和感兴趣的问题决定了你要观察什么。正如我们在第四章中指出的，研究人员的学科定位常常决定了问题的定义方式。教育工作者可能因为对学生学习方式感兴趣而观察一所学校，而社会学家可能因为对社会机构感兴趣而进入这所学校。现实因素也在决定观察内容上起到一定作用。某些行为很难观察到，因此研究人员必须有时间、资金和精力投入到观察中去，而且必须由那些感兴趣的人进行观察。观察者需要对一个场景中发生的事情的初步印象和感受保持开放态度，因为这些初步印象有助于确定后续的观察模式。申苏尔和勒孔普特（Schensul & LeCompte，2013）写道，研究人员的好奇心促使他们关注最初观察到的东西，随着时间的推移，"随着反复的观察和质疑，物件、文本、行为模式、社会关系和事件的含义将变得逐渐清晰"（p.91）。

观察内容部分取决于观察者对于结构化程度的期待。就像访谈中的一系列结构一样，观察也有一系列的结构。研究人员可以提前决定集中精力观察哪些事件、行为或人物。代码表是可以用来记录特定行为的实例。非结构化的观察可以与电视摄像机扫描某区域相比较。从哪里开始看取决于研究问题，但不能事先确定在哪里集中精力观察或停止观察。必须允许观察焦点出现，事实上，观察焦点可能在研究过程中发生变化。

尽管如此，没有人能观察到一切，研究人员必须从某处开始观察。几位学者列出了一系列要观察的东西，至少在观察开始前是这样的。以下是可能出现在任何环境中的元素清单：

1. 物理环境：物理环境是什么样的？背景是什么？这个场景是为何种行为设计的？空间是如何分配的？环境中的物品、资源和技术有哪些？校长办公室、校车、自助餐厅、教室的物理属性以及预期承载的行为各不相同。

2. 参与者：描述谁在现场，有多少人，以及他们的角色。是什么原因使这些人走到一起的？谁可以参与进来？谁不是你所期望的那个人？参与者的相关特征是什么？此外，在这种环境中，人们将自身组织起来的方式是什么？"互动的模式和频率、沟通模式的方向……和这些模式的变化告诉我们事情发生的社会环境"（Patton，2015，p.367）。

3. 活动和互动：发生了什么？是否有明确的活动顺序？人们如何同活动以及彼此互动？人与活动如何联系？什么规范或规则构成了活动和互动？活动什么时候开始？活动能持续多久？是典型的活动，还是非典型的活动？

4. 对话：此场景中的对话内容是什么？谁在说话？谁在听？直接引用、转述和总结对话。如果可能，请使用录音机备份。注意能增加交流意义的沉默和非语言行为。

5. 隐性因素：不太明显，但可能与观察同等重要。
● 非正式和无计划的活动。
● 词语的象征和内涵意义。
● 非语言交流，如服装和物理空间。
● 不显眼的措施，如物理线索。
● "什么没有发生"……特别是如果"某些事情应该发生或预计会发生"（Patton，2015，p.379，原文中强调）。

6. 观察者的行为：观察者和参与者一样，也是这个场景的一部分。无论是作为观察者还是亲密的参与者，你的角色如何影响你正在观察的场景？你在说什么、做什么？另外，你对正在发生的事情有什么想法？这些都成为田野笔记的重要组成部分。

每个参与者的观察经历都有自己的节奏和进度。单次观察的持续时间或以观察方式收集数据所用的总时间取决于被观察的问题。没有理想的观察时间，也没有理想的观察模式。在某些情况下，长时间的观察可能最合适；对另一些人来说，考虑到研究的目的和实际限制，较短周期的观察最有意义。大多数学者的确建议在学习做田野工作时，最好用一个小时或更短的时间完成。观察需要花费巨大的精力和注意力。此外，在观察之后应尽快写下现场记录。

通过观察收集数据的过程可以分为三个阶段：进入、收集和退出。进入一个地点首先要获得负责批准该活动的人的信任和许可。这一步更容易通过相互联系来完成，这个人可以将研究者推荐给相关的"把关者"。即使有人支持，也很难进入某些场景。根据我们的经验，由于其使命（如自助团体、种族和民族团体等）的敏感性或排他性，外部人士很难进入工商界、政府机构和一些团体。波格丹和比克伦（Bogdan & Biklen，2011）指出，大多数团体都希望得到以下问题的答案：

- 你到底要做什么？
- 会对我们产生负面影响吗？
- 你打算怎么处理你的发现结果？
- 为什么是我们？为什么"他们或他们的组织"被"单独挑出去研究"（p.88）？
- 我们将从中获得什么（p.87-88）？

尽可能坦率地回答这些问题，坚持不懈，并在适当调整你的初始诉求，会增加进入到现场的机会。一旦你获得了进入权，波格丹和比克伦（2011）的以下建议对你在进入观察的前几天会有所帮助。

- "不要把现场上发生的事当成针对你个人"（p.91）。
- 让人在现场介绍你。
- 初次观察的过程不要太长，以避免在新奇的环境下不知所措。
- 要相对被动和不引人注目，让人放心，学习如何在特定的环境中行动和着装。
- 要友好和诚实，但不要过于技术化和详细地解释你在做什么。

他们还建议研究人员通过融入参与者的日常生活，找到与他们的一些共同点，偶尔伸出援手，表现友好，并对活动表现出兴趣以促进和参与者建立融洽的关系。

一旦你（研究人员）熟悉了现场，并开始观察其中的内容，就可以开始认真收集数据了。这个研究阶段几乎没有什么魅力可言，需要你付出很多努力。专心观察需要观察者注意力高度集中，尽可能多地记住事项，然后尽可能详细地记录观察到的细节。进行观察，即使是很短时间的观察，也会让人筋疲力尽，尤其是在研究的初始阶段。每个人和每件事都是新鲜的；

你不知道什么是重要的，所以你试着观察一切；你担心你会对观察的现场产生影响或在做笔记时漏掉了一些东西等。一开始最好做较频繁、较短的观察。你对一切感觉越熟悉，在现场便会越舒服，能观察的时间也就越长。

不能预先精确决定在现场观察用的总时间、进入现场次数和每次进入现场的观察次数。在某一时刻，时间和金钱将会耗尽，新的信息也会匮乏。理想情况下，资源的耗尽与信息的饱和是同步的。然而，离开现场可能比进入更困难，由于关系已经形成，关于现场的习惯模式已经建立等。巴顿（2015，p.405）建议考虑"退出或脱离策略"。波格丹和比克伦（2011，p.116）提出："不要突然结束这一阶段……的研究。通过减少出现的频率，最终完全停下来，这样就可以轻松地走出这个现场。"无论如何，"所有的现场工作人员、新手和经验丰富的人员仍然担心自己是否掌握了一切，是否做对了。当然，没有人能做到面面俱到。但研究人员会问自己，是否捕捉到了与研究主题相关的范围和模式的变化"（Preissle & Grant，2004，p.180）。

三、观察者和被观察者之间的关系

研究人员以观察者的身份收集信息时，可以假设以下几种立场中的一种，可以作为一个完全参与者（研究者是被观察群体中的一员），也可以作为一个旁观者。戈尔德（Gold，1958）的经典类型学提供了四种可能的立场：

1. 完全参与者：研究人员是被研究群体中的一员，为了不干扰群体的自然活动，他隐瞒了自己的观察者角色。使用这种方法获得的内部信息必须权衡可能的缺点，即失去群体的信任。一旦研究活动被大家发现，就会被贴上间谍或叛徒的标签，或者成为欺骗其他参与者的有道德问题的人。

2. 作为观察者的参与者：群体成员知道研究人员作为观察者的身份，该角色从属于研究人员作为参与者的角色。申苏尔和勒孔普特（2013）将其称为"一种数据收集技术，要求研究人员在现场出现，参与并实际记录与现场人员的日常活动"（p.83），同时保持积极的参与者角色。这里的角色权衡取决于参与者向研究人员透露的信息深度和为了获得这些信息而向参与群体承诺的保密级别。

3. 作为参与者的观察者：研究人员的观察者角色为本小组被调查成员所知。与信息收集者的角色相比，小组的参与者角色远非那么重要。使用这种身份，研究人员可以接触许多人以获得更广泛的信息，但显示信息的水平由被调查的小组成员控制。阿德勒（Adler，1998）将其称为"次要的成员角色"，这与积极的成员角色不同。在这里，研究人员"对被调查成员进行密切观察与互动，以建立内部人士的身份，但不参与那些构成小组成员核心的活动"（p.85）。

4. 完全观察者：研究人员会隐藏在群体之外（如在单向镜子后面），或者在完全公共的环境中（比如机场或图书馆）。

最近的研究已经确定了研究人员的另一种可能的立场——合作伙伴。这个角色最接近于上文详细描述的完全参与者，不同的是参与者非常清楚调查者的身份。虽然在教师研究、女性主义研究或行动研究和参与式研究领域有不同的定义，但是这一立场的定义特征是研究者和参与者在研究过程中是平等的合作伙伴。这种关系贯穿了确定研究问题、收集和分析数据、撰写和传播调查结果的过程（关于这个角色的进一步讨论，请参阅 Cranton & Merriam，2015；Herr & Anderson，2015）。

在完全参与者—完全观察者的连续统一体中，关键在于调查的公开程度或隐蔽程度。无论研究人员是完全参与者还是完全观察者，在某些情况下，"实际"活动（或研究人员正在观察的具体细节）并不完全为被观察者所知。这种情况会产生与研究主题的隐私和保护有关的伦理问题，这些问题在第九章中会进行更全面地讨论。乌尔达姆和麦柯迪（Uldam & McCurdy，2013）也较详细地讨论了隐蔽和公开研究的问题。

事实上，研究人员很少是完全参与者或完全观察者。相反，经常是一些角色混合在一起，其中一个角色可能从一个完全参与者开始，然后退回到一个更像研究人员的立场，或者相反，从一个完全观察者开始，随着时间的推移，变得更像一个参与者。虽然质性研究的理想状态是进入参与者的视角，但是并不总是可能全面参与。例如，研究人员永远无法确切地了解文盲或精神病患者的感受。还有一个问题是，成为一名内部人士究竟有多好。出生在一个群体中，或者仅仅是一名成员，并不一定能提供研究这一现象所必需的视角。相反，成为被研究群体的一员可能是获得进入现场和获得可靠信息的唯一途径。巴顿强调了质性研究中内部人士与外部人士之间的平衡，"作为一名内部人士来体验项目，强调了参与式观察的参与性。与此同时，询问者仍然意识到自己是个外部人士。所面临的挑战是将参与和观察结合起来，以便能够作为一个内部人士来理解环境，同时向外部人士描述该环境"（Patton，2015，p.338）。

随着研究人员对研究现象越来越熟悉，参与和观察的结合可能会发生变化。正如沃尔福德（Walford，2001）所指出的，作为一名观察者是一个"角色定义、谈判和重新谈判的过程"（p.62）。此外，无论研究人员的意图是什么，最初都只有一个角色对研究人员开放，而这个角色仅限于那些被观察者"自动分配……给研究人员"（p.63）。研究人员从一个旁观者开始，逐渐参与到被观察的活动中。在其他情况下，研究人员可能决定加入一个小组，看看成为一名参与者实际上是什么样子的，然后逐渐退出，最终扮演感兴趣的观察者的角色。乌尔达姆和麦柯迪（2013）在进行参与式观察时，对内部和外部身份问题进行了有趣的讨论；在研究参与各种社会运动的过程中，他们注意到角色是如何变化的。他们在研究占领运动时强调了这一点，还考虑了当有人在其成员所属的媒体网站上发表评论时，社交媒体的影响如何进一步改变这些角色。

参与式观察是一种自相矛盾的活动，研究人员通常参与其中，但不会完全投入其中，至少不会以传统观念中的观察方式投入其中。正如罗奇（Roach，2014）所说的（之后解构），在参与式观察角色的传统概念中，研究人员在参与过程中试图保持足够的距离以进行客观的观察和分析。但这是一个边缘立场，个人很难维持。甘斯（Gans，1982）体验到了成为参与式研究者的痛苦，"参与的吸引一直存在。我必须努力摆脱束缚研究者的情感手铐，自发地对情况做出反应，作为一个人与人交往，从情境中获得快乐而不是数据。我经常进行一场内部的拉锯战，目的是为了决定，在不遗漏某些作为一名研究者应关注的内容的情况下，可能有多少自发的参与"（p.54）。

参与式观察的模糊性是质性研究者焦虑的一个来源。甘斯（1982）列举了三种使参与式观察这种收集数据的方法用起来非常困难的因素来源。第一个来源即"研究活动的持续过程总是让人担心"。他接着问："一个人是否在正确的时间做了正确的事情，参加了适当的会议，与合适的人进行了交谈？"（p.58）。焦虑的第二个来源是"如何理解一个人正在学习的东西，如何不被最初无法理解的东西所困扰，以及如何对不断涌入的数据进行排序"（p.59）。焦虑的第三个来源是参与式观察中固有的主观性导致了"一种普遍的负罪感"和"对研究对象有过度认同的倾向"（p.59）。

另一个需要关注的问题是观察者或研究者对被观察对象的影响程度。在传统的研究模式中，理想的模式是研究者尽可能保持客观与分离，以免"干扰"研究。然而，女性主义、后现代主义和批判主义研究者质疑了这一立场，他们认为研究环境中任何事物或任何人的存在都会产生一定的影响（Roach，2014），最好拥有自己的立场并尝试进行解释。此外，在质性研究中，研究人员是数据收集的主要工具，具有主观性和交互性。观察者和被观察者之间的相互依赖也许会导致双方行为发生改变。因此，问题不在于观察的过程是否会影响观察到的内容，而在于研究人员如何识别这些影响，并在解释数据时进行说明。至少，知道自己被观察的参与者会倾向于以社会可以接受的方式行事，并以一种良好的方式表现自己。此外，参与者会根据观察者的反馈来规范自己的行为，即使是细微的反馈形式，比如做笔记或以特定的方式关注。最后，观察者在现场出现会影响现场的气氛，往往会产生比通常情况更为正式的氛围。

我们并不完全清楚观察者在多大程度上改变了所研究的情况。弗兰肯伯格（Frankenberg，1982，p.51）指出，在传统的人类学研究中，民族志学者（研究者）的活动不太可能改变"多年来形成的习惯和实践"。研究人员更有可能被证明是"已经发生变化的催化剂"。另一些学者则认为，随着时间的推移，很少会因为观察员的存在而破坏社会环境的稳定性。此外，如前所述，那些来自女性主义、后现代主义、批判主义或复杂性科学视角的研究人员会认为总会有一种影响，不一定是消极的影响，只是最好尝试去解释这种影响。许多现场研究人员的经验表明，一开始，他们的出现可能会引出更礼貌、更正式或更谨慎的行为，但这种情况无法持续。社会环境恢复了它的特有功能。在任何情况下，研究人员都必须让自己对可能产生的影响保持敏感，并考虑到这些影响。巴顿（2015，p.413）写道："观察者必须努力观察并记录其对被观察者产生的影响，同样重要的是，要反思被观察者在环境中经历的变化。这意味着要能够平衡观察和反思，并处理好参与和抽离之间的紧张关系。"

沃尔科特（2005）总结了这种"参与和抽离之间的紧张关系"，他认识到所有的研究人员都必须在参与和观察之间达到一个可行的平衡。总是存在这样一个问题：

> 这两个过程是否构成离散的关系，还是毫无目的地相互交织在任何地方、任何人的行为中，但令人欣慰的是，对于我们所做的事情，我们有自己独特的标签，以确保我们的存在是与众不同的。当我们讨论参与式观察时，我们研究的正是这种自我意识的角色——我们如何才能不仅仅认识到自身存在带来的可能性，而是对这种存在带来的可能性高度自觉性。（p.89）

四、记录观察

在一段观察期间写下来或机械地记录的内容就是原始数据，最终可以从这些原始数据中得出研究结果。这种观察的书面记录构成了田野笔记，类似于访谈记录。在这两种形式的数据收集中，记录得越完整，就越容易分析数据。在观察期间可以获取多少数据？取决于研究人员的角色及其参与活动的程度。因此，现场记录的范围可以从连续记录（特别是对于整个观察者而言）到粗略记录，再到在观察期间根本不做任何记录。可惜的是，"编写田野笔记是一项繁重的任务，而田野笔记构成了研究所依据的数据基础：没有田野笔记，就没有数据"（Schensul & LeCompte，2013，p.20）。

尽管可以使用诸如摄像机或笔记本电脑之类的机械设备来记录观察结果，但是这些方法的成本和过于显眼通常会妨碍其使用。研究人员更有可能在观察期间匆匆记下笔记，并等到观察后详细记录观察到的内容。因此，与通常可以借助磁带录音的访谈者不同，参与式观察者必须依靠记忆和笔记来复述对话。当然，磁带录音机可以放在观察现场的某个地方，如教室或小组会议的中间。此时磁带录音可以帮助观察者详细记录观察的现场，因为它会捕捉到活动中的一些言语内容。

研究人员即使在观察期间能够记录详细的笔记，也必须在观察后尽快书写、输入或口述叙述式的完整笔记。坐下来描述刚刚观察到的东西需要非常自律。观察本身只是工作的一半，并且通常比写下刚发生事件的大量田野笔记更有趣。然而写田野笔记所花费的实际时间有可能要比观察时间更长。

每个研究人员都考虑了记忆和记录观察细节的技巧。然而，它可能是质性研究中一个难度很大的部分，我们建议从短期观察开始，然后练习回忆和记录数据。泰勒和波格丹（1984）提供了一些回忆数据的建议。如果要有助于观察后回忆，观察者在观察期间要做到：

- 集中注意力。
- 从"广角"转变为"窄角"镜头，即"关注特定的人、互动或活动，同时在心里排除所有其他人或活动"（p.54）。
- 在人们的话语中寻找突出的关键词。
- 专注于每段对话的开头和结尾。
- 谈话或观察休息期间在心里回放谈话和场景。

完成观察后，泰勒和波格丹有如下建议：尽可能多地记住观察内容后的离开现场；观察后尽快完成田野笔记；如果观察和记录之间存在时间差，就总结或概述观察结果；绘制场景图并据此追踪活动；将之后回想起来的数据片段合并到原始的田野笔记中（Taylor & Bogdan，1984）。我们的许多学生发现，只要他们离开现场（如开车回家），就可以通过磁带记录他们从观察中回忆起来的内容。波格丹和比克伦（2011）建议不要在记录笔记之前与任何人谈论观察，因为"谈论会分散其重要性"（p.127）。他们还强调了尽快写现场笔记的紧迫性，"观察和记笔记之间的间隔越长，回忆就会越模糊，可能记录下来的数据就会越少"（p.127）。

观察的田野笔记需要采用能够使研究人员很容易找到所需信息的格式。尽管格式各不相同，但一组笔记通常以观察的时间、地点和目的开始。以对研究有意义的方式列出参与者，或者至少表明参与者的数量和类型，也对研究有帮助的。例如，如果研究人员正在观察护士的继续专业教育培训研讨会，那么重要的是要记录在场的人数，他们是指导者、有经验的护士还是新手护士，以及相关的人口统计学特征（如年龄和性别）。此外，还应包括场景的物理图表，以表明参与者和研究人员所处的位置。其他设置现场记录的提示是在页面的一侧或另一侧留出较大的空白，以便以后做注释。活动片段之间保留双倍行距，以便阅读和数据分析。并且，当直接引用某人说的话时，应使用引号。你还可以在页面左侧列出连续的行号，这使你在分析观察数据时能够轻松找到重要的段落。

田野笔记应深描。描述的内容是参与者、场景、参与者的活动或行为及观察者所做的事情。我们定义的"深描"是给予足够的细节，使读者感觉好像身临现场，并且看到观察者看到的东西。例如，不说"会议室整洁有序"，而是描述"会议室里的四张桌子被移到一起，形成一个整齐的正方形，每张桌子配三把椅子。会议材料在蓝色封皮的笔记本里，放在桌子上，每张桌子上有三份材料，每把椅子前各放一份材料。每张桌子的中央是一壶水和三个杯子"。

田野笔记中还应有一个重要的反思部分。该反思部分体现在观察者的评论中，置于评论的左侧（或右侧）空白或在括号中，以便与描述部分区分开来。反思性评论可以包括研究者的感受、反应、预感、初步解释、推测和初步假设。这些评论超出了对正在发生的事情的实际描述，它们是对场景、人员和活动的评论与想法。在针对观察内容提问或猜测这一切意味着什么时，研究人员实际上正在进行一些初步的数据分析。将收集和分析数据结合在一起对质性研究至关重要。

田野笔记的内容通常包括：

● 对环境、人物和活动的口头描述。
● 直接引述人们所说内容的要点。
● 观察者评论——放在边缘空白或正在进行的叙述中，并通过下划线、斜体或粗体和括号，以及缩写"OC（Observer's Comments，观察者评论）"进行标记。

案例 6.1 展示了沙兰在韩国首尔的一个老年中心观察一节运动课后所写的田野笔记。她对教学和教师与老年学生之间的互动特别感兴趣。请注意教室布局图，包括沙兰坐的位置（"我"处于小组下方的中间位置）和教师所在的位置（"教师"位于小组前面的中间位置）。观察者的评论贯穿在整个记录过程中，用斜体表示，并标记了"OC"以将它们与观察内容区分开来。田野笔记的深描达到了使读者感觉与研究人员同在现场的程度。描述应该将读者带入现场。观察者在案例 6.1 中的评论也应引起人们的注意。这些评论是关于观察内容的问题或注释。有了这些评论，人们实际上正在从描述转向开启数据分析。这些田野笔记包含了对房间前面墙上人工制品的描述。

民族志学者经常会坚持写田野日志——对人类学家现场经验的内省记录。田野日志既可以包括想法、恐惧、错误、困惑和对经历的反应，也可以包括对研究方法本身的思考。沃尔福德（Walford，2001）讲述了他使用一个小型口袋录音机获取一系列材料的经历，"从早期的理论构想到愤怒、痛苦和自怜的呐喊。在所有创伤经历结束时，我只会讲述所有的焦虑并记录到录音机里，我建议每个民族志学者都只是为了治疗效果而这样做"（p.70）。除了田野笔记和田野日志，还可以编写包含一些初步分析和解释的分析备忘录。尽管有些人确实使用单独的经验日志，但是质性研究人员更有可能使用前面描述的综合格式。这成为一种数据源，研究者在撰写方法论时可能会用到它。

案例 6.1	韩国老年中心研究的田野笔记

研究员：沙兰·梅里亚姆（Sharan Merriam）
地点：韩国老年中心
目的：了解韩国服务于老年人的成人教育
日期/时间：2006 年 3 月 24 日，星期五，下午 3:00～4:15

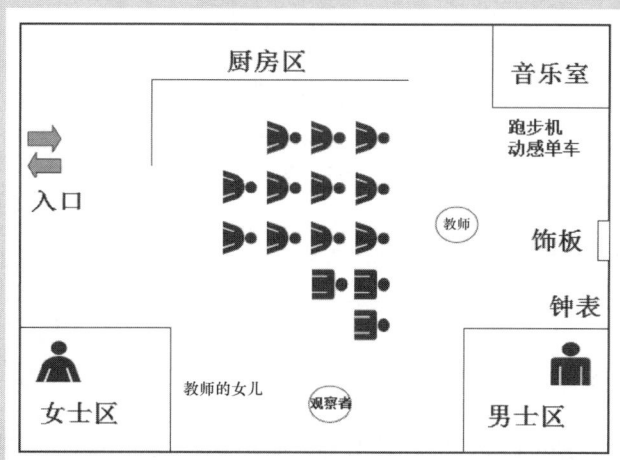

韩国老年中心教室布局

当听到我对成人教育和老年人教育感兴趣时，我的邻居邀请我去访问我们公寓附近的老年中心。我的邻居在这个中心做运动指导教师，每周工作三次。我第一次访问是去看看这个中心的情况，实际上还参加了运动。第二次访问我作为观察员，并没有参加运动。我观察的具体是教学过程和学生与教师的互动。

老年中心在我公寓附近的一个公寓大楼里，是一栋独立建筑。除了老年中心，大约一半的建筑还设有学前日托中心。这个建筑很新，老年中心仅开了约四个月。

当我们脱掉鞋子进入中心时，我察觉到强烈的食物气味。显然有人做饭了，也许是使用了老年中心靠墙的厨房（见上图）。我们进入一个非常宽敞的房间，金色的木地板、白色的墙壁和四个大型盆栽（三个靠近我决定坐的位置）；还有两个天窗，使房间非常明亮，也使人感觉很敞亮。

有几位参与者微笑和微微躬身向我致意，我记得第一次来这里时见过他们。教师的女儿也和我们在一起，虽然她后来告诉我这是她第一次来这里，但是她看起来一点也不显眼。每个人都坐在椅子上，我坐在旁边。有 11 位女性和 3 位男性。（OC——我假设韩国就像美国一样，老年女性的占比高于男性。虽然我知道这些人住在周围的公寓楼里，但是让我好奇的是，这 11 个人是独居，还是与配偶或其他家庭成员一起生活。）

教师鞠躬，学生鼓掌。（OC——他们似乎很高兴见到她。）一个我猜大约三岁的男孩正在四处闲逛，似乎并没有与任何人"一起"。有几个人为他准备了一把椅子。教师拿起一本书，似乎在解释运动的整体计划是什么。孩子跑来跑去，跑出房间，又坐回到椅子上。（OC——我后来发现孩子是其中一名参与者的孙子，并去了隔壁的日托中心——但我没有看到任何成年人直接跟他说话，虽然我猜他可能来自日托中心，但是我确实想知道他为什么被允许来回走动——也许孩子和家庭成员都可以参加这些课程？）

教师现在正在展示一本书中的人体图，并在房间里走动以使每个人都可以看到，她一直在讲。（OC——她似乎对一些老年人的视力不佳很敏感。她还告诉我，她喜欢让他们了解这些运动对他们的血液循环、肌肉等方面所产生的影响，仅仅做运动是不够的——她似乎意识到学习、头脑和身体的整体性。）

除了一个女人，所有人都站着做了一些松散的手臂/手部运动。参与者在房间里走来走去，同时摆动着胳膊。教师用磁带播放器播放一些轻松的器乐演奏，并开始引导小组沿着房间走动——每次走动会有一两个人坐下，直到几乎所有人都坐下来。这个三岁的孩子在相邻的男士区进进出出，但没有人关心或关注他。

下一组运动是让参与者站在他们的椅子后面，使用椅子来做一些平衡练习。教师偶尔会转身背向小组，这样他们就可以准确地看到如何运动（并且不必调换身体两侧等）。教师让参与者与她一起数数（我认为他们是在数数），这会使运动变得更加活跃。对于那些需要在练习结束前就坐下的人，教师鼓励他们用坐姿继续运动。（OC——很明显，教师知道他们的身体极限并将这一因素考虑进她的指导活动中，即调整站立练习以适应坐姿。）教师不断讲话，并与班上的人进行目光接触，如果需要的话还会发出纠正信号。她的声音非常舒缓和有魅力；她经常微笑，并和老年人一起完成所有的运动。

下午 3:40 左右，我在上次来这里时认识的一个男人穿着西装进来了。他进入男士区/房间，出来时脱去了他的西装外套，并且加入运动小组。（OC——他肯定是某位官员，因为在我第一次来这里时他带来了一个磁带播放器；他看起来也比其他人年轻。我有必要询问他的情况。）

下午 3:45，教师拿出一袋海绵球，每个球的直径约为 6 英寸（约 15.24 厘米）。她演示如何挤压球，以及如何握住肘部。她指着身体的不同部位，显然是在说设计这个运动的目的。用球进行练习，如从左脚趾到右脚趾，从左背到右背。下午 4 点，小组围成一个圆圈。教师每隔一人收走一个球，然后让小组将球举起，并放在腿下，接着将其传递给下一个人。这时有一些混乱，但是人们在笑，彼此之间开着玩笑，也和教师开玩笑。小组成员终于掌握了窍门，运动继续进行，球向左传递。这是教师第一次很安静，她让他们做运动，将球向左边移动。（OC——另一个例子，说明她如何改变教学，以保持小组成员的注意力。）

现在每个人都拿到一个球，教师将一个袋子放在圆圈的中心。她演示了如何将球扔进袋子里，同时扩大手臂的摆动幅度。每个人都立刻扔球；她的女儿帮助收球。重复投掷了几次。小组中的四个人似乎特别喜欢这项活动，他们微笑、大笑，并且显然渴望投掷更多的球。下午 4:12，球被收集到袋子里，每个人都鼓掌，课程结束。（教师后来告诉我，课程实际上应该是 40～45 分钟，但"他们似乎想上更久"，而且我来过的这两次，课程时长都有一小时。）一些参与者离开了，两位男士进入男士区，几名女士进入正门外的女士区/房间。当教师做一些文字工作时，我让她女儿解释了前墙上挂的饰板。

文本/人工制品

老年中心包含了一些我调查过的"人工制品"。首先是盆栽。左前天窗下面有一个巨大的蕨类植物。在我坐的地方附近有成排的三棵植物，其中一棵是大约 6 英尺（约 1.83 米）高的大型绿叶植物，旁边是一棵较小的日式植物，然后旁边是紫色开花植物。这些盆栽为老年中心带来了舒适、热情的"感觉"。在左前角有一台跑步机和一辆动感单车。在我来这里时，我没有看到这两个健身设备被使用过，但显然它们随时都可以被使用。（我后来发现，老年中心的大部分设备都是捐赠的，这包括在厨房外小房间内用于卡拉OK 的非常精致的音响/电视设备。）

对我来说，最有趣的人工制品是一组六个饰板和一幅挂在前墙上的照片。饰板上方是韩国国旗的图片。在这些饰板的右边是一个挂钟，非常高。在挂钟的右下方是我们所谓的"祖父钟"——一个大型的立钟（这也是捐赠的）。我很好奇，这面墙上的东西似乎就在"那里"，没有特别的审美模式。饰板没有置于平衡位置，也不在墙的中央，而是稍微靠右。国旗和挂钟非常高。对我来说，这似乎是一个大杂烩。

饰板和照片

教师的女儿简要描述了每一个饰板所呈现的内容［它们的大小不同，但平均约为一平方英尺（约 0.09平方米）］：

1. 第一块饰板上写着"让我们成为可敬的老年人"。

2. 第二块饰板上写着"让我们将老年人的良好经验和智慧传递给年轻人"。

3. 第三块饰板是老年中心注册证。

4. 第四块显然是老年人应该做的事情清单：

帮助我们的国家；

享受我们的生活；

保持健康；

即使你老了，也要参与。

5. 接下来显然是这个区域老年人协会主席的饰板。

6. 接下来是一张八人照，四个人一排，在新的老年中心大楼的入口两侧各排成一排——这显然是启用仪式当天的照片。

7. 最后的饰板是对老年中心开设目的的陈述——服务社会，相互帮助。

五、在线观察

如果不讨论在线观察和利用新媒体技术收集观察数据，本章就不算完整。如前所述，观察（以及深入访谈）是一种极其重要的数据收集形式。许多类型的质性研究考察或观察特定现象如何展开，如群体如何学习，沟通模式在某些环境中如何发挥作用等。观察也是民族志中一种侧重于文化考察的重要数据收集方法。最近已经出现了关于数字、虚拟或网络民族志的很多讨论（Ardévol & Gómez-Cruz，2014；Boellstorff，Nardi，Pearce，& Taylor，2012；Underberg & Zorn，2013）。在其撰写的关于民族志和虚拟世界的手册中，博尔斯托夫（Boellstorff et al.，2012）认为民族志方法需要结合对虚拟世界的理解，因为在线或虚拟世界本身就是一种完整的文化。此外，在线社区通常也是由具有特定兴趣的人组成的较大社区的亚文化。例如，戈麦斯·克鲁兹（Gómez-Cruz）对数码摄影师的数码摄影共享实践进行了民族志研究（Ardévol & Gómez-Cruz，2014）。在另一个例子中，沃尔德伦（Waldron，2013）通过在线网站 Banjo Hangout（www.banjohangout.com）进行了音乐学习和教学的网络民族志研究。该网站由班卓琴演奏者和教师组成，与优兔（YouTube）和其他教学网站相连接，也与出于共同兴趣开设网站的演奏者的线下社区相连接。

沃尔德伦（2013）通过时光谱（Skype）访谈和在线观察与讨论，完全使用计算机中介通信进行了网络民族志研究。像沃尔德伦一样，许多民族志学者在收集数据时"观察"并参与了在线社区的文化和讨论。但是，当研究人员通过在线观察收集民族志数据时，必须考虑该技术的独特媒介（Boellstorff et al.，2012）。许多在线观察的问题与观察者身临现场时的情况是相同的，但还有其他一些属于在线和虚拟环境的特定问题。

第一个问题是确定什么是观察，以及什么是在线文档，因为在线讨论、博客等的数据通常仅为文本形式并且可以打印出来。为了本章关于观察的讨论，我们专门考虑了在线、虚拟或网络社区中的观察。不过，在下一章关于文本材料和人工制品的内容中，我们再回过头来深入讨论在线文档。

第二个问题是区分虚拟现场的在线观察与亲临现场观察，前者可以从完全隐藏的角度进行虚拟或在线观察。尽管这在开放的公共场所，如购物中心或公交车站，或者一些不寻常的情况，如在单向镜后面，是完全有可能的，但是在身临现场的大多数情况下很难做到。人们可以在大多数在线世界环境中轻松做出选择，既作为"潜伏者"从隐藏的角度进行观察，也可以选择作为参与式观察者，在虚拟世界中提问或发表评论。正如本章前面所讨论的，通过观察收集数据的研究者需要决定他们的参与程度。但是，在虚拟或在线世界中，实际上很容易作为非参与的观察者进行观察，并对参与者隐藏自身。这样做的伦理道德规范已经成为数字民族志学者之间的讨论点（Boellstorff et al.，2012；James & Busher，2012）。然而，如果数据是完全公开和存档的，获得档案数据不需要密码且网站未禁止数据收集，那么通过"潜伏"收集数据通常是可以接受的（Waldron，2013）。然而，大多数网络研究者希望在这些网站中宣传自己，因为他们经常需要提出更多问题，或者与特定参与者进行面谈；大多数研究者对一些主题也特别感兴趣，并且一直在与主题相关的在线社区中讨论和参与（Ardévol & Gómez-Cruz，2014）。

进行民族志在线观察的第三个问题涉及许多文化和民间传说网站，这些网站是由以了解世界文化为目的的博物馆和数字民族志学者创建的。翁德贝格和佐恩（Underberg & Zorn，2013）专门讨论了对这些网站进行民族志和观察研究的独有特征。通常，这样的网站与计算机专家共同讨论创建，专家扫描图像或创建视频，观众可以在线访问。这样的计算机媒介图像确实引发了一个问题：事物的图像就是事物本身吗？当然不是。然而，这些网站以上一代无法获得的方式提供访问人工制品的图像、在线社区讨论信息和虚拟旅游的途径。虚拟和数字民族志学者对这些网站进行探索并在线观察，以考察这些在线文化在数字、虚拟或网络民族志中的独有特征。

进行在线观察的最后一个问题是如何做田野笔记。在前面的例子中，沙兰详述了亲身进入韩国老年中心时的田野笔记。她的笔记最初是手写的，然后打印了出来。网络民族志学者也会在现场记田野笔记和进行观察，但可以采取多种形式。戈麦斯-克鲁兹（Gómez-Cruz）在对数码摄影师的研究中（包括在线和线下），在田野笔记中写下了他的记录。然而，他还使用智能手机拍摄现场的笔记和图片。因此，"智能手机一下子就成了现场数据采集工具和与小组成员保持联系的设备"（Ardévol & Gómez-Cruz，2014，p.512）。后来，他使用了他在现场拍摄的一些照片，作为图像诱导媒介以激发参与者在线讨论和进行个人访谈。因此，置身于在线环境中进行观察时，仔细记录过程，和以某种形式完成田野笔记是同样重要的，还要仔细制定相关流程。

六、总结

观察是质性研究中收集数据的主要方式，提供了对研究内容的第一手描述，并且在与访谈和文本分析相结合时，可以对调查现象进行全面解释。当行为可以直接观察或者人们不能或不愿讨论研究课题时，这是一种可供选择的技术。

田野工作，通常被称为参与式观察，涉及进入现场、项目、机构、场景——统称田野——以观察所要研究的现象。除非研究者想要观察的是公共行为，否则必须首先从管理人员那里获得进入现场的许可。研究者在现场会专注于观察什么、记住什么和记录什么。本章介绍了进行观察的一些指导方针，例如观察内容，但最终参与式观察的成功取决于调查者的才能和使用的技巧。

研究人员在进行观察时可以采取多种身份，可以作为小组成员和完全的参与者（即内部人士），也可以成为完全的观察者（即不认识被观察者）。每种身份都有优点和缺点。无论身份如何，观察者都必然会影响现场，同时也受到现场的影响，这种相互作用可能导致在非研究条件下存在的情况出现某些扭曲。迅速成为参与者和观察者是这种数据收集方法的必然结果，也是一个难以处理的问题。

最后，虽然数字、虚拟或网络研究领域是近些年和未来研究的新兴领域，但是在进行此类研究时需要考虑在线和虚拟环境中观察的独有特征。但无论是亲临现场，还是在虚拟环境中进行观察，观察只是整个过程的一半。必须尽可能详细地记录观察结果，以形成可供分析的数据库。现场笔记可以有多种形式，但至少包括描述、直接引述和观察者的评论。

第七章　从文本材料和人工制品中挖掘数据

访谈和观察是两种数据收集策略，旨在收集专门针对研究问题的数据。文本材料和人工制品，作为研究场景的一部分，也是质性研究的数据来源。这些通常是研究场景的一个自然组成部分，并且不会因为进行访谈或观察的研究人员在场而受到干扰或改变。事实上，文本材料和人工制品是富有想象力和经验丰富的研究人员可以轻松访问的现成数据源。这些类型的数据源可以存在于物理场景和在线场景中。

本章探讨了文本材料和人工制品的性质、在质性研究中的用途及其局限性和优势。文本材料通常被用作一个总称，用于指代和研究相关的各种书面材料、视觉材料、数字材料和物理材料（包括视觉图像）。人工制品通常是环境中的三维物理"事物"或对象，代表着对参与者和（或）场景有意义的某种形式的信息，如艺术作品、组织或学校的标志、奖杯、奖品或个人礼物。

在开始进行研究之前，大多数文本材料和人工制品就已经存在了。常见的文本材料包括官方档案、组织宣传材料、信件、报纸记录、诗歌、歌曲、公司记录、政府文件、历史记录、日记、自传、博客等。这些材料可以在实体环境或网站上获取，也可以在这两种环境中同时获取。照片、电影、各种形式的视频（包括 YouTube）和视频博客（带博客的视频）也可用作数据源（Lee，2000；Snelson，2015；Webb，Campbell，Schwartz，& Sechrest，2000）。当前，一些研究人员使用术语"视觉方法"来指代可以在质性研究中通过在线和在物理环境而收集和分析的多种类型的视觉文本和图像（Grady，2008；Pink，2013）。

本章首先回顾不同类型的文本材料和人工制品。虽然本章更加关注物理环境或虚拟在线环境中的文本材料，但是一般性讨论适用于未通过访谈或观察收集的所有形式的数据。我们将在讨论文本类型时讨论各种类型的在线数据，并在本章后面的内容中讨论一些网络世界专属的问题。

一、文本材料和人工制品的类型

不同的学者以不同的方式对文本材料和人工制品进行了分类。公共档案和个人文本是质性研究中使用的两种常见的文本类型。这里讨论的第三种类型是波格丹和比克伦（Bagdan & Biklen，2011）所说的"大众文化文本"，以及第四种类型——视觉文本。视觉文本包括电影、视频和摄影（Pink，2012，2013）。视觉文本与大众文化文本存在交叉，甚至公共档案和个人文本本质上也是可视的，因此对同一文本可以以不止一种方式进行分类。人工制品和实体材料，如环境中的物体或实体场景的变化，并不像其他的类型那样常用，但仍然是质性研究者的潜在数据来源。这五种类型的文本或人工制品/实体材料通常自然存在于研究环境中。不过，我们还会讨论第六种类型，即研究者生成的文本或人工制品。它们不太常见，但通常可用于行动研究或参与式研究设计中。

（一）公共档案

公共档案是对社会活动的正式持续记录。可以肯定地假设，特别是考虑到当今的 24 小时新闻周期和互联网报道，当一个事件发生时，就会被记录。公共档案包括出生、死亡和婚姻的精确记录、美国人口普查、警察记录、法庭记录、机构记录、协会手册、项目文件、大众媒体、政府文件、组织会议记录等。查找公共档案仅受研究者的想象力和勤奋程度的限制。例如，奥斯特（Auster，1985）仅通过女童子军手册这一数据来源，展示了如何进行一项关于人们对家庭、职业、性别角色和性行为的社会期望变迁的研究。她指出，青年组织手册"代表了传记与历史的交集"（p.359），为研究社会习俗变迁提供了极好的数据来源。费尔（Fear，2012）对一个威尔士机构中健康委员会会议备忘录的公开档案进行了研究。他研究了当地组织如何处理相互矛盾的话语（地方话语、国家话语和国际话语），并通过这些公共档案构建和重建他们的社会现实。

对于那些对教育问题感兴趣的人来说，公共档案来源有许多，如国会记录中关于教育问题和法案的讨论，联邦、州和私人机构的报告，个人项目记录及教育统计中心的统计数据库。由于许多案例研究都在项目层面，因此寻找有关该项目的书面记录尤其重要。这些记录包括"无法观察到的事情"，"即研究开始之前发生的事情，可能包括询问者不知道的私下交流。这些记录可以揭示愿望、安排、紧张情形、关系和决定，这可能是直接观察所不能获取的"（Patton，2015，p.376）。在理想情况下，书面记录包括"客户的所有常规记录、所有与项目成员的通信、财务和预算记录、组织规则、法规、备忘录、图表以及由该项目生成或为该项目生成的任何其他正式或非正式文本"（p.376）。这些文本很有价值，"因为不仅可以直接从文本中获得信息，而且还可以激发出只能通过直接观察和访谈才能实现的探索路径"（p.377）。

例如，如果你有兴趣研究家长在社区学校中的作用，你可以从以下文件形式中查找公共档案文件：寄给家长的通知；教师、管理人员和家长协会之间的备忘录；关于家长参与的正式政策声明；学校公告板或其他以父母参与为主题的展览；报纸和其他媒体对父母参与活动的报道，以及家长出席或在校的任何正式记录。

其他易于获取但经常被忽视的公共信息来源包括以前的研究和信息数据库。但是，在使用这些资源时，研究者必须依赖其他人对数据的描述和解释，而不是使用原始数据作为分析的基础。这些元分析，正如他们所称，在量化研究中更为常见，但是最近有了一些关于这种策略如何适用于质性研究的思考。对于大规模或跨文化研究，依靠以前的研究可能是进行调查的唯一可行方法。

数据库可用于质性研究，特别是民族志研究（见第二章），其中的一个例子就是《人际关系领域档案》（*Human Relations Area File*）（Murdock，Ford，Hudson，Kennedy，Simmons &

Whitney，2008）。该文件汇集了 350 多个对社会群体的民族志研究。数据按文化群体和 700多个主题进行了分类和编码。教育是一个广泛的主题，在这个主题下可以有基础教育、教育理论和方法、学生教育、职业教育等子主题。编制的索引可以让研究者检索与某个特定文化群体教育实践相关的文本，或者检索关于特定实践的文本，如跨越多种文化的"学生起义"。此文件中可找到的文本类型包括民族志学者的田野笔记、日记、各种机构的报告、书籍、报纸文章，有关文化的小说作品、照片（使用此文件的有用指南，请参阅 Ember & Ember，2012）。

（二）个人文本材料

与公共档案数据来源相反，个人文本材料"指的是描述个人行为、经历和信仰的所有第一人称叙述"（Bogdan & Biklen，2011，p.133）。这些文本材料包括日记、信件、家庭录像、儿童成长记录、剪贴簿和相册、日程表、自传、旅行日志和个人博客。文本材料在某些方面就像观察一样，给我们提供了作者认为重要的简单印象，即他们的个人观点，而观察让我们看到外显的行为。此外，正如上一章所述，许多作者讨论了聊天、博客、在线讨论组、各种社交媒体网站和视频博客等在线可获得的、普遍存在的材料，如在线观察或虚拟民族志，而不是文本材料本身（Pink，2013）。将这些材料分类为观察数据或文本并不是特别重要。相反，重点是这些文本材料，无论是在线还是仅以传统印刷形式提供，都可以告诉研究者日常事件的内在意义。这些数据可能会产生对非常不寻常或特殊的人类经历的描述，例如我们可以在网上找到海军上将伯德（Byrd）对他在南极孤独体验的报告，海伦·凯勒（Helen Keller）对克服多种身体残疾的叙述，或者网上找到各种旅行博客或疾病博客。

个人文本材料是关于一个人的态度、信仰和世界观的良好数据来源。但由于它们是个人文本材料，所以具有主观性，这是因为作者本人只选择他认为重要的东西来记录。显然，这些文本并不能代表或说明实际可能发生的事情。但是，这些材料确实反映了参与者的观点，这是大多数质性研究所寻求的。在谈到自传和日记时，伯吉斯（Burgess，1991）指出：

> 现场研究者需要考虑：材料是否值得信赖？材料是否典型？材料是否经过编辑和提炼？自传材料是否仅包含作者认为有趣的生活亮点？那么，可以说这些材料是无意识地存有偏见，因为只有某些人才写自传并保留日记；可用材料的样本中存在自我选择性；它们没有提供完整的历史记录。然而，这些材料确实提供了其记录的情况的主观说明；这是对部分生活的重建。此外，还提供了基于作者经验的解释。（p.132）

研究可以基于个人文本材料进行。艾布拉姆森（Abramson，1992）关于俄罗斯犹太裔移民的案例研究完全基于他祖父为期 12 年的日记。一个对波兰移民生活的早期知名研究很大程度上依赖于移民与欧洲亲属之间的私人信件（Thomas & Znaniecki，1927）。其中许多信件都是通过在当地报纸上刊登寻找信件的广告而获得的。

在互联网时代，也经常通过博客和其他在线资料在网上获取个人文本材料。胡克威（Hookway，2008）指出，博客"提供了比'线下'与之相似的质性日记研究更广泛的机会"（p.92）。他接着讨论了博客在全世界的可用程度，博客使研究人员能够从许多不同的理论视角进行更多的整体分析。关键在于，无论是在线上还是线下，个人文本材料都提供了大量的机会来收集数据，以获取参与者的观点和从个人经历中创造意义的多种方式。

（三）大众文化材料

除了公共档案和个人文本材料，社会还生产旨在娱乐、提供信息和可能说服公众的材料。这些都是公开的，因此有时被归类为公共档案。电视、电影、广播、报纸、文学作品、摄影、漫画和互联网等大众媒体形式都是"公共"数据的来源。大众传播材料是特定时间处理社会某些方面的问题、比较特定维度的群体、追踪文化变化和趋势等的优质资源。例如，美国总统竞选活动性质的变化可以通过电视辩论的媒介来观察，2008 年的竞选活动首次使用了YouTube 互联网技术。

人们已经开始对电影和电视中妇女和有色人种角色的变化、动画片中存在的年龄歧视以及电影中的青少年文化进行研究。麦克莱恩（McLean，2013）、霍伦贝克（Hollenbeck，2005）以及赖特和桑德林（Wright & Sandlin，2009）利用大众文化资源进行研究。麦克莱恩探询了如何通过阅读自助手册来进行非正式学习。霍伦贝克研究了当代基于互联网的社会抗议团体（反麦当劳、反星巴克和反沃尔玛）。赖特和桑德林（2009）研究了看过 20 世纪 60 年代电视剧《复仇者》的英国年轻女性如何构建自己的性别认同。该剧由霍纳尔·布莱克曼（Honor Blackman）饰演强大的女性主义角色凯西·盖尔（Cathy Gale）。赖特和桑德林对该剧进行了文本分析，并对女性进行了访谈，了解她们对观看节目如何影响其性别意识的看法。

不同于作为项目历史一部分的档案和可能补充访谈研究的个人文本材料，与特定研究相关的大众文化材料可能存在很多。波格丹和比克伦（2011）对将大众文化用作数据源的研究提供了一些建议：

> 每天媒体上会出现数千小时的商业视频、电影和热门唱片，以及数以百万计的印刷文字和图片，如何缩小范围以使任务易于管理……应细致思考。大多数阅读研究成果的人并不希望研究人员覆盖全部材料。研究人员应选择一个特定的项目，或者一个特定的事件，并集中精力开展工作，而不是去分散自己的力量。（p.65）

（四）视觉文本

电影、视频、摄影作品和基于网络的媒体作品都是视觉文本。当然，这些可以在刚刚讨论的文本材料类别中找到。也就是说，公共档案、个人文本材料和大众文化材料都可以采用视觉形式。人们越来越关注视觉文本的普及和使用，既将其作为数据源，也将其作为展示研究结果的手段。正如平克（Pink，2013）讽刺地评论道："作为我们口袋中、手中和计算机中越来越常见的东西，相机和数字图像确实是我们当代现实生活的一部分"（p.31）。与其他数据收集方法一样，现在有许多专门用于视觉研究方法的资源，包括一本手册（Margolis & Pauwels，2011）和一套四卷本（Hughes，2012）。

由于互联网和相对容易操作的新计算机媒介技术的发展，人们在进行研究时对视觉文本的兴趣日益增长。电影、视频和摄影在人类学领域有着悠久的历史，这可追溯到 20 世纪之交（Pink，2013）。最著名的可能是 20 世纪 40 年代早期的人类学家贝特森（Bateson）和米德（Mead）有关巴厘岛文化的电影和摄影。尽管这样具有里程碑意义的视觉文本出现了，但是人类学中的视觉研究已经被边缘化。这种情况一直持续到 20 世纪末，直至电影和摄影在 20 世纪 90 年代开始流行。由于视觉文本实用、便于访问和查询，因此有许多书整本都在讨论各种视觉文本及其在多学科研究中的使用方法（Margolis & Pauwels，2011；Pink，2013）。

人们可以使用所要研究的在线或实体环境中已然可用的视觉文本，也可以使用视频和摄影作为收集数据的方式，这样做既有优势，又有一些明显的局限。这些数据收集形式可以获取活动和事件信息，包括"非语言行为和沟通模式，如面部表情、姿势和情绪"（Marshall & Rossman，2016，p.186）。由于我们总是受到摄像机角度的限制，在视频中获取的内容仅限于"通过思维可以想象和摄像机可以记录的内容"（p.184）。视频还有其他更实际的局限，例如研究人员需要具备一些技术专长，而且视频可能会干扰观察（尽管正如"真人秀"电视节目所证明的那样，很多情况下摄像机很快就会被遗忘）。

与视频不同，拍照通常更便宜，更容易融入研究中。首先，人们可以利用所谓的"被发现的"照片（Tinkler，2013）。这些照片已经存在，或是在历史学会和图书馆等公共档案馆中，或是在个人收藏中，如参与者记录家庭活动的相册。照片本身所讲述的故事是关于摄影师认为有必要捕捉的内容，以及特定照片可能传达的文化价值观等内容。最近，研究者在进行后殖民性、非洲裔美国人和女性研究中使用了照片，以"了解受压迫群体如何被那些支配他们的人所描绘"（Bogdan & Biklen，2011，p.144）。

照片也可以由研究者拍摄。这些照片通常是参与观察时拍摄的，提供了"记忆和研究细节，如果没有用于反思的摄影图像，这些细节可能会被忽视"（Bogdan & Biklen，2011，p.151）。照片在质性研究中的另一种用途是启发，也就是向参与者展示关于其感兴趣的主题的各种照片，以激发对该主题的讨论（Tinkler，2013）。这些照片可以由研究人员拍摄，可以在公共档案或个人文本材料中找到，也可以由参与者自己拍摄。它们基本上是对口头数据的提示。例如，史密斯、吉德洛和斯蒂尔（Smith，Gidlow & Steel，2012）描述了在研究青少年户外教育项目经历时采用的照片启发技术。他们要求青少年在项目期间拍照，然后研究者根据他们拍摄的照片和经历对这些青少年进行访谈。

这种照片启发技巧，就是向参与者提供一次性成像相机并让他们拍摄感兴趣的现象，有时也被称为照片之声。照片之声已被用于参与式行动研究和推动基层社会行动，特别是在社区发展、公共卫生和教育方面。例如，照片之声被用于研究赋权情况，其对象有 30 名非洲裔美国人社区健康顾问（Mayfield-Johnson，Rachal & Butler III，2014）、无家可归的成年人（Padgett，Smith，Derejko，Henwood，& Tiderington，2013）、农村教会和妇女的健康促进计划者（Plunkett，Leipert，Ray，& Olson，2014）以及脑损伤幸存者（Lorenz，2010）。在所有这些研究中，参与者拍摄的照片和要求参与者解释照片的访谈提供了用于分析的数据。然而，哈珀（Harper，2003，p.195）提醒我们："在所有照片启发研究的例子中，照片都失去了对客观性的要求。事实上，照片的力量在于它会释放那些与研究者对图像看法不同的人的主观性"。

（五）实体材料和人工制品

实体材料和人工制品由研究场景中的实体对象组成；一些质性研究者将这些实体材料和人工制品统称为"物质文化"（Lindlof & Taylor，2011，p.218）。人类学家通常所说的人工制品包括工具、装备、器具和日常生活用具。考古学家霍德（Hodder，2003）研究的人工制品包括在文化研究中作为"无声证据"长期存在的人工制品和书面文本。"这些证据与口头语言不同，它们存在于实体，因此可以在空间和时间上与作者、生产者或使用者分离。"（p.155）。使用实体材料较为著名的研究之一是亚利桑那大学的研究者多年进行的垃圾研究（Rathje & Murphy，2001）。通过对人们的垃圾进行分类，这些研究人员已经能够分辨出各种社会经济群体的生活方式选择情况，例如，低收入人群倾向于购买小容器的名牌产品而不是较便宜的大容量通用品牌产品。霍金斯（Hawkins，2006）对生活中"浪费"伦理学的研究也包含了垃圾。在另一项关于不同类型垃圾，即"数字垃圾"的研究中，加布里斯（Gabrys，2013）研究了电子产品作为文化产品的出现和消解。

作为沙兰在韩国一个老年中心观察运动指导课的一部分（见第六章，案例 6.1，田野笔记），她注意到墙上有许多装有框架的饰板。这些"人工制品"讲述了韩国人对老年人及其学习的看法。例如，一块饰板上写着"让我们把老年人的良好经验和智慧传递给年轻人"。另一块饰板上列出了韩国老年人应该做的事情清单："帮助我们的国家；享受我们的生活；保持健康；即使你老了，也要参与。"这些饰板为她在观察课堂时发现参与的重要性和对老年人的尊重提供了额外证明。

实体痕迹材料是另一种潜在的信息源。实体痕迹包括人们在该场景中活动带来的实体场景的变化。以下是韦布、坎贝尔、施瓦茨和塞克雷斯特（Webb，Campbell，Schwartz & Sechrest，2000）总结的研究中使用实体痕迹材料证据的例子：

● 一名调查员想要了解一个明确"禁酒"的城镇的威士忌消费水平。他通过清点垃圾桶中的空瓶子来作研究。

● 鬼故事引起的恐惧程度是通过记录一群围成圆圈坐着的孩子，圆圈直径缩小的程度推断出来的。

● 图书馆退款用于证明将电视引入社区的效果。小说类图书下降；非小说类不受影响。

● 圣诞老人画像的大小变化证明了孩子对圣诞节的兴趣。

● 对两个学院的种族态度进行比较，部分是通过注意演讲厅中黑人和白人的聚集程度进行。（pp.2-3）

研究实体痕迹的两种基本方法是注意它们的侵蚀（磨损程度）和累积（增加程度）。用博物馆展览前的地砖磨损程度作为公众兴趣的标志，这是一个知名的侵蚀例子（Webb et al.，2000）；在前面的例子中看威士忌酒瓶的数量是一个很好的累积例子。更常见的是，实体痕迹的起伏和流动被用作记录现象的数据。例如，莫斯和麦克唐纳（Moss & McDonald，2004）使用学校图书馆的记录来揭示青春期前儿童的阅读习惯。巴顿（Patton，2015，p.375）给出了一个实体痕迹如何用于评估的有趣例子："在一个 300 人员工为期一周的培训项目中，我要求厨房系统地记录每天早上、下午和晚上的咖啡消费量。那些我认为特别无聊的会议期间咖啡消费量相应较高。无论在一天何时，积极的会议和参与程度高的会议都显示出较低的咖啡消费量。"（参与者可以随时起身去喝咖啡）

由于实体痕迹通常可以测量，因此通常适用于获取有关行为的发生频率，也很好地适用于核实从访谈或调查中获得的信息。在质性研究中，大多数实体痕迹措施用于补充通过访谈和观察收集到的数据。例如，研究人员可以比较一所声称将计算机知识纳入其基本课程的学校中计算机的损耗有何变化。拉思杰（Rathje，1979，pp.78-79）强调了使用痕迹材料的其他优点：

● 痕迹测量记录了实际行为的结果，而不是报告或实验的近似值。

● 痕迹测量通常是非反应性的，也不引人注目。由于它们是在行为发生后才用的，因此不会修改想要研究的行为。

● 痕迹材料无处不在，随时可供研究。

● 由于痕迹材料适用于无生命物体，因此它们通常不需要受试者的配合，也不会给受试者造成不便。

● 由于痕迹测量的数量取决于记录者的兴趣而不是信息提供者的耐心，因此通常可以同时研究各种相互关联的行为。

● 由于给信息提供者带来的不便和费用最小，因此可以长时间使用痕迹测量来作为纵向信息掌握工具。

（六）研究人员生成的文本材料和人工制品

当文本材料用于研究时，通常指的是已经存在于研究场景中的公共档案、个人文本材料

（线上或线下）、人工制品和实体材料。因为它们不是为研究目的而产出的，所以通常包含许多与研究无关的内容，同样也可以提供对研究现象的深刻见解。大多数研究者发现这些材料非常值得查找和调研。

研究者生成的文本材料是由研究者准备的，或者是研究开始后由参与者为研究者准备的。生成文本材料的具体目的是进一步了解被调查的场景、人员或事件。这些材料在行动研究和参与式研究中极为常见。例如，西哈（Siha，2014）采用批判教育学方法开展社区学院写作教学的行动研究，要求学生每两周填写一次关键事件调查问卷。然后，他根据学生的建议调整了课程。作为课程的一部分，学生们还同意就课堂上讨论的一些问题撰写反思论文。这些是研究者生成的文本材料。在其他情况下，研究者可能会要求某些人在调查过程中撰写活动日记或博客，或者征求个人的生活史或项目的历史记录来阐述当前的情况。研究者有时要求参与者创作艺术作品或拼贴画，或者带来代表他们学习或经历的人工制品。这些都是研究者生成的人工制品。例如，斯塔基和蒂斯德尔（Stuckey & Tisdeu，2010）在糖尿病患者使用创造性表达的叙事行动研究中，讨论了参与者创造的各种形式的创造性表达、人工制品和艺术作品。如前所述，参与者创建或用于表达自己的人工制品、研究者或参与者拍摄的照片，都可以是有价值的数据来源，并且也提供了可用符号和单词来描述的另一种表达途径。

研究者生成的量化数据也属于这类文本材料。投射测验、态度测量、内容检查、来自任意数量主题的调查统计数据，都可以作为支持质性研究的文本材料。

总之，文本材料包括创造性寻找材料的研究者可用的各种材料。数以百万计的公共档案和个人文本材料、人工制品和人类行为的实体痕迹都可用作主要或次要数据的来源。研究开始后，研究者也可以生成文本材料。

二、文本材料和人工制品在质性研究中的应用

使用文本材料与使用访谈或观察没有太大区别。格拉泽和斯特劳斯（1967）将田野工作与图书资料搜集进行了比较："当有人站在图书馆的书库中时，他似乎被渴望聆听的声音所包围。每本书、每篇杂志文章，至少代表一位与人类学家的信息提供者或社会学家的受访者相当的人。在那些出版物中，人们采用与田野工作中所见和所闻完全相当的方式，进行交谈、发表观点、采用各种修辞争论以及描述事件或场景"（p.163）。

无论是在田野工作、图书资料搜集中还是在线工作中，数据收集都以研究问题、已有实践经验和新的研究发现为指导。尽管搜索是系统化的，但这些场景还可能会发现有价值的其他数据。无论在访谈、观察还是在分析文本中，研究者都应该追踪线索、对新见解持开放态度，对数据保持敏感。由于调查员是收集数据的主要工具，因此他要依靠技能和直觉来查找和解释文本中的数据。

寻找相关材料是该过程的第一步。正如我们所提到的，这通常是从研究主题本身演变而来的一个系统程序。课堂教学的质性研究会关注教师的课程计划、学生作业、课堂中的物品、

正式成绩报告和学校记录、教师评估等形式的文本材料。除了场景本身，要关注的还有图书馆、历史学会、档案馆和机构档案。其他还包括通过在报纸、新闻通讯或相关网站上投放广告，找到诸如信件和日记之类的个人文本材料。

因此，研究者在发现有用的文本材料时必须保持开放的态度。对任何可能性持开放态度都有可能带来偶然的发现。20 世纪 90 年代后期烟草公司被曝光，原因在于讨论尼古丁成瘾性质的备忘录尽管被埋藏，还是被发现了；在白宫工作人员的例行审讯期间，著名的水门事件录音带被曝光。

找到文本材料后，必须评估其真实性。"作者、地点和撰写日期都需要证实和验证"（McCulloch，2004，p.42）。此外，如果可能的话，有必要确定文件的生成条件。向公众发布新闻的目的与针对同一问题的内部备忘录完全不同。在评估人工制品，即由特定文化团体或个人参与者使用或生成的对象时，重要的是查询人工制品的历史（它是如何以及何时生成的，并且是否随时间发生变化？）与使用情况（它是一种装饰品吗？如果使用它，使用者是谁？它如何被使用？）。

确定书面文件材料的真实性和准确性是研究过程的一部分。调查员有责任尽可能多地确定关于文本的信息，文本的来源和被创作的原因、作者以及书写文本的背景。古帕和林肯（Guba & Lincoln，1981）通过引用克拉克（Clark，1967）的成果，列出了研究人员可能会询问的有关文本真实性的问题：

- 文本的历史情况如何？
- 它是如何到我手中的？
- 由什么保证它就是它表现出的样子？
- 文本是否如最初书写时那样完整？
- 是否被篡改或编辑过？
- 如果该文本是真实文本，那么它是在什么情况下以及出于什么目的制定的？
- 谁是作者？
- 它想要实现什么目的？该文本是为谁设计的？
- 制作文本者的信息来源是什么？该文本是代表一位目击者描述，还是一个二手描述，或一个对写作之前很久的事件的回忆，又或只是一个解释？
- 制作文本者存有什么偏见吗？
- 作者在多大程度上可能想说实话？
- 是否存在其他可能对同一故事、事件、方案、项目和背景提供额外了解的文本？如果是这样，它们是否可找到、可访问？这样的文本在谁那儿？（pp.238-239）

然而，这些问题是在互联网出现很久之前就产生的关于文件使用及其真实性的问题，许多问题仍然与传统印刷文本有关。但是，处理在线文本和在线身份的真实性问题要复杂得多，不仅对于质性研究而言很复杂，在网上交友和在易贝（eBay）上销售商品时也是如此。特雷德韦尔（Treadwell，2012）进行了一项针对那些专门利用技术来买卖假冒伪劣商品者的研究。此外，有许多故意利用在线方式进行虚假陈述的例子。对于处理在线文本和观察的质性研究人员，这意味着什么？

首先，我们会向读者介绍更多专门处理在线数据的资源（Paulus，Lester，& Dempster，2014；Pink，2012，2013）。其次，重要的是要记住，即使人们试图做自己，或者至少是成为他们自己理想的样子，真实性格和在线性格之间的差异也会发生。然而，当个人有目的地创建不同的在线角色时，这种情况会更加复杂，这在某些电子化环境中是相当常见的，特别是在第二人生（Second Life）等社交模拟网站上（Fielding，2014）。事实上，许多研究人员专门研究在线身份认同（Bullingham & Vasconcelos，2013；Gatson，2011；Parmentier & Roland，2009）。实际上，在线互动有很大差异，学术社区中的个人会列出他们的真实姓名及其大学院系和学位，而虚拟游戏中参与者故意杜撰几乎没有反映其线下特征的姓名和描述。通常，研究游戏或虚拟网站的研究者也会研究和记录游戏或网站的"规则"。他们根据背景和目的来研究细节。所以，一方面，通过他们选择在网上展示自己的方式来判断其本人是一项风险很大的事情，而验证或三角测量可能远不如"现实世界"那么可靠。另一方面，保卢斯、莱斯特和登普斯特（Paulus，Lester & Dempster，2014）讨论了数字世界及其质性研究工具，他们认为"移动设备、地理信息系统、在线社区和'视频网站王国'让人们更容易捕捉正在发生的社会生活，并给我们的工作添加了一层真实性"（p.191）。简而言之，在考虑在线文本真实性的细微差别时，重要的是查阅详细处理这些问题的引文。

对于历史学家来说，质性研究人员可能会关注的一个重要特征是，文本材料是原始资料还是二手资料。原始资料是文本的提出者重述的有关感兴趣现象的第一手经验。最好的原始资料来源是最合适的人在时间和地点上最接近现象的记录。根据这一定义，大多数个人文本材料和目击者对社会现象的描述可被视为原始资料。二手资料是那些没有直接经历过这种现象的人对感兴趣的现象所做的报告。这些通常是后来编制的，并且从初始描述中"至少删除了一些"（Altheide & Schneider，2013，p.7）。有趣的是，根据研究目的可以将同一文本分为原始的或二手的。例如，亲人照顾晚期癌症患者时写的日记会成为护理研究的原始数据资料，同时也会被视为了解患者自身如何应对晚期疾病的二手数据资料。阿尔泰德和施奈德（Altheide & Schneider，2013）讨论了第三类文本，他们称之为"辅助文本"。辅助文本"可以补充研究项目……但既不是调查的主要焦点，也不是理解该主题的原始数据资料。随着新兴电子信息库的出现，我们似乎正在不断遇到新的辅助文件。在线提供的报纸和新闻文章中数以百计的博客和评论提供了有趣的价值点，可用于说明从对其他文本的系统调查中获得的某些结果"（p.7）。

在评估文本材料或人工制品的真实性和性质后，研究者必须采用一些进行编码和编目的系统。如果可能的话，应该复制书面文本，给人工制品拍照或录像。通过在编码初期建立基本的描述性类别，研究者可以在分析和解释阶段轻松访问信息。在质性研究中，内容分析是最常用于文本分析的一种形式。内容分析本质上是"一种不显眼的技术，它允许研究者根据意义、符号性质和表现内容，及其在数据资料中所扮演的交际角色，来分析相对非结构化的数据"（Krippendorff，2013，p.49）。历史学家和文学评论家长期以来一直使用内容分析来分析历史文本和文学作品。现代内容分析最常用于通讯媒体（如报纸、期刊、电视、电影），并且具有强烈的量化倾向。例如，斯特勒福森（Stellefson，2014）对作为慢性阻塞性肺病的一种教育形式的 YouTube 相关视频进行了内容分析，主要通过计算关于药物处理、戒烟问题等视频的数量。在这种情况下，许多内容分析涉及测量消息的频率和种类，以及确认假设。通常新手使用协议进行数据收集和编码，并经过培训计算分析单位。

然而，量化不是内容分析的必要组成部分。相反，数据的性质也可以被评估。施赖埃尔（Schreier，2014）描述了质性内容分析与量化内容分析的不同之处，后者在传统上是通过计数被赋予意义的："量化内容分析的重点仍然是明确的意义（通过计数），质性内容分析也适用于潜在的和更多依赖于语境的意义"（p.173）。阿尔泰德和施奈德（2013）一致认为，量化内容分析和质性内容分析（他们称之为"民族志"内容分析）之间的主要区别"是调查者、概念、数据收集和分析的反思性和高度互动性"。与"协议是工具"的量化内容分析不同，在质性内容分析中"研究者始终是中心"（p.26）。施赖埃尔讨论了香农（Shannon，1954）对动画片《小孤儿安妮》（*Little Orphan Annie*）的内容分析。香农分析了这部动画片的价值表现，特别是报纸编辑如何使用它传递"保守的反罗斯福情绪和价值观"（Schreier，2014，p.172）。所以，香农在对这些价值观如何传播做内容分析时专注于五个问题，例如，调查安妮的朋友和敌人是谁，她赞同的目标是什么以及如何实现这些目标，她喜欢什么样的符号以及她认为哪些是负面的。这样的分析得出了该动画片更深层的含义，论据是由语境提供的，是通过使用文本及其图片中的话语和示例而不是简单的数字来提供的。

三、文本材料与人工制品的局限性和优势

在判断数据来源的价值时，研究人员可以询问数据是否包含与研究问题相关的信息或见解，以及是否可以以合理、实用和系统的方式获取数据。如果这两个问题的答案是肯定的，则没有理由不使用特定的数据来源。然而，文本材料或人工制品在质性研究中仍未得到充分利用。大约 50 年前，格拉泽和斯特劳斯（1967）列举了几个未充分利用文本材料的原因：研究人员更愿意形成自己的数据，文本的使用过于像历史研究，研究者希望"亲眼看到具体情况和信息提供者"（p.163），他们不相信自己使用文献资料的能力。今天这些障碍似乎仍是部分真实的。然而，考虑博客和视频博客的优势，即博主会分享他们对特定现象的体验及其深入思考（Hookway，2008；Pink，2013），社交媒体网站上的博客和在线讨论就是便于获取的文本数据来源。

对其他数据来源的偏好可能反映了研究人员对文本材料和人工制品在产生知识和见解方面的潜力具有不确定性。但研究人员的谨慎也可能反映了该数据源固有的一些局限性。这些

局限源于这一数据源与从访谈或观察中收集到的数据之间存在基本差异，即大多数文本数据并不是为了研究目的而创建的。因此，从研究的角度来看，这些材料可能不完整。与现场笔记相反，现有材料可能无法"提供理论家所要求的事件连续变化的细节"（Glaser & Strauss，1967，p.182）。无论是个人描述还是官方文本，数据来源都可能提供不具代表性的样本。"通常项目中没有人对流程写下非常好的笔记，很少会写备忘录，而且更常见的是，唯一的写作是为了回应资助者对技术报告或其他关于计划或项目进展情况进行定期陈述的要求。但是如果文本不存在，或者如果文本很少且无可提供的信息，这种情况也可以告诉研究人员一些背景信息"（Guba & Lincoln，1981，pp.234-235）。

由于文本通常不是为研究目的而生成的，因此这些文本提供的信息可能不以对调查者有用（或可理解）的形式存在。此外，这些数据可能与观察或访谈新发现的数据不一致。当然，当文本用作二手资料以验证基于其他数据的发现时，这更是一个问题。然而，如果发现文本对研究主题很有启发性，并且首先将其纳入归纳性建立类别和理论建构的过程中，那么文本就成为支持研究发现的论据。

文本材料的另一个主要问题是真实性和准确性的确定。甚至声称客观和准确的公共档案也包含研究人员可能自己都没有意识到的内在偏见。例如，警方记录中报告的犯罪发生率和频率可能取决于如何定义某些犯罪以及具体部门的报告程序。个人文本材料容易受到有目的或无目的的欺骗。例如，与拨款提案中的费用被高估相比，个人所得税报告中可能会低估收入。个人文本材料中的失真也可能是无意的，因为作者不知道自己存有偏见，可能仅仅是记得不准确。塞尔蒂茨、亚霍达、多伊奇和库克（Selltiz，Jahoda，Deutsch & Cook，1959，p.325）引用了奥古斯丁（Augustine）在著名的自传《忏悔录》（*Confessions*）中指出的这种真实性问题："当他们听到我自己忏悔时，他们怎么知道我是否说出了真相？"对真实性的关注适用于历史文本，以及匿名项目报告和希望保持匿名的数据来源，如1974年水门事件中的"深喉"（Webb et al.，2000）。

尽管存在这些局限，但由于多种原因，文本材料也是优质的数据来源。首先，它们可能是特定主题的最佳数据来源，优于观察或访谈。许多文本易于获得且免费，并且包含了可能需要调查人员花费大量时间和精力才能收集到的信息。例如，如果一个人对某个机构或项目的历史案例研究感兴趣，那么文本材料是最好的数据来源，特别是当该机构的相关人员无法接受访谈时。在其他一些研究中，文本材料也能是最佳数据来源，如依赖于医学报告等专业技术知识的研究，以及无法观察或人们不愿讨论的私密人际关系研究。

文本中的数据可以与访谈或观察中的数据以相同的方式使用。数据可以提供描述性信息，验证新出现的假设，推进新的分类和假设，提供历史认识、跟踪变化和发展等。格拉泽和斯特劳斯（1967）指出了文献对理论建构的作用，理论建构是一个"需要进行比较分析"的过程。"图书馆提供了范围广泛的比较组，只要研究者能具有发现它们的聪明才智。"（p.179，原文中强调）

使用文本材料的最大优点之一是其稳定性。与访谈和观察不同，调查员在场不会改变正在研究的对象。与其他形式的数据相比，文本数据是"客观的"数据来源。这些数据也被称为"非介入性的"。韦布、坎贝尔、施瓦茨和塞克雷斯特（1966）关于非介入性方法的经典著作，经过修订后被命名为《社会科学的非反应性方法》（*Nonreactive Measures in the Social Science*）（1981），因为，他们写道："多年来我们逐渐认识到原始标题并不是最好的，因为主要关注点是方法的非反应性，而不是非介入性"（p.ix）。在另一个修订版中，作者使用了这两个术语：《非介入性方法：社会科学的非反应性研究》（2000）。非反应性方法包括物理痕迹、官方档案、个人文本材料和简单观察。

因此，与所有其他数据来源一样，文本材料也有局限性和优点。因为它们通常是出于研究之外的原因而产生的，所以可能是零碎的，可能不符合研究的概念框架，并且真实性可能难以确定。但是，由于文本材料通常独立于研究计划而存在，因此是非反应性的，即不受研究过程的影响。文本材料是其产生背景的产物，因此扎根在现实世界中。最后，许多文本材料或人工制品几乎没有成本，也很容易获取。

四、处理在线数据来源的注意事项

互联网出现时是微不足道的，刚开始只是作为专门为大学教授和科学家（最初旨在承载战争结果）服务的沟通工具，现在互联网已经成为所有疑问、或对某些事情感到好奇、或只是想要随机探索感兴趣的话题的人的标准资源。

除了提供许多参考资源——尽管质量参差不齐——互联网通过各种形式的计算机媒介通信支持人们之间的互动。电子邮件、在线讨论组、聊天室、维基百科、博客、脸书、视频博客、视频网站和各种社交媒体网站允许从未见过面的人相遇，甚至主要通过在线联系建立人际关系。这些互动，尽管在我们的社会中仍未被明确定义，但质性研究人员显然对它们很感兴趣。

处理此类在线数据资源或虚拟数据是质性研究中新兴的讨论领域。在前面的讨论中我们提供了许多在线数据资源作为文本材料的例子。然而，研究者有能力访问在线数据也只有大约 20 年的时间，互联网时代的质性研究是不断变化的，并且提供无限的研究可能性（Marotzki，Holze，& Verständig，2014）。对于新手和经验丰富的研究者来说，这既令人兴奋又令人难以招架。

那么，访问和分析这些数据资源时必须考虑哪些因素呢？在本小节中，我们将探讨与使用在线数据资源相关的一些问题。这些数据资源与更熟悉的数据资源（如文本、访谈和观察）有何相似之处？又有何不同？数据收集过程中的媒介造成的影响会引起哪些问题和疑虑？在这个新的研究背景下会出现什么伦理问题？

这些问题不容易回答，也不是质性研究者的专属领域。大众媒体中的文章定期讨论互联网对整个社会的各种影响，其范围从探索可能的在线"多个自我"到提及从未见面的人之间的"在线事务"，再到组织社会抗议、购买和销售消费品，甚至进行非法活动。甚至权威新闻杂志也强调与网络空间相关的问题——信息高速公路前途未卜。由于不断变化的电子领域已经超过了发布的特定手册或指南，因此这里讨论仅概述所关注的一般范围。对于任何特定的研究领域，这些注意事项的具体应用会有所不同。

（一）线上数据与线下数据

在质性研究中，收集数据的三种基本方法传统上是访谈、观察以及对文本材料和人工制品的考察。许多在线参考文献和数据资源反映了这些熟悉的数据资源特征。网页、通过文件传输协议提供的文件以及各种形式的"电子纸"，都可以被视为只能在线访问的文本材料。马洛茨基、霍尔茨和韦尔斯坦迪格（Marotzki，Holze & Verständig，2014）将这些称为"静态数据"，其中"它们不是由不同相互互动的用户创建的，在连续访问时基本保持不变"（p.452）。用户能够下载静态形式的插图和程序，甚至是游戏，这些都可以被视为人工制品。这些形式的数据与实体环境中的文本材料的共同特征有很多。

马洛茨基、霍尔茨和韦尔斯坦迪格（2014）所指的由社交网络发展而来的"动态数据"被称为"用户在交互式环境中生成的数据"（p.453），如通过脸书和推特的社交媒体网站，这些数据可以重新发布和删除。有时这些数据是存档的，但它们也可能是短期的。这种动态数据与静态数据的作用略有不同。静态数据更像传统文本，而动态数据更像是访谈，如通过电子邮件完成的访谈。或者它们可以更像是观察，因为研究者需要决定是否加入在线社区及其决定成为参与者或观察者的程度。

在某种程度上，在线数据收集是常用研究技术的电子技术延伸，也扩大了研究者可用的数据范围。当然，线下情境面临的许多决策也同样会出现于在线研究中：是否以完全观察者、完全参与者或介于两者之间的方式加入在线社区；如何选择样本组；如何在开展研究时接触潜在参与者；如何获得信任等。

然而，由于其所采用的媒介性质不同，在线数据收集会存在一些重要差异。这些差异对研究产生的深远影响不容忽视或轻视。例如，无法访问计算机的个体将被自动排除在研究之外。这种方法是否适合该研究？与计算机访问相关的人口统计学差异是否会扭曲研究结果？

虽然信息量增加到难以承受的程度，但是并非所有关键互动都必须用于研究。参加在线课程的学生也可以通过研究人员从未见过的私人电子邮件进行交流。信息的数量并不会保证其全面性。

此外，每种形式的计算机中介通信对其传输的信息都有独特的影响。例如，一封电子邮件访谈可能和一个面对面访谈有着相同的语言内容，但它缺乏音调变化、肢体语言并存在其他细微差别。而这些细微差别通常比语言沟通更生动。频繁使用电子邮件的用户可能会认识到这种局限性。新用户则经常被提醒，笑话和讽刺不能很好地在网上传播，并且会教新用户使用"表情符号"，试图复制语音中常见的丰富情感。某些通信特性在被减少或修改的同时，其他通信特性则被人为增强。电子邮件的异时性质可以增加在线访谈的反思时间，这在面对面访谈中是不可行的。即时反应、强烈的情绪反应和无防备的表达对研究者来说都消失了，除非参与者经过重新思考，选择提供这些一时的初步想法，并且能够以书面形式表达出来。这些反应可以完全改变对回应的解释。相反，随意的反应可能会产生意想不到的和令人不安的结果；有时在完全不同甚至误导性的情境中，可以重新使用长期被遗忘的电子邮件进行交流。

即使研究者熟悉在线表达中不断发展的一些惯例，也仍需要对电子通信的变量保持警惕。在线讨论组和其他各种类型在线社区的参与者通常使用完整的术语来描述某些类型的交流。

在小组互动方面，写作技巧和计算机素养强烈影响着人们在线上被如何看待。通常有人看起来有一个完全不同的角色，在伴随这些话语的微笑消失时，一个有趣、有魅力的人可能看起来很刻薄而且很讽刺。另一个写作成熟和深思熟虑的人在被剥夺反思时间并被迫自发反应时，可能会表明其社交技巧有限。

这是一个新的领域，不熟悉的规则刚被发现就会发生变化。我们对研究者的最佳建议是，认识到他们所揭示、隐藏或改变的数据的特征会强烈影响研究结果，这是由呈现数据的媒介性质所造成的。分析、描述和讨论这些特征的潜在影响是对在线数据进行研究的一个重要方面。

（二）媒介对数据收集的影响

除了考虑线上与线下数据的差异，还必须考虑由收集数据的方式引起的差异。在质性研究中，研究者是数据收集和分析的主要工具。这个因素通常被视为一种优势，因为人类既有反应能力，又有适应能力。同时，这也要求对研究者自身的偏见进行评估和报告，因为偏见可能会影响研究。

在互联网中收集数据时，研究者不再是数据收集的主要工具，还必须使用各种软件工具来查找、选择和处理信息。与研究者一样，这些工具存在可能影响研究的内在偏差，但是这种的偏差可能非常微小，而且研究人员通常更难检测和描述。例如，在谈到使用网络摄像头技术在不同地点的人员之间进行焦点小组访谈的优点和局限时，图塔斯（Tuttas，2015）指出，一些参与者无法参与，因为他们无法访问网络，或者技术设备不能正常工作。此外，尽管包括来自不同地点的参与者能够带来许多好处，但是由于该技术可能会影响人们分析数据的方式，通过该技术可以实际看到的内容受到限制。

媒介影响对从互联网访问数据并利用各种通信工具获取数据的质性研究者提出了一个关键问题：他们的工具如何完成这项任务？例如，萨蒙斯（Salmons，2015）在她关于线上访谈的书中讨论了如何使用诸如具有可视组件的时光谱（Skype）等技术，以使研究人员或参与者可以绘制图片或创建一个容易理解的图表。在通过电话进行访谈时，你不太可能这样做。这是工具如何影响任务的简单案例。

（三）线上环境中的伦理问题

在任何质性研究中，与保护参与者有关的伦理问题都值得关注。在线环境中，这些问题与关于知识产权、版权和言论自由的公共辩论交织在一起。阅读、保存、复制、存档和轻松编辑由匿名大众撰写的大量材料，可能导致研究人员忘记这些是个人的话语。即使更改了名称，也可以通过消息的细节轻松识别出某些人。人们交换意见的电子环境具有高度公开性，这可能会让研究者忘记这些人拥有隐私权，正如电子通信看似匿名，却可能让个人向碰巧正在阅读他们消息的任何人，透露他们生活中高度私密的细节。

随着互联网越来越多地被用于研究，越来越多的学者开始关注这种新媒介工作中所涉及的伦理问题。休森、尤尔、劳伦特和沃格尔（Hewson，Yule，Laurent & Vogel，2003）确定了互联网研究中必须考虑的四个特有问题。第一个是获得知情同意。传统上，参与者签署一份表明他们愿意参加的声明，并且需要年满18周岁才能签署。必须采用创造性的方式来表示同意并确定参与者是成年人。第二个问题是确保信息的机密性和安全性。此外，实现机密性的机制需要落实到位，但在这种媒介中，它们不如在人际数据收集过程中那么有效。第三个伦理问题是确定什么是公共的以及什么是私人的。"关键问题在于，研究者使用公开信息作为研究数据在伦理上是否合理。或者更具体地说，通常在哪种情况下这是可接受的，或者是不可接受的？"（p.53）。第四个伦理问题是如何制定情况汇报程序，以便参与者可以发表意见或提出问题，并确保没有伤害发生。其中一些问题可能比它们乍一看时要复杂一些。马洛茨基、霍尔茨和韦尔斯坦迪格（2014）指出，"即使使用笔名指代某人的在线言论，也要确保机密性"，"例如，新闻组或讨论区的直接引用也可以很容易被追溯……"（p.461）。

"参与者"这一术语通常被质性研究者用来描述被研究的个体。它是一个精心挑选的标识符，具有包容性和自愿合作的内涵。这个词从质性范式中汲取了许多关于研究的态度。它也是关于伦理问题的试金石。如果不能准确使用这个术语，如果"受试者"这一术语更恰当地描述了在研究者审查下存在不情愿或不知情的个体，那么研究人员应该诚实地重新评估研究的方法和程序。

在线互动日益增长的重要性使其成为质性研究的重要平台。质性研究人员必须考虑的三个关键领域是背景对数据的影响、软件功能对数据收集过程的影响及媒介对伦理实践的影响。明确考虑和描述这些因素的影响是质性研究者新的职责。

五、总结

文本材料是质性研究中的第三个主要数据来源（除了访谈和观察），其广义上包括公共档案、个人文本材料、大众文化材料、视觉文本以及实体材料和人工制品。虽然可能会根据调查者的要求准备一些文本（例如受访者写的日记或撰写的生活史），但是大多数文本材料都是独立于研究项目而编写的。文本材料是非反应性的，并且基于所研究的背景。因为它们是手头研究以外的因素而产生的，所以在查找与问题有关的文本材料、随后分析其内容时需要一些聪明才智。文本材料与研究问题之间的一致性取决于研究人员在构造难题和相关问题时的灵活性。这种立场特别适用于质性研究，因为质性研究在本质上是在设计和归纳分析中自然发生的。所有类型的文本材料都可以帮助研究者发现意义、发展理解，并产生与研究问题相关的见解。

在线数据收集是质性研究人员非常感兴趣的领域。但是，在使用在线互动数据时，必须考虑许多问题；我们在本章中探讨了其中的一些问题。

第三部分 质性数据分析和报告撰写

选择质性研究设计预先假定了某种世界观，这反过来又决定了研究人员会如何选择样本、收集数据、分析数据，以及解决信度、效度和伦理等方面的问题。第三部分由三章组成，分别针对研究过程的后期阶段展开，包括分析质性数据的综合性章节、遵守研究伦理道德产生有效和可靠研究结果的章节以及撰写质性研究报告的章节。

本书关于数据分析以及信度、效度和伦理道德问题的每个章节在某种程度上可能会产生误导。其实，质性研究不是一个线性的、循序渐进的过程。数据收集和分析是在质性研究中同时进行的。分析从第一次访谈、第一次观察、阅读第一篇文献便开始了。新的见解、预想和暂定假设影响下一阶段的数据收集，反过来会推进对问题的提炼或重新提出等。这是一个贯穿始终的交互过程，使研究人员能够得出可靠的研究结论。与在调查之前考虑信度和效度的实验设计之间不同，质性研究的严谨性源自研究人员在现场、研究人员与参与者之间的互动和数据的三角互证、对观点的解释以及丰富和深刻的描述。

因此，质性研究的最终报告与量化研究设计的最终报告看起来会有所不同。虽然没有一种绝对正确的方法来进行质性研究，但是有一些通用准则。其中一些准则包括提供如何开展研究的详细信息、列出足够的论据以支持研究结果以及讨论该研究如何丰富知识库并影响实践。

在本书的后三章中，读者会了解到数据收集、分析和报告的交互性。第八章，也就是第三部分的第一章，讨论了在按照管理数据集的实用准则收集数据时，同步进行数据分析的重要性，其中包括如何利用计算机软件进行数据管理和分析的讨论。本章还专门介绍了如何分析正在收集的数据。数据分析的结果是写作，其范围从描述性解释到理论构建。本章的大部分内容描述了从数据中归纳出意义的步骤，尤其是为数据建立类别和主题。第八章的最后部分向读者简要介绍了针对不同类型质性研究的数据分析策略。

无论是进行研究还是在实践中运用他人的研究，研究的信度都是至关重要的。第九章探讨了信度、内部效度和外部效度，其中外部效度指的是关于质性研究的结果可以在多大程度上适用于其他情况。关于质性研究一般化问题的讨论和辩论可能比质性研究的任何其他方面都要多。第九章的重点是处理这些问题的具体策略，以保证质性研究的信度。同样重要的是贯穿整个质性研究过程，即从研究的概念化到研究结果的传播中的伦理问题，这一章也讨论了这些问题。

第十章是第三部分（以及本书）的最后一章，介绍了如何撰写质性研究报告。具体包括了撰写的准备工作、报告的内容和相关的问题，以及调查结果的传播。第十章还包括了撰写行动研究和艺术本位研究报告的简短讨论。

本部分的各章中阐述了分析和报告质性研究成果的详细说明，虽然很有帮助，但是这只是研究者——质性研究中最重要的组成部分——进行解释和应用需要的指导原则。

第八章　分析质性数据

前面的章节已经解释了如何通过访谈、观察和文本收集质性研究数据。在本章中，我们将讨论如何管理和分析这些数据。在收集质性数据的章节之后是关于数据分析的章节，这有点误导性，因为在质性研究中收集和分析数据应该是同时进行的。事实上，分析数据的时间安排以及分析数据和其他研究任务的整合将质性研究设计与传统的实证研究区分开来。可以说质性研究是应运而生的。研究者通常不会提前知道可能被访谈的人，这些人也不会提前想到所有可能被询问的问题，或者下一步要关注的地方，除非在收集数据的时候就进行分析。直觉、初步假设和有根据的猜测将研究者的注意力引导至某些数据源，然后精炼和验证直觉。数据收集和分析的过程是归纳的和动态的。但这并不是说在收集完所有数据后分析就完成了。恰恰相反，随着研究的进行和数据收集完毕，数据分析会更加深入。

弗利克（Flick，2014）将数据分析过程描述为"将语言（或视觉）材料进行分类和解释，以论述材料中的隐性和显性维度、产生意义的结构以及这代表什么"（p.5）。本章涵盖一系列与数据分析有关的话题，其重点是如何进行实际操作。首先，我们谈论了在收集数据的时候尽早开始分析的重要性。其次，数据的组织和管理也应尽早开始，并且必须在收集完所有数据时结束，以确保深入分析。再次，同样也是本章的核心，着重于如何构建即将成为研究成果的类别或主题。我们还讨论了计算机软件程序在质性数据分析中的作用。最后，我们回顾了在第二章中讨论过的几种质性研究的特殊策略。

一、在数据收集时开始分析

想象一下你自己坐在餐桌前，为了质性研究而开始准备分析数据。在你左边的一堆文件中有大约一百页的访谈记录。桌子中间是一叠实地观察的现场笔记。右边是一盒你收集的可能与研究有关的文献。你回顾研究目的和研究问题是什么。现在你该怎么办？从哪里开始呢？如何从数百页的数据中得出结论呢？你开始阅读一份又一份文字记录，并意识到你应该向第二个参与者问一些在第一次访谈中出现的问题。很快你就会感到不知所措，开始觉得自己真的被数据淹没了，并开始怀疑你能否有所发现。因此，等到所有的数据收集之后才开始分析，你可能已经破坏了整个项目。

假设一个情况更具启发性的场景，你坐在餐桌旁，除了第一次访谈的记录，或者第一次观察的现场笔记，或者你收集的第一份文本，什么材料都没有。你回顾研究目的。你反复阅读数据，在页边空白处做笔记，对数据进行评论。你给自己写了一个单独的备忘录，记录下你的反思、初定主题、直觉、想法以及从第一组数据中得出的结论。你会写下在下一轮数据收集中想要询问、观察或寻找的材料。第二次访谈后，你将第一组数据和第二组数据进行比较，这种比较会引导下一轮数据收集等活动的方向。几个月后，当你坐下来分析和写下研究发现时，你已经有了一套初定的分类或主题，也就是研究问题的答案。这种情况下，你是在组织和精炼数据，而不是开始分析数据。

数据分析是做质性研究时为数不多的几个，也许是唯一一个存在优选方法的方面。正如刚才描述的场景，在质性研究中分析数据的首选方法是与数据收集同时进行。在一项质性研究的开始，调查人员知道问题是什么，并选择了一个立意样本来收集数据以解决问题。但是，研究者不知道将会发现什么，关注什么或者关注谁，以及最终的分析会是什么样的。最终的成果由收集的数据和伴随整个过程的数据分析所形成。如果不进行持续的分析，需要处理的大量材料中的数据可能会无重点、重复、令人不堪重负。而收集时已经分析的数据则既简约又富有启发性。

同时进行数据收集和分析既可以发生在研究现场之内，又可以发生在研究现场之外。也就是说，你可以在收集数据的过程中以及在各数据收集活动之间进行一些基本的分析，如第二个场景所示。波格丹和比克伦（2011）对分析正在收集的数据提出了10个有用的建议：

 1. 尽量缩小研究范围。"你必须控制自己，不要探寻所有的东西……否则，你得到的数据很可能太过分散并且不适用于你的研究。你给定一个话题、背景或主题，获得的数据越多，你就越容易深入思考，当你尝试进行最终分析时，工作效率也就越高"（p.161）。

 2. 确定研究类型。"你应该试着在你自己的头脑中弄清楚，例如，你是否想对一个背景做完整的描述，或者你是否有兴趣生成某个特定方面的理论"（p.161）。

 3. 进行问题分析。"一些研究人员对研究提出了一般性问题。这些问题很重要，它们聚焦于收集数据，并有助于在研究过程中组织数据。我们建议你在进入这个现场后不久，就要评估你带来的哪些问题是相关的，哪些应该重新制定以指导你的工作"（p.161）。

 4. 根据已有的观察结果设计数据收集过程计划。回顾现场笔记和备忘录，"并计划在下一次数据收集过程中要追踪的具体线索"（p.163）。

 5. 在研究中尽你所能写很多"观察者评论"。"这个设想是为了激发你对所看到的事物进行批判性思考，并让你不只是做录音机工作"（p.163）。（见第六章关于撰写观察者评论的建议）

 6. 给自己写一份备忘录，记录下你所学的内容。"写备忘录的时候可以反思在场景中提出的问题，以及思考它们如何与更丰富的理论、方法和实质问题相关联"（p.165）。

 7. 在参与者身上验证各种想法和主题。当你访谈参与者的时候，你可以询问他们对你开始从数据中发现的某种模式或主题的看法。"虽然不是每个人都会被问及，也不是所有你听到的都可能有帮助，但是在适当的情况下，关键的信息提供者可以帮助你进行分析，特别是填补描述的漏洞"（p.165）。

8. 当你在现场时可以开始研究相关文献。"当你在现场工作了一段时间之后，阅读研究领域的相关文献可以加强分析"（p.169）。（实际上我们建议，与其开始研究文献，不如综述一下你在确定你的研究时参考过的文献，见第四章）

9. 运用隐喻、类比和概念。"缺乏远见困扰着大多数研究。问这样一个问题，'这让我想起了什么？'"（p.169）。

10. 使用视觉设备。试着将你了解到的关于这个现象的内容可视化，可以使你的分析更加清晰。

数据收集和分析确实是一个可以无限延长的持续过程。几乎总还有一个人可能会被访谈，还有一个观察可能会开展，还有一个文本需要被分析。你应该什么时候停止调查阶段，并开始集中的数据分析？你怎么知道你已经收集了足够的数据？这个问题的答案取决于一些非常实际的和理论的问题。在实际层面，你可能已经耗尽了分配给这个项目的时间和金钱，或者耗尽了心力和体力。理想情况下，这个决定将更多地基于饱和度的概念。当持续的数据收集没有对你所研究的现象产生新的信息或见解时，就会发生饱和。例如，当你继续访谈的时候，你开始意识到你听到的和你之前听到的一样，没有新的信息出现，或者一些趣闻对于收集信息的努力来说相对次要。此外，对数据的持续分析已经产生了类别、主题或者结果，这些足以覆盖在以后的数据收集中出现的内容。

二、管理数据

在研究早期需要设计好一些组织和管理数据的系统。这涉及编码，遗憾的是，这个术语使已经很神秘的数据分析过程更加神秘。编码只不过是为数据的各个方面分配某种类型的简略命名，由此可以轻松地检索数据的特定部分。命名可以是单个词、字母、数字、短语、颜色或这些的组合。最常见的编码是"一个词或短语，它象征性地为一部分语言或视觉数据赋予了一个总结性的、显著的、抓住本质的和（或）唤起回忆的属性"（Saldaña，2013，p.3）。

每次访谈、每组现场笔记和文本都需要标识符号，这样你就可以根据需要在分析和撰写调查结果时使用这些符号。这个基本的组织结构很容易被忽视，因为在收集数据的时候，你会觉得你永远不可能忘记事件发生的地点和时间，或者你刚刚访谈过的人的性格特征。然而，经过 10 次访谈之后，你很可能就已经忘了之前参与者的特征。几个月之后，你可能已经忘记了很多数据。因此，当你收集数据时，重要的是要根据与你的研究相关的方案和研究所依据的理论框架进行编码。例如，在对马来西亚传统医师如何诊断和治疗癌症的研究（Merriam & Muhamad，2013）中，每次访谈都有编码，也就是分配描述性符号，包括化名、地点（乡村、城市）、年龄、性别、从业年限和从业类型（传统医师有两种类型：一种是使用草药、草根和植物的人，他们被称为萨满；另一种是主要使用古兰经的经文，他们被称为伊斯兰或古兰经医师）。这使得研究人员能够获得一份特定的访谈记录，或者根据任意编码维度或维度组合从整组数据中找出若干份记录，如农村环境中的伊斯兰医师。

在准备数据分析时，你还需要记录自己的想法、思考、推测和直觉。这类信息可能与原始数据交织在一起（如田野笔记中的观察者评论；请参阅第六章），或者可能存在于单独的文本或备忘录中。与其雇用他人，不如自己转录访谈记录，这是对数据产生洞察力和直觉的另一种方式。在理想情况下这些信息可以记录在你的田野笔记、访谈记录的页边空白处或者单独的备忘录中，但这些信息实际上只是初步的分析。当你在新出现的分析与访谈、田野笔记和文档的原始数据之间游移时，这些观察或推测将对你非常有帮助。

重要的任务是创建整个数据集的目录。在收集或分析数据时，你需要确切地知道你在访谈、田野笔记、文档、人工制品、备忘录等方面有什么。这个数据集需要根据一些组织方案进行组织和标记，该方案对研究人员来说是有意义的，并且使你能够在任何时候都可以访问任何数据片段。你的整个数据集的电子副本或复印件，连同你的组织方案，应该与你进行分析时实际使用的数据集分开。移动硬盘会丢失或损坏、电脑崩溃、装有数据复印件的公文包被盗等可怕的事情比比皆是，解决这个问题并确保数据不会丢失的一种方法是将数据存储在多个地方，包括进行云存储。

当然，你可以手动组织所有这些内容，一些质性研究人员的确会这样做。管理数据的另一个选择是使用为质性研究设计的计算机软件程序。第三种选择是人工管理和计算机管理相结合。至少，文字稿和现场笔记很可能已经被转录，复印件也会有一个计算机文件备份。一些可用于数据管理的文字处理程序已经足够复杂。事实上，不管是熟练的研究人员还是新手研究人员，都已在广泛使用为质性数据分析而设计的计算机软件程序或文字处理程序了。（见本章后面关于计算机和质性数据分析的小节）

三、如何分析质性数据

大多数新手研究人员可以做到通过观察、访谈和文本来收集质性数据，并能通过实践做得更好。但分析数据是一项更为艰巨的任务，尤其是面对一大堆在收集过程中没有进行初步审查的数据时。在我们从事质性研究和教学以及指导博士生如何进行质性研究的多年经验中，数据分析是整个过程中最难的部分。这一点上，对歧义的容忍度最关键，新手研究员经常会说："如果我没有发现什么呢？"同样，根据我们的经验，人们可以阅读有关数据分析的内容，甚至可以选修数据分析的课程，但直到你用自己的数据试图回答自己的研究问题时，你才能真正看到数据分析在质性研究中是如何"工作"的。话虽如此，在本章的这一小节中，我们提出了一个非常基本的策略来分析质性数据。我们认为质性数据分析主要是进行归纳和比较。因此，我们大量借鉴了格拉泽和斯特劳斯（1967）首次提出的数据分析的连续比较法，并将其作为发展扎根理论的方法。数据分析的连续比较法就是归纳和比较，所以在整个质性研究中被广泛使用以得出结论（Charmaz，2014）。只有当使用连续比较法建立一个实质性的理论时，这项研究才被认为是一项扎根理论研究（见第二章）。

（一）数据分析的目的

数据分析是将数据变得有意义的过程。从数据中获得意义包括整合、删减和解释人们所说的以及研究人员所看到的和读到的内容。这是一个创造意义的过程。数据分析是一个复杂的过程，需要在具体的数据和抽象的概念之间、在归纳和演绎推理之间、在描述和解释之间来回游走。这些意义、理解或见解构成了一项研究的成果。研究结果可以是有组织的描述性叙述、主题或贯穿所有数据的分类，也可以是解释数据的模型和理论。每一种形式都反映了不同的分析层次，即从简单描述的具体事物到理论建构的高度抽象。

但是，从这些数据中获得意义意味着什么呢？数据分析主要是用来回答研究问题的过程。第四章阐述了如何设计一项质性研究，并将确定研究目的和研究问题作为研究过程的中心。质性目的陈述探求事情是如何发生的，什么是重要因素等内容。一个目的陈述通常包含几个研究问题作为其子成分。例如，目的陈述是"这项研究的目的是了解成年人如何应对威胁生命的疾病"，你可能会有几个研究问题：过程是什么？什么样的背景和个人因素影响了这个过程？疾病是如何影响他们的自我意识的？从你的数据中，你会想推导出一个过程，确定影响过程的因素，确定疾病如何影响他们现在对自己的看法。这些对研究问题的回答就是你研究的结果。所以实际上，数据分析的目的是为研究问题找到答案，这些答案也被称为类别、主题或调查结果。

数据分析的整个过程从识别数据集中回应研究问题的部分开始。这部分是一个数据单位，是研究问题的一个潜在答案或部分答案。一个数据单位是任意有意义的数据片段（或一个潜在的有意义片段。在一项研究的开始，研究人员不确定什么最终是有意义的）。一个数据单位可以小到参与者用来描述某种感觉或现象的单词，也可以大到几页描述特定事件的田野笔记。

根据林肯和古帕（1985）的说法，一个单位必须符合两个标准。首先，它应该是启发式的。也就是说，该单位应该揭示与研究相关的信息，并激发读者超出特定信息的范围去思考。其次，单位应该是"关于可以独立存在的事物的最小信息，也就是说，除了对进行调查的背景的广泛理解，它必须在没有任何其他信息的情况下也可以解释得通"（p.345）。

任务是将一个信息单位与下一个信息单位进行比较，以寻找数据中重复出现的规律。该过程是将数据分解为信息块，然后分配"给不同的类别或等级，从而以新的方式再次将信息块组合在一起。在此过程中，我们开始更清楚地区分将数据分配到一个类别或另一个类别的标准。然后可以细分某些类别，而其他类别则归入更抽象的类别"（Dey，1993，p.44）。

有关如何获取和分类原始数据的简单而生动的案例，比如考虑在杂货店中对两百个食品名目进行分类的任务。研究中的这两百个食品名目就是有待分析的信息块或数据单位。通过将一个名目与另一个名目进行比较，可以将这两百个名目分类为任意数量的类别。例如，从一盒麦片开始，你可以询问下一个名目（橙子）是否与第一个相似。显然不相似，那么现在有两个组可以或不能用来放置下一个名目。通过此过程，你可以将所有名目分类到你选择的类别中。一种方案可能将物品分为新鲜、冷冻、罐装或打包商品。或者你可以按颜色、重量或价格分类。更有可能的是，你可以将物品划分为杂货店常见的类别：肉类、乳制品、农产品、罐头食品等。这些类别会是相当全面的类别，每个类别都可以进一步细分。例如，农产品包括水果和蔬菜等子类别。水果包括柑橘类和非柑橘类、国产的和进口的。通过比较，所有这些方案都从数据，即食品名目中产生。用于对数据进行分类的类别和方案是研究重点的反映。

（二）循序渐进的分析过程

在本小节中，我们使用术语"类别"，它常用于大多数涉及基础数据分析的文章中，然而，应该记住，在我们看来，类别与主题、模式、成果或研究问题的答案同样重要。类别构建也是数据分析，应该牢记我们之前讨论的关于此过程的所有阐述，最重要的是数据分析最好与数据收集一起完成。一旦所有数据都到位，通常会进行一段时间的深入分析，初步调查结果会得到证实、修订和重新调整。

构建类别

在研究中构建类别开始于阅读第一次访谈记录、第一组现场笔记、收集到的第一份文本。例如，当你阅读访谈记录时，你会在边缘记下笔记、评论、观察结果和疑问。这些数据旁边的标记会让你感兴趣，可能是相关信息或对你的研究很重要。想象自己在与数据进行对话——提出问题、做出评论等。在可能回答研究问题的数据旁做标记的过程也称为编码。由于你刚刚开始分析，因此可以在识别任何可能有用的数据时自由扩展。因为此时你对任何可能的数据持开放态度，所以这种编码形式通常称为开放式编码。你在页边空白处（或插入计算机文件中）记录的内容可以是参与者具体话语的重复、你的话语，或是相关文献中的概念。案例 8.1 呈现了研究从失业转变为成功女企业家的非洲女性的一小部分数据的开放式编码（Ntseane，1999）。在这一部分访谈中，研究人员探索了这些女性如何学习商业知识。请注意右侧显示的代码，这是对这些女性如何通过学习成为女企业家这一问题的初步回应。

案例 8.1	必要的学习及其如何获得	
1. 研究者：现在让我们谈谈培训。你是如何学习自己做		
2. 生意的？		
3.		
4. 参与者：你看，我没有接受过太多的学校教育。所以我在小学对		
5. 生意没有任何了解。我只是利用自己的经验开始做生意。在这种		经验
6. 文化中，我们相信可以复制他人的经验。我从		复制他人
7. 第一份店铺助手的工作中，偷学了我在生意中使用的商业管理体系。		

8. 他们教会我如何对待顾客，特别是我必须友好，对顾客微笑，并尊重顾客。

9. 我之前知道这些事情，但我当时并不知道这对生意很重要。

10. 他们还告诉我如何跟踪我出售的货品，诸如此类的事情。

11. 其次，我从姐姐那里学到了很多像我这样在哈博罗内做　　　　　　　　　姐姐

12. 类似生意的女企业家如何经营她们的生意。

13. 这种学习经历和我的常识在这项业务的初始阶段非常有用。　　　　　　　常识

14. 一旦我开始做生意，那么，就可以从实践中学习。　　　　　　　　通过实践

15. 例如，你面对问题，你头脑中记住这次是如何成功应对的，下一次危机时就会奏效。

16. 随着生意的扩大，我从其他女性身上学到了很多东西。　　　　　　　其他女性

17. 我和她们谈论生意，特别是与那些做类似生意的人谈论，

18. 比如和我一起去南非做商业采购的人，

19. 那些与我的生意、员工、顾客和家庭比较相关的生意经营者。

20. 你只需要谈论你的生意，向其他人学到的东西是无止境的。

21.

22. 研究者：非常有趣。其他女企业家也向你学习吗？

23.

24. 参与者：当然（不大自信地笑）。在生意中，我会和她们在一起。

25. 你看到她们犯了错误，遭受了苦难，她们不希望那些追随她们的人也经历那种痛苦的经历。

26. 我遭遇过南非劫匪的殴打，

27. 被这个国家拥有很大权力的男人羞辱过，

28. 而且我发誓我不希望看到任何女人经历这些。

29. 这就是让我坚持做生意的原因，那就是作榜样或安全卫士为其他人服务（笑容多了）。

30. 我努力接触新的女企业家并向她们提供帮助，

31. 让她们知道我的大门是敞开的，

32. 她们可以向我询问任何会对她们的生活和生意产生影响的事情。

资料来源：Ntseane（出版日期不明）。经许可转载。

　　开始构建类别的方式是为数据分配代码。在以这种方式完成整个记录之后，你会回顾页边笔记和注释（代码），并尝试将这些注释和笔记进行分组。这类似于在杂货店的案例中对物品进行分类。例如，使用案例 8.1 右侧的编码，你可以将"复制他人""姐姐"和"其他女性"组合到"向他人学习"类别中。这种对开放式编码进行分组的过程有时被称为轴心编码（Charmaz，2014；Corbin & Strauss，2015）或分析性编码。分析性编码超越了描述性编码，是"源自于对意义解释和反思的编码"（Richards，2015，p.135）。将这些分组的连续列表附在访谈记录上、单独的纸张或备忘录上。在开始查询时，此列表可能相当长，因为你还不知道其他数据会如何出现。你也不知道哪些分组可能归入其他分组。

　　转到下一组数据（访谈记录、田野笔记或文档），你将以与刚刚概述的完全相同的方式对

其进行浏览，同时记住从第一个记录中提取的分组列表，并检查它们是否也出现在第二组中。你还可以从第二组中单独列出评论、术语和注释，然后将此列表与从第一个记录中派生的列表进行比较。然后，将这两组列表合并为一个从两组数据派生的概念总列表。这个总列表构成了数据的原始轮廓或分类系统，反映了研究中反复出现的规律或模式。这些模式或规律成为对后续项目进行分类的类别或主题。类别是"覆盖"或跨越该类别的许多单个示例（或你先前识别的数据块或单位）的概念元素。如图 8.1 所示，三个较小的背景框表示了从中派生类别的元素。图 8.1 中关于农村低文化程度的女性如何学习成为企业家的记录部分，在开放式编码中被认为是重要的部分。"复制他人（第 6 行）""姐姐（第 11 行）"和"其他女性（第 16—17 行）"合并为暂定的"向他人学习"这个类别。

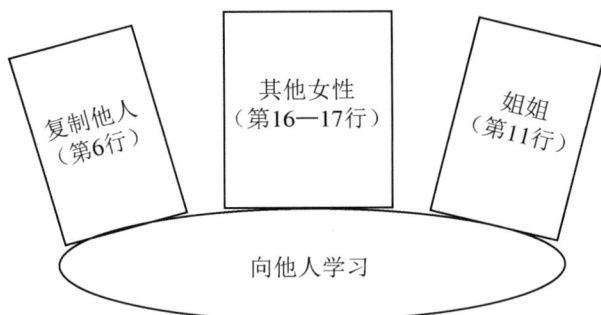

图 8.1　从数据中导出类别

构建类别或主题所面临的挑战是捕捉到贯穿全部数据的重复模式。应该清楚的是，类别是从数据派生而来的一种抽象，而不是数据本身。用格拉泽和斯特劳斯（1967）的话来说，这些类别除了与产生它们的数据有关，还有自己的生命。

数据分析是一个复杂的过程。我们有时会将其视为一种辩证法，你可以在全局（"森林"）和细节（"树木"）之间转换。以下过程能够帮助你考虑如何分析数据。

1. 首先考虑一下研究目的。你试图找到或实现什么(如果这是一项行动研究的话)？

2. 其次考虑认识论框架的视角，并通过那个视角进行观察。如果你正在使用一种现象学的理论框架，则要关注人们如何体验这种现象。如果你正在使用一种建构主义框架，则要关注人们如何建构知识或意义。如果你正在使用批判理论、结构/后结构女性主义框架，或是批判种族理论，请（分别）基于阶级、性别、种族或交叉使用来思考权力/生活体验。

3. 对数据进行编码，重点关注与研究目的及问题相关的模式和见解，并以研究的理论框架为指导。在这里想想"树木"。阅读数据集，并在页边标记与研究主题相关的互动或对话内容。这是一种开放式编码，可以使用回应研究问题的词或短语来描述任何数据。在开放式编码中，你很可能会重复受访者使用的词或短语。有时你可能会使用他们的话语作为术语或概念。

4. 稍后你会有很多"树木"（数据代码），你可能会忘记研究的内容。所以在这里，从数据中退一步，思考"森林"。当你思考这项研究时，出现的主题是什么？你收集了哪些主要见解？你的研究问题的答案是什么？

5. 回到"树木"上。"树木"（个别数据块）是否支持你在"森林"中看到的内容？

6. 尝试使用"连续比较法"（或其他一些方法）开发一些类别。将上面开放式编码的代码组合成更少、更包容的类别。有人称之为轴心编码。

在第4步和第5步以及第5步和第6步之间，定期思考你在认识论或理论框架之外带入研究的偏见。你可能会根据自己的信仰和生活经历向数据投射什么？你的"关系结构"或"社会地位"如何影响你所看到的内容？你是如何防范自身可能存在的偏见的？

对类别和数据进行整理

在分析开始时，你很可能会生成许多个暂定类别。随着时间的推移，在为数据分配代码、主题或类别名称的过程中，你应该在单独的备忘录中编辑这些内容，并保留那些似乎适用于多个访谈记录或一组田野笔记的内容。随着研究的进行，你可能会重命名一个类别，以更准确地反映数据中的内容。一些原始类别可能会成为子类别。例如，在前述成功女企业家的访谈数据中，随着对几次访谈记录的分析和编码，向家庭成员学习最终成为"向他人学习"类别下的子类别。"家庭成员"和"其他女企业家"是两个子类别。一旦你对从数据中得出的一组初始类别感到满意，就可以通过在数据中搜索更多更好的相关信息单位来充实这些类别并使之更加全面。在执行此操作时，你的初始类别集可能会进行一些修订。这个精炼和修改的过程实际上在撰写研究成果时仍在继续。

一旦你获得了类别、主题或成果的暂行方案，需要将支持方案的所有数据整理到相应类别中。马歇尔和罗斯曼（Marshall & Rossman，2016）将这些类别可视化为"放置数据片段的桶或篮子"（p.224）。这是通过创建文件夹来完成的，每个文件夹都标有类别名称。然后，将该主题编码的每个数据单位进行剪辑并放入文件夹中。这当然可以手动完成（通常是小规模的研究）或者使用计算机文字处理程序。放置在类别中的每个数据单位应包括原始识别代码，如调查对象的姓名、摘录的行号等。这将使你在想要查看引文的上下文时，能够返回原始的访谈记录、现场笔记或文本中查找。

人们已经开发了许多计算机程序来存储、分类和检索质性数据。一些研究人员还设计了采用强大文字处理套件或数据库程序的系统。访谈记录、观察记录等被逐字输入计算机程序。研究人员处理特定的数据集（如访谈记录、田野笔记、书面文本材料）以分析数据，在页边做笔记，并如前所述那样生成主题或类别。为类别设置文件并输入相应的数据。然后，研究人员可以按类别检索来打印所需的数据集。对于相同的信息单元，可以进行多级编码。（有关质性研究中使用计算机的更多讨论，请参阅本章有关计算机和质性数据分析的小节）

类别构建具有高度归纳性。首先是从详细的数据块或数据段开始，将那些似乎相配的数据单位聚集起来，然后"命名"这个群集。这是一个类别、主题或成果。当你收集数据时，特别是如果你一直在分析数据，你能够通过随后的访谈、观察或文本材料"检查"这些暂定的类别。在这一点上，有一种微妙的转变，即转变为稍带演绎的思维方式——你有一个类别，你想看看它是否存在于后续数据中。新手研究者思考这个问题的另一种方式也与我们上面概述的"森林和树木"类比相关。"森林"代表了全局，即初始的类别列表，研究人员可能从数据中归纳出来。寻找与"森林"匹配的"树木"或数据块便是转变为演绎的思维方式。当达到饱和状态时，你意识到不会有新的信息、见解或理解出现，你很可能会以演绎而不是归纳的方式思考。也就是说，你现在主要使用数据来测验你暂定的类别方案。从归纳到演绎的这种变化如图 8.2 所示。

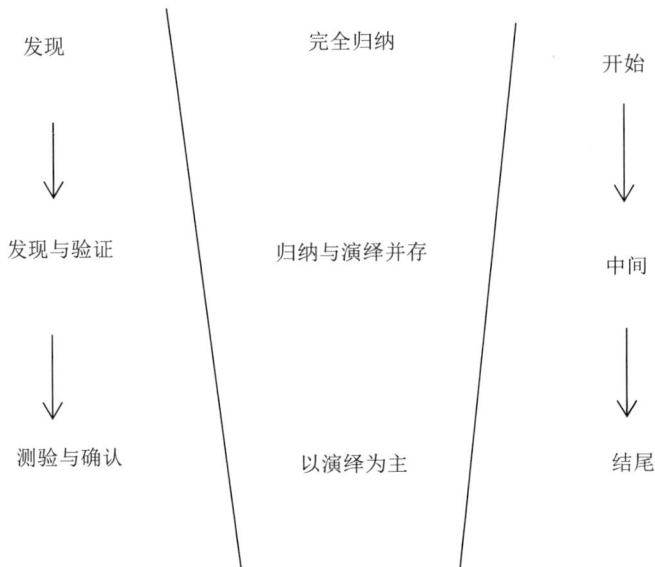

发现	完全归纳	开始
↓		↓
发现与验证	归纳与演绎并存	中间
↓		↓
测验与确认	以演绎为主	结尾

图 8.2　数据分析的逻辑

在研究开始时，分析策略是完全归纳的；你正在查看数据的各个部分，并从中获取暂定类别。在收集和分析更多的数据时，你会在分析后续数据时开始检查从早期数据派生的类别是否成立。随着进一步收集和分析数据，一些类别将保持不变，而其他类别将经不起推敲。当临近研究结束时，你会以演绎的方式进行操作，因为你正在寻找更多证据来支持你的最终类别。当达到饱和状态时，也就是说，当没有新的东西出现时，你将处于演绎模式。

命名类别

设计类别在很大程度上是一个凭借直觉的过程，但也是系统性的，并且受到研究的目的、研究者的目标和知识以及参与者自身阐明的意义等方面的影响。你可以从第四章回忆起每个研究都有一个理论框架。也就是说，每一项研究都处于某些文献体系中，为你准备了提出目的陈述和研究问题的工具。由于类别、主题或成果会回答（提供答案）这些研究问题，因此这些类别的名称应与研究的方向一致。

你的类别/主题/成果的实际名称可以至少有三个来源（或这些来源的混合）：（1）你自身，即研究者；（2）参与者的准确表述；（3）研究之外，最有可能来自与主题相关的文献。在最常见的情况下，调查者会提出反映他在数据中所见内容的术语、概念和类别。在第二种方法中，数据可以按照参与者自己提出的方案进行组织。例如，波格丹和比克伦（2011）发现，在医院的婴儿重症监护室，专业人员会将父母分类为"好父母""不太好的父母"或"制造麻烦的父母"（p.175）。

除了参与者自己提出的类别，还可以从当前研究之外借用分类方案。应用他人方案的前提条件是其类别与本研究的目的和理论框架相互兼容。浏览数据库以确定借用他人分类的适合度，然后将数据分类到借用的类别中。

然而，使用借用的分类方案也存在一些危险，因为会在数据分析中产生偏见（Gray，2014）。正如格拉泽和斯特劳斯（1967）在他们最初讨论数据分析的连续比较法时指出的那样，"仅仅用为其他理论建立的类别来选择数据，往往会阻碍新类别的产生，因为主要的努力不在于产生类别，而在于数据的选择。此外，自然浮现的类别通常是最相关的，也是最合适的数据"（p.37）。

如案例 8.2 所示，数据分析过程中构建的类别应符合以下几个标准：

案例 8.2 类别、主题或成果的标准
必须回应（即回答）研究问题和……
1. 详尽无遗（类别足以涵盖所有相关数据）；
2. 相互排斥（相关的数据单位只能放在一个类别中）；
3. 尽可能对数据敏感；
4. 在概念上一致（所有类别都处于相同的抽象层次）。

● 类别应该与研究目的相对应。实际上，类别是研究问题的答案。金（Kim，2014）关于中年工人向退休后再就业的职业转变过程的成果（类别或主题）之一是，参与者在之前的职业生涯中经历了不安定。这一类别"在之前的职业生涯中经历了不安定"成为其研究目的"确定职业转型步骤"的"答案"的一部分。

● 类别应详尽。也就是说，你应该能够将你认为重要或与研究相关的所有数据放在类别或子类别中。

● 类别通常应该相互排斥。特定的数据单位应仅适用于一个类别。如果可以将完全相同的数据单位放入多个类别中，则需要更多的概念来优化你的类别。然而，这并不是说句子的某一部分进入一个类别或子类别，而句子的其余部分不能进入另一个类别或子类别。

● 类别应具敏感性。类别的命名应尽可能对数据中的内容敏感。外部人士应该能够读懂类别并了解其性质。捕捉现象的意义，越准确越好。例如，类别"时间"并不像"时间管理"类别一样能揭示更多的内容。在另一个例子中，"挑衅行为"并不像"对成年权威人物的挑衅"那样具有敏感性。"领导力"并不像"变革型领导力"那样具有敏感性。

● 类别应该在概念上一致。这意味着同一级别的所有类别应具有相同的抽象水平。在前述的杂货店示例中，不应根据农产品、罐头食品和水果对物品进行分类。虽然农产品和罐头食品处于同一概念水平，但是水果是一种农产品，应该构成农产品的子类别。例如，恩特塞内（Ntseane，2004）在对博茨瓦纳妇女成为成功企业家的研究中，发现了三种类别的学习形式：（1）商业活动前的非正式技能培训；（2）正式技能培训；（3）商业嵌入式学习。这些类别中的每一个都有子类别。例如，商业活动前的非正式技能培训来自家庭成员、工作观察和常识。

概念一致性可能是最难应用的标准。调查者通常沉浸在他们的数据和分析中，以至于他们很难看出一组类别放在一起是否有意义。根据所有标准来检查类别方案的最佳策略之一是以图表或表格的形式显示类别集，这可以像单字类别列表一样简单。例如，在对简单回忆结构的研究（Merriam，1989）中，类别或成果显示在由四个术语组成的列表中，即选择、浸入、撤回和关闭。数据显示也可能非常复杂（Miles，Huberman，& Saldaña，2014）。关键是通过在你面前展示成果的基本结构，你可以看到类别是否处于相同的抽象水平以及所有部分如何组合在一起。最后，通过在展示内容的顶部写出目的陈述，你可以立即查看类别是否是研究问题的答案。

有多少类别？

研究人员构建的类别数量取决于数据和研究重点。无论如何，这个数量应该是可以管理的。根据我们的经验，类别越少，抽象水平越高，你可以更轻松地将你的发现传达给他人。克雷斯韦尔（Creswell，2013，p.184）也持有相同意见，在研究中他更喜欢在数据分析的早期使用25～30个类别，然后努力"减少并将它们组合成最终用来写下叙述的五六个主题"。大量的类别很可能反映了具体描述中过于烦琐的分析。几年前，古帕和林肯（1981）对于创建既有全面性又有启发性的类别提出了四个指导方针，以适用于那些在当前背景下进行质性研究的人员。第一，提及某事物的人数或数据中出现某事物的频率会表明重要性维度。第二，读者可以确定什么是重要的，也就是说，某些类别对于不同的读者来说或多或少都是可信的。第三，某些类别因其独特性脱颖而出，应予以保留。第四，某些类别可能会揭示"未被意识到的调查区域"或"在其他常见问题上产生独特的影响力"（p.95）。

一些指南可以帮助研究者确定一组类别是否完整。首先，应该有最低限度的数据，这些数据应是研究者认为在理解现象时能够带来启发，但无法归入任何类别或子类别的数据。其次，这些类别集是基于数据而提出的，因而是合理的，并且能够使独立调查人员同意这些类别就数据而言是有意义的。该策略有助于确保信度和效度，这会在第九章中进一步讨论。

变得更加理论化

在质性研究中可以进行多级数据分析。在最基本的层面上，数据按时间顺序排列或以主题方式组织，并且大多以具有描述性的叙述形式呈现。从可观察数据的具体描述转向更抽象的层次需要使用概念来描述现象。例如，研究人员可能会根据研究问题将课堂互动视为"学习""对抗"或"同伴支持"的实例，而不仅仅是描述课堂互动。如前所述，这是将数据系统地分置在由类别或主题组成的某种方案的过程中。类别描述了数据，但在某种程度上也解释了数据。第三级分析涉及推理、开发模型或生成理论。这是一个从"经验区域向更加概念化的全景转换的过程。我们不再只是处理可观察的事物，而是处理不可观察的事物，并用连续的推理作为载体将这两者连接起来"（Miles，Huberman，& Saldaña，2014，p.292）。

思考数据（即理论化），是朝着发展一种理论而迈出的一步，这种理论解释实践的某些方面、允许研究人员对未来活动进行推论。理论化被定义为"发现或处理抽象类别和类别之间关系的认知过程"（LeCompte & Preissle，1993，p.239）。理论化充满了含糊之处。对于大多数质性研究者而言，"试图超越数据而进入推断中的想象之地"（p.269）是一项艰巨的任务，因为其过于接近数据，无法明确表达研究的重要性，也无法转变为推断性的思维方式。认为数据是线性的而与情境无关也会阻碍对数据的理论化。

质性数据分析旨在确定主题、类别、模式或研究问题的答案。"作为一名质性分析者，没有统计检验来告诉你什么时候观察或什么模式很重要，你必须首先依靠自己的意会、理解、智慧、经验和判断"（Patton，2015，p.572）。当你邀请参与者评论对其经历的解释时，参与者的回复也很重要（请参阅第九章中的"参与者检查"）。作为对解释的意义的第三次检查，请注意"阅读和审查研究结果者的反应"（p.572）。

然而，经常需要在形成类别之后继续分析数据。尤其是当研究人员知道类别方案并不能说明整个故事时，也就是说，现象中存在有待了解的更多内容。这通常会导致尝试以某种有意义的方式将概念元素（即类别）联系在一起。尝试这一点的最佳方法之一是将类别如何协同工作可视化。模型就是抽象概念（类别）如何相互关联的视觉呈现。即使是使用数据分析的类别和子类别的简单图表或模型，也可以有效地描述成果的相互作用或相关性。

以下是两个案例，说明了研究的类别和属性（研究成果）如何以有意义的方式联系在一起。第一个案例来自对成年男性学生选择参加护理教育课程却在毕业前就选择退学的原因的研究。布兰肯希普（Blankenship，1991）采访了已经退学的男性护理专业学生以及完成学位课程的学生，以找出区分毕业生与退学者的因素。案例8.3显示了她的成果或类别。

案例8.3　　影响入学和毕业或未毕业的因素
入学因素
A. 向上流动性
B. 家庭支持

毕业因素

A. 目标定向

   1. 清晰度

   2. 可接近

B. 形象

   1. 护理

   2. 作为护士的自我

C. 学生角色的显著性

资料来源：布兰肯希普（Blankenship，1991）。

向上流动性和家庭支持这两个因素表明了毕业生与退学者选择护理专业的动机。目标定向、形象和学生角色的显著性这三个因素解释了为什么有些男学生完成了护理课程而另一些男学生则没有完成。毕业生对获得副学士学位会得到什么（目标明确）以及完成该学位需要多长时间（目标达成）有更为现实的了解。毕业生对护理职业和护士角色都有更真实的印象。同样，对于毕业生来说，面对来自家庭或工作的危机，护理专业学生的角色不会被放弃。对于退学者来说，在面临危机时学生角色最早被牺牲。布兰肯希普认为，上述因素并未完全传达出她对该现象的理解。在图 8.3 中，她采用了案例 8.3 中显示的类别，并绘制了流程图。如图所示，所有进入护理专业的学生的信念都是成为一名护士，这将使他们在社会和经济上向上流动，他们也得到了家庭支持。一旦进入这个专业学习，他们的付出就会经过布兰肯希普所确认的因素筛选，这些因素区分了毕业者和退学者："目标定向、形象和学生角色的显著性相互作用，从而导致学生从这一专业中毕业或退学"（p.88）。

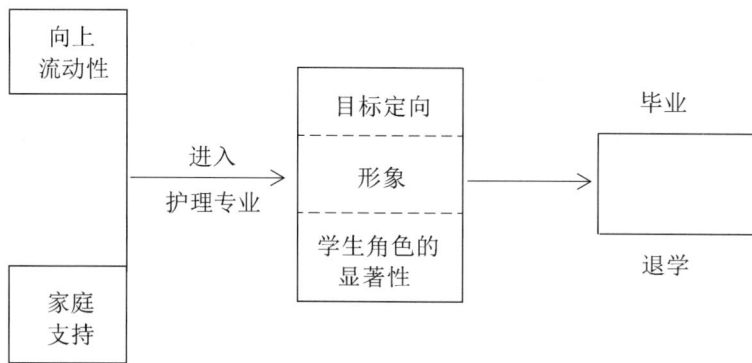

图 8.3　解释进入护理教育专业和在该专业中持续学习的模型

资料来源：布兰肯希普（Blankenship，1991）。

在布兰肯希普的研究中，她的分析出乎意料地以模型的形式对其发现进行了更具理论性的介绍，而奥尔斯顿（Alston，2014）与布兰肯希普不同，她开始着手建立关于跨文化指导关系的扎根理论。具体来说，她的研究探索了黑人女性导师与白人女性博士生之间的跨文化指导关系。她介绍了她发现的有关导师和被指导者的三种主要因素类型（pp.65−66）：（1）她们在压迫和特权方面共有和不共有的文化（围绕女性、母亲和种族）；（2）她们在不同文化中的谈判方式（通过年龄、学术角色和角色逆转）；（3）她们共享的有意使她们的指导关系发挥作用的文化（通过信任、沟通和学习）。这三类是这种类型指导关系的背景，图8.4的维恩图中描绘的是它们之间的交汇点，这是她讨论的核心维度（回顾一下扎根理论通常具有核心类别）。这本质上是对数据的进一步理论化。

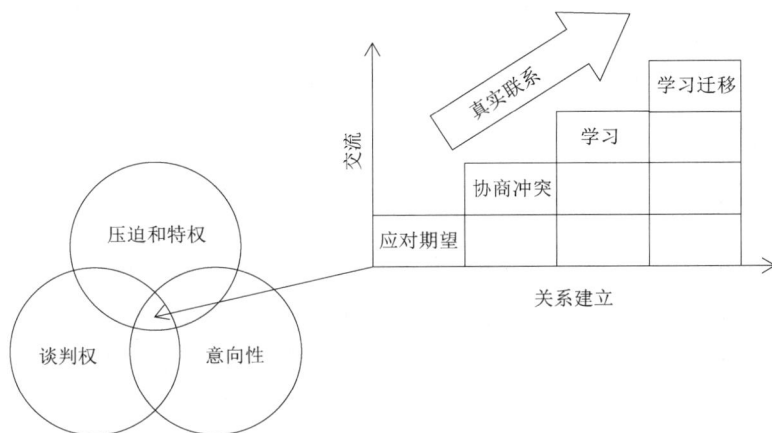

图 8.4　核心维度：真实联系的重要性
资料来源：奥尔斯顿（Alston，2014，p.119）。经许可转载。

在奥尔斯顿的研究中，进行真正跨文化指导的关键是核心维度，她称之为"真实联系的重要性"（见图8.5）。她强调了沟通和建立关系的重要性，以及关键要素（包括应对期望、协商冲突、学习和学习迁移）是产生双方真实联系的原因。这些要素对于互利的跨文化导师制至关重要。鉴于处理压迫和特权、谈判权和意向性的文化背景，这个核心维度实质上是其研究的进一步理论化和扎根理论。

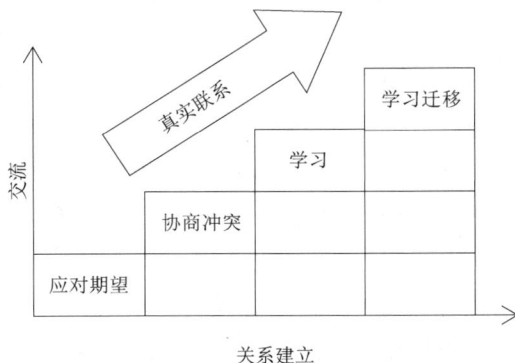

图 8.5　核心维度细节
资料来源：奥尔斯顿（Alston，2014，p.121）。经许可转载。

这里的重点是考虑类别和子类别并推测它们之间如何相互关联才可能让你发展出这些相互关系的模型甚至是一种理论。当你将类别及其属性进行缩小、精炼并连接在一起时，分析是朝着进行解释数据含义的模型或理论的方向发展的。这种分析层次超越了类别的形成，因为理论试图解释大量现象并指出它们之间的关系。你可能还记得，数据分析的连续比较法是格拉泽和斯特劳斯（1967）为了建立扎根理论而提出的。这将在本章稍后的"扎根理论"部分再次讨论。

总之，数据分析是使数据有意义的过程。这可以限定在确定如何最好地将材料整理成对研究成果的阐述。研究人员通常将分析扩展到正在发展的类别、主题或其他解释数据含义的等级。类别成为研究的成果。在一个对过程的优秀总结中，戴伊（Dey，1993）将质性数据分析与爬山看风景进行了类比。

> 首先，我们必须坚持认为常识中的高山是平坦世界的隆起，才能够提供更"科学"的视角……我们可以让高山具有任何大小和形状，如本科短期项目的小山丘，或大型研究项目的高峰……在大多数情况下，两者都需要完成许多相同的任务。高山是一点一点攀登的，而在攀登时，我们一次只专注于一步。但是，我们获得的观点不仅仅是我们沿途采取的一系列步骤的总和。每隔一段时间，我们就要转头看向地平线，并从一个新的高度观看四周……这次攀登，以其迂回的路径、突然的离题、明显的逆转以及崭新的远景，反映了分析过程的创造性和非连续性。进展可能很缓慢而且很费力，但是可以获得一些令人叹为观止的启示作为回报。（pp.53-54）

四、计算机和质性数据分析

计算机具有组织大量数据、便于分析和协助研究团队成员之间交流的强大功能。计算机的使用已演变成一个被称为 CAQDAS（或更常见的 QDAS）的子领域。CAQDAS 是计算机辅助质性数据分析软件（Computer Assisted Qualitative Data Analysis Software）的首字母缩写。波格丹和比克伦（2011）指出"辅助"在这里是关键词，因为"计算机程序仅作为组织或分类工具而没有帮助研究人员进行分析"（p.187）。吉布斯（Gibbs，2013）在最近对 CAQDAS 的评论中对此表示赞同，并指出"CAQDAS 并不是一种独特的分析方法或途径，而且该软件无法'进行'分析。相反，该软件的主要功能是帮助将分析组织起来。该软件只不过是像我现在使用文字处理软件来撰写本章节那样'进行'分析"（p.1）。

考虑到这一告诫，研究者可以在专门用于处理质性数据的几个软件程序中进行选择，或者使用基本的文字处理软件（如 Microsoft Word 或 Excel），并使之适用于质性数据处理。鲁纳（Ruona，2005）和哈恩（Hahn，2008）都认为这些文字处理软件和电子表格软件足以满足大多数质性数据分析的需要。他们详细描述了如何使文字处理软件适应管理和分析质性数据。本小节概述了如何在质性研究中使用计算机程序，它们的优缺点，并向读者提供了更多有关程序信息的相关资源。

无论研究者在质性研究中是用标准化商业程序，还是使用专门为此目的开发的程序，其主要用途都是数据管理。数据管理可以分为三个阶段：数据准备、数据识别和数据处理。数据准备工作包括输入注释、转录访谈记录，或者输入研究人员将要处理的数据。此外，数据准备可能还涉及细微的编辑或规范。其目的仅仅是创建一个进行工作的准确记录。即使稍后将数据与 CAQDAS 程序结合使用，标准化的文字处理软件通常还是这一阶段的首选软件。

数据识别作为第二阶段，如本章前面所述，是将编码分配给访谈记录、现场笔记、文本以及音频或视频文件。我们再次强调 CAQDAS 计算机程序不会像研究者一样能决定这些编码。吉布斯（2013）幽默地写道："该软件仍然是不可知论者……并不关心分析者采取这种标记的动机，而且它当然不理解对此标记的任何解释"（p.7）。在处理数据时，可以搜索、分类、检索和重新排列这些部分。

数据管理是分析的重要方面。首先，在质性研究中很难将"数据管理"与"数据分析"完全区分开。例如，编码和检索是一种常用的方法（无论有无计算机辅助）。编码就是根据内容对文本段落进行标记，而检索则需要提供一种方法来收集类似标记的段落。正如理查兹等人（Richards & Richards，1998）所指出的那样，"类别的产生，甚至是最简单的描述符号……也是对理论的贡献"（p.215）。

> 决定什么是研究的重要类别……以及在分析过程中是否应更改、重新定义或删除这些类别。其次，关于哪些文本部分与某个类别相关的决定绝不仅仅是事务性决定，它们总是涉及一些理论上的考虑。最后，根据一个主题或所选主题来查看许多文本中的片段，始终提供了一种看待数据的新方式。（p.215）

仅仅是减少编码和检索烦琐性就为数据分析提供了新途径。将单调乏味的质性分析自动化无疑使研究者能够创造性地观察数据不同方面可能存在的联结和关系。但是，分配编码（或名称类别）的是研究者，而不是计算机程序，即由研究者来确定哪些数据单位与编码相关。这就是我们认为分析是由这些计算机程序"辅助"的原因。

计算机程序使研究者能够为数据分配编码，然后检索到分配在特定编码下的所有数据。同一段数据可以在多个级别进行编码，这是在将编码"分类"为更抽象的类别或将类别细分为子类别时发生的。软件程序在实现编码之间的连接方面已经变得非常复杂。"这些连接也可以用来显示新兴理论的编码与结构之间的逻辑关系"（Kelle，2004，p.482）。尽管大多数程序仅限于"分层树形结构"，但某些程序（如 ATLAS.ti）"支持构建复杂的网络……和类别方案的结构"（p.483）。更复杂的搜索和检索模式还允许用户检索文本中同时出现的数据。这些同时出现的数据或编码如果不是用于初步的假设建立活动，则可以"被视为启发式策略"（Kelle，2004，p.485，原文中强调）。

显然，使用 CAQDAS 有许多优点。第一，这些程序为数据和分析提供了一个有组织的归档系统。数据被分类、归档并易于检索。"这节省了时间和精力，而这些时间和精力原本可能要花在枯燥的事务性工作上，如成堆的影印纸、带颜色的编码、在地板上分类成堆、切成小块、粘贴等。反过来，这使数据分析者有更多时间思考数据的含义"（Seale，2008，p.235）。第二，这些程序支持对数据进行仔细检查，从而增强了西尔（Seale）所谓的研究"严谨性"（p.236）。第三，"计算机程序的概念映射功能使研究者可以通过绘制可视模型来呈现编码与主题之间的关系"（Creswell，2013，p.202）。此外，某些 CAQDAS 程序现在还具有导入网站资源（如博客）、社交媒体（如脸书和推特）以及量化数据的功能，因此 CAQDAS 可用于混合研究方法。戴维森和迪格雷戈里奥（Davidson & diGregorio，2013）写到，我们正在进入QDAS 2.0 阶段，其中包括"从服务于可视化、地理空间工作和多种媒体模式的更佳工具，到拥有增强协作和团队合作以及量化数据集成的功能"（p.499）。确实，所有学者都承认 CAQDAS对多媒体数据和大型数据集以及团队研究项目的价值。（有关 QDAS 和 Web 2.0 研究工具的完整列表，请参阅 http://digitalresearchtools.pbworks.com。）

使用 CAQDAS 的优势显而易见，但研究人员还需要考虑其他因素。首先是成本，尽管许多大学都有网站许可证，这意味着学生和教职员工都可以使用这些程序。两个CAQDAS 程序，即 HyperRESEARCH 和 QDA Miner 提供了用于基本分析的免费版本（请参阅表 8.1）。其次，对你的需求来说，CAQDAS 可能过于强大（过犹不及）。问问自己是否真的需要计算机程序来管理数据。小型质性研究可能不需要这些程序的功能。此外，你可能需要花费时间来学习如何操作这些程序，这些时间本来可以花费在分析数据上。我们建议学生只有当他们特别擅长学习计算机程序时，才可以尝试一下。一种选择是使用当前的任意文字处理程序服务于此目的（Ruona，2005；Hahn，2008）。另一个因素是考虑你有多希望直接处理数据。正如克雷斯韦尔（Creswell，2013，p.202）指出的那样："对于某些人来说，计算机程序会在研究者和实际数据之间放置一台机器，这在研究者与其信息之间产生令人不适的距离。"最后，需要花费一些时间来确定哪种程序最适合你的研究类型和你拥有的数据类型，例如，程序是否能处理视觉数据？此外，西尔（2008）认为"CAQDAS 软件包在检查小规模数据摘录方面几乎没有帮助，这类摘录通常是由对话分析师和某些话语分析来检查"（p.242）。

选择合适的 CAQDAS 程序可能需要一些时间。最好在开始时查阅这些程序的评论。幸运的是，这些评论可以很容易获取，它们通常可以提供程序的方法论基础，并详细说明功能上的优缺点。由于每个程序都是由具有质性研究经验的人员设计的，因此每个程序都反映了特定的分析偏好和策略。包含有关 10 个不同的 CAQDAS 程序的评论和信息的最新网站是http://www.surrey.ac.uk/sociology/research/researchcentres/caqdas/support/choosing/index.htm。找到适合你的程序很重要，因此我们强烈建议你多尝试几个程序。除了访问诸如此类的资源，你还可以联系软件开发人员以获取更新的信息和演示（如果可行的话），并询问同事对这些产品的看法。大多数最受欢迎的程序都有网站，你可以下载程序演示。表 8.1 列出了一些这样的网站，前两个包含了有关程序的一般信息，接下来七个是具体程序。

表8.1　计算机辅助质性数据分析软件（CAQDAS）

	程序	网页地址	特征
一般信息	计算机辅助质性数据分析软件（CAQDAS）	www.surrey.ac.uk/sociology/research/researchcentres/caqdas/support/choosing/index.htm	信息实用；讨论和分析 10 种不同的 CAQDAS 软件包，并可链接到其他质性网站
	质性数据分析	https://digitalresearchtools.pbworks.com/w/page/17801694/Perform%20Qualitative%20Data%20Analysis	数字研究工具 Wiki，提供了几个质性软件包的链接
受欢迎的商业 CAQDAS 程序	ATLAS.ti	http://ATLASti.com/	免费试用和培训；适用于 Windows 或 Mac
	NVivo	www.qsrinternational.com/products_nvivo.aspx	免费试用和教程；仅适用于 Windows
	MAXQDA	www.maxqda.com/	免费试用和教程；适用于 Windows 或 Mac
	HyperRESEARCH	www.researchware.com/	免费版提供有限的功能用于基本分析；免费教程；适用于 Windows 或 Mac
	QDA Miner	http://provalisresearch.com/products/qualitative-data-analysis-software/	免费版提供有限的功能用于基本分析；免费教程；适用于 Windows 或 Mac
	Qualrus	www.ideaworks.com/qualrus/index.html	免费试用；最适合在 Windows 上使用，但可以在具有 Windows 虚拟器的 Mac 和 Linux 操作系统上使用
	Transana	www.transana.org/index.htm	用于分析视频、音频和静止图像数据；免费演示；适用于 Windows 或 Mac

五、数据分析和质性研究类型

本章介绍的数据分析过程是一种基本的归纳和比较分析策略，适用于大多数解释性质性研究中的数据分析。有一些分析数据的方法，如对话或话语分析，或后现代分析，甚至称为诗性分析（Grbich，2013），这些都超出了本书的讨论范围。为与第二章介绍的解释性质性研究的类型保持一致，本小节中的数据分析简要介绍了现象学分析、扎根理论、民族志、叙事研究、案例研究和行动研究（已在第三章中讨论）中特定的分析策略。但是，对于所有这些质性研究，基本的分析策略仍然是归纳和比较。

（一）现象学分析

这种类型的分析寓于现象学哲学中（请参阅第二章），并有助于找出现象的本质或基本结构。用于分析经验的特定方式有悬置、暂不理会、现象学还原、水平化、想象变更等。例如，范马南（Van Manen，2014）解释说，悬置是研究者整理或规避偏见以对经验本身开放的过程。现象学还原的目的是使研究者重新回到参与者的经验上并进行反思，中止判断，以便人们能够与现象的真实体验保持一致，从而获得其本质。想象变更就是尝试从几个不同的角度或视野看待研究对象（即现象）。正如穆斯塔卡斯（Moustakas，1994）解释的那样："想象变更的任务是通过利用想象力寻找可能的意义……从不同的角度、不同的位置、角色或功能来接近现象。目的是获得对体验的结构性描述，以及用于解释正在经历的事情的潜在诱发因素。现象的经验是如何变成现实的呢？"（pp.97-98）。现象学分析也被称为启发式探究（Moustakas，1990）。启发式探究比现象学探究更加个性化，因为研究人员将自己的经历作为数据的一部分进行了分析。穆斯塔卡斯（1994）提出了一种在现象学或启发式探究中分析数据的分步方法。

（二）扎根理论

格拉泽和斯特劳斯（1967）提出了数据分析的连续比较法，以作为不断发展的扎根理论的方法。扎根理论由类别、属性和假设组成，而假设是类别和属性之间的概念联系。由于连续比较法的基本策略与所有质性研究的归纳、概念建构方向都兼容，因此许多不寻求建立实质性理论或扎根理论的研究人员也都采用了连续比较法。

该方法的基本策略是按照其名称的含义进行操作——不断进行比较。研究人员从访谈、现场记录或文本中的特定事件开始，然后将其与同一组数据或另一组中的另一事件进行比较。这些比较得出了初步的类别划分，然后将它们相互比较并与其他实例进行比较。在概念化的级别之内和之间不断进行比较，直到可以提出一种理论为止。理论的类型被称为实体理论，即适用于实践的特定方面的理论。由于该理论以数据为基础并从数据中来，因此该方法被称为扎根理论。

扎根理论始于类别，就像之前讨论的奥尔斯顿（2014）的研究那样。除了类别，理论还包括其他三个要素：属性、核心类别和假设。属性也是概念，但是描述了类别。属性不是类别的示例，而是类别的维度。例如，在奥尔斯顿（2014）对黑人女性导师和白人女性博士生的跨文化导师关系的研究中，其中因素之一就是她们之间共有的和不共有的压迫和特权文化。该类别的属性或维度是女性、母性和种族。再举一个例子，"职业倦怠"类别可以通过"乏味""惯性"和"困惑"的属性来定义。核心类别就像轮毂，是现象的核心定义方面，所有其他类别和假设都与之相关或相联系。假设是在类别和属性之间提出的连接。例如，在有关护士如何应对工作场所欺凌的扎根理论研究中（Gaffney，DeMarco，Hofmeyer，Vessey & Budin，2012），研究人员确定了一个核心类别，即"把事情做对"和其他四个类别，所有这些类别解释了护士参与的过程。他们在数据分析中写道："我们通过对相似的编码进行聚类来创建类别，然后从这些类别中得出关于类别之间如何关联的假设"（p.3）。这些假设与数据的收集和分析同时出现。研究人员试图支持暂定假设，同时对新假设的出现保持开放态度。"产生假设只需要证据充足就可以提出，而不需要过多地收集证据以进行验证"（Glaser & Strauss，1967，pp.39-40）。

为了促进扎根理论的发展，科尔宾和斯特劳斯（Corbin & Strauss，2015）提出了编码的三个阶段：开放式编码、轴心编码和选择性编码。如本章前面所述，开放式编码是在数据分析开始时所做的工作，会标记可能与研究相关的任意数据单位。轴心编码是将类别和属性相互关联的过程，以完善类别方案。在选择性编码中，研究者开发了核心类别、命题或假设。与科尔宾和斯特劳斯的三个编码阶段相似，查尔马兹（Charmaz，2014）也讨论了编码的三个阶段，她将其分别称为聚焦编码、轴心编码和理论编码。

（三）民族志

民族志研究的重点是关注日常生活的文化和社会规律。民族志研究的典型特征是描述丰富且详尽。沃尔科特（1994）在一本专门用于民族志数据分析的书中，将数据分析归纳为描述、分析和解释，他承认这些术语"经常被组合（如描述性分析、解释性数据）或互换使用"（p.11，原文中强调）。但也的确对它们进行了区分：描述仅仅是对"这里发生了什么"的描述（p.12）；分析是"确定基本特征并系统地描述它们之间的相互关系"（p.12）；解释表述意义，也就是说"这意味着什么"（p.12）。

人类学家有时会利用现有的分类方案来组织和分析数据。默多克等人（Murdock et al.，2008）编写的《世界文化大纲》（*The Outline of Cultural Materials*）列出了近80个描述性类别，每个类别最多包含9个子类别，读者可以通过这些子类别对数据进行编码。这是比较不同文化时特别有用的类别方案。洛弗兰和洛弗兰（Lofland & Lofland，1995）还提出了用于组织社会各方面内容的类别和子类别。分为四大类：（1）经济；（2）人口统计学资料，例如社会阶层、性别和种族；（3）"生活的基本情况"（p.104），包括家庭、教育和医疗保健；（4）"自然"和"人为"的环境（p.104）。

尽管教育民族志可以利用这些类别方案，但类别方案更多应从数据本身得出。这种方案可以采用文化中常见的术语（主位视角）或由民族志学者构造的术语（客位视角）。如果方案中的主题或变量被认为是相互关联的，则可以创建一种类型学。洛弗兰等人（Lofland et al.，2006）将类型化定义为"记录由两个或多个变量结合而产生的可能性的过程"（p.148）。特施（Tesch，1990）详细阐述了如何显示数据中的关系："这些关系通常以图表的形式进行描述，如网格或其他结构化的方格、轮廓或树形分类法……流程图、决策表、重叠圆、放射图（中心为一个术语，周围为相关术语）、因果链或网络，或者研究者发明的其他任何形式"（p.82）。在民族志研究中，这些分类系统或认知地图用来对社会文化模式的相关数据进行排序。比较分类系统中的元素可以得出初步的假设和解释。

随着线上社区的兴起，许多虚拟民族志出现了。它们通过社交媒体从民族志视角分析线上文化。科济涅茨、多尔贝克和厄利（Kozinets，Dolbec & Earley，2014）将这种形式的数据分析称为"网络民族志"分析，并对此类分析提出四个基本建议。第一，由于社交网站上可用的数据量可能令人不堪重负，他们建议研究者应首先从一个网站开始，以深刻的文化视角了解"该社交空间中正在发生的事情"（p.269）。第二，他们建议参与式观察者进行适当的文化参与。第三，他们的交流"应像文化成员之间的交流一样被体验，处理和理解"（p.269）。他们进一步强调了至少在开始时，对媒介本身进行分析的重要性。第四，他们强调参考发生的时机来分析内容和帖子等。

使用社交媒体进行线上民族志研究的实际数据分析，在编码和分类方面与其他形式的数据分析相似，但是媒介和事实（如图片、短视频和其他材料）会影响数据的编码方式。例如，奥尔斯顿和埃利斯–赫维（Alston & Ellis-Hervey，2014）在对黑人女性纯天然头发护理短视频的研究中发现，她们使用视频帮助成人了解头发护理的知识。奥尔斯顿和埃利斯–赫维特别提到了媒介如何影响编码程序。他们还特别解释了"如何在视频中使用时间戳来辅助编码过程（如 HUMILITY-2:42）"以及"这种组织系统如何使我们轻松回顾特定的数据组成部分"（p.5）。因此，尽管使用社交媒体进行数据分析的过程没有太大不同，但媒介本身确实会影响人们分析的方式。

（四）叙事研究

叙事研究的核心是"人类体验世界的方式"（Connelly & Clandinin，1990，p.2）。作为一项研究技术的经验研究是通过故事进行的。其重点在于人们讲述的故事以及如何传达这些故事——讲故事的语言。某些形式的叙事分析更多地侧重于整体分析，即"每个故事都被视为一个整体，并且解释了故事的每个部分与其他部分的关系"（Beale，2013，p.694）。评论意在保持每个故事的完整性，而不是分析整个故事的类别。叙事分析的其他形式更多地集中于类别分析，即"从完整故事中抽取出单位来"（p.694），与我们之前描述的方式大致相同。

第一人称的经验叙述构成了这种研究方法的叙述性"文本"。不管叙述形式是自传、生活史、访谈、日记、信件，还是我们收集的"构成生活"的其他材料等（Clandinin & Connelly，1998，p.165），都会使用特定学科或视角的技术进行文本分析。叙事分析的社会学基础和社会语言模型强调了叙事的结构及其与社会环境的关系。"理解、回忆和总结故事的过程"（Cortazzi，1993，p.100）简单来说是记忆，展现了心理学方法。人类学家对故事叙述在不同文化中的变化，以及在"包括习俗、信仰、价值观、表现和叙事社会环境的文化形态"中的变化感兴趣（Cortazzi，1993，p.100）。文学范式强调语法、句法、叙述和情节结构。此外，诸如女性主义理论、批判理论和后现代主义所体现的意识形态观点可以用来解释生活史叙事。里斯曼（Riessman，2007）在其关于叙事方法的书中着重介绍了分析故事的四种方法——主题、结构、对话表现和视觉。荷尔斯泰因和古布里姆（Holstein & Gubrium，2012）的《叙事分析的多样性》（*Varieties of Narrative Analysis*）一书借助故事的心理主题、修辞分析和民族志路径等提出了几种叙事分析方法。正如科菲和阿特金森（Coffey & Atkinson，1996）所观察到的："没有模式或秘诀来提出'最佳'方式以分析我们引出和收集的故事。事实上，将叙事作为数据的优势之一在于它为各种分析策略提供了可能性"（p.80）。

（五）案例研究

尽管本章前面概述的分析数据的基本策略适用于所有类型的质性研究，但案例研究的某些特征会影响数据分析。首先，案例研究是对单个、有界限的单位进行深入且全面的描述和分析。表达对案例的理解是分析数据的首要考虑因素。数据通常来自访谈、实地观察和文本材料。除了大量的数据，此范围的数据源还可能呈现出差异、不兼容甚至明显矛盾的信息。由此，案例研究者在使数据获得意义时可能会面临严峻挑战。在这种情况下，重视数据管理尤为重要。

为了在案例研究中进行更深入的数据分析，应将有关案例的所有信息，如访谈日志或记录、田野笔记、报告、录音、调查者自己的文本材料、物理痕迹和反思备忘录汇总在一起。所有这些材料都需要以某种方式进行组织，以便轻松检索数据。因（Yin，2014）将这种有组织的材料称为案例研究数据库，即"来自案例研究的所有数据的系统存档"（p.238），这与最终的案例研究报告不同。巴顿（2015）以类似的方式将案例记录与最终案例研究区分开来，"案例记录将大量案例数据汇集在一起，并整理成一个综合的基本资源包。案例记录包含了将用于进行案例分析和案例研究的所有主要信息。编辑信息，整理冗余，将部分组合在一起，并且为了便于按时间和（或）主题进行访问而组织案例记录。案例记录必须完整且可管理"（p.537）。因此，案例研究数据库（或记录）是经过组织的研究数据，研究人员可以在进行深入分析时找到特定的数据。

本章所描述的从质性数据得出意义的各种过程适用于单个案例研究。虽然为了表达对案例的整体理解，最终的文稿或案例报告可能比其他形式的质性研究具有更高比例的描述性内容，但是解释的层级也可扩展到对类别、主题、模型或理论的呈现中。

多案例研究或比较案例研究涉及收集和分析从多个案例而来的数据。例如，莱特富特（Lightfoot，1983）并没有仅仅研究一所优秀高中，而是研究了六所高中。她的成果首先是研究了六个案例（她称之为"肖像"），然后呈现了一个跨案例分析，从而概括了什么样的高中是优秀高中。洛佩斯（Lopez，2013）对自闭症儿童进行早期强化行为治疗的长期效果进行了多案例研究。她首先呈现了研究中对五个学生的评论，然后进行跨案例综合，以解决每个研究问题。

在多案例研究中，分析具有两个阶段——案例内分析和跨案例分析。案例内分析首先是将每个案例本身视为一个综合性案例。收集数据以便研究人员尽可能多地了解与案例有关的背景变量。一旦完成对每个案例的分析，便开始跨案例分析。质性的、归纳的多案例研究试图在案例之间建构抽象概念。尽管具体案例的特殊细节可能有所不同，但研究者试图建立适合所有案例的一般性解释（Yin，2014）。

与单个案例研究一样，多案例研究的挑战之一是数据管理。研究者可能拥有更多的原始信息，因此必须找到不会令人不堪重负的信息处理方法。最后，跨案例分析与单个质性案例研究中的数据分析几乎没有什么不同。分析层级可以跨案例进行统一描述。它可以生成类别、主题或类型，或将所有案例中的数据概念化。它还可以建立实质性理论，从而提供涵盖多个案例的综合框架。因此，案例研究中的数据分析必须考虑到这种质性研究的某些特征，包括注重理解以及通常可用于分析的数据范围很广。在多案例研究中可先进行案例内分析，然后再进行跨案例分析。

（六）行动研究

行动研究的目的是促成某些事情发生。它通常旨在解决实践中的问题或制定干预措施，不但研究实践的整体效果，而且研究实践过程本身如何开展（Herr & Anderson，2015）。因此，行动研究中的数据分析将不仅着眼于发生的事情，还关注由计划、行动、观察、反思组成的连续行动研究周期。因此，就数据编码和数据收集为主题而言，尽管与其他质性研究的数据分析机制相同，但行动研究还关注这些机制在各个阶段如何展开研究。例如，在计划阶段，研究人员通常进行个人访谈或焦点小组访谈，以找出参与者对研究主题的初步看法或经验，并与他们制订研究过程的计划。他们通常从研究初期就对数据进行编码，并提出初始主题。为了显示研究过程如何展开，他们还介绍了各个阶段发现的主题。当然，大多数行动研究人员会在研究结束时采访参与者，并提出研究成果的最终主题。由此，研究人员把控着整个过程和最终成果。

在期刊文章中讨论研究时，学者通常仅列出描述这些阶段的某些方面。例如，斯塔基（Stuckey，2009）在讨论如何使用创造性表达来帮助参与者进一步了解其糖尿病的行动研究时，简要地描述了计划阶段，然后将重点放在了对创造性表达如何展开的分析上，这体现在研究过程的第二阶段和最后阶段。拉马斯瓦米（Ramaswamy，2014）在使用纳蒂亚瑜伽疗法治疗精神分裂症患者的行动研究中，将大部分研究放在了每个治疗环节所产生的知识类型及其整体效果上。数据分析的过程不一定与其他类型研究的过程有所不同。相反，分析的重点是研究成果如何随着时间的推移分阶段展现。

六、总结

关于质性研究数据分析的这一章涵盖了许多基础知识，希望能使读者对质性研究过程中最重要也是最具挑战性的部分有所了解。数据分析并不容易，但是如果你能够将其与数据收集一起进行分析，则易于实现。如果等到收集完所有数据后再进行数据分析，就失去了收集更可靠和更有效数据的机会。等到研究结束后再分析会造成灾难性后果，质性研究中的大量数据会使许多质性研究者不堪重负、束手无策。

一旦收集了大部分数据，并且准备进行更深入的数据分析，你必须设置一些用于组织数据的系统，该系统会使你可以根据需要轻松地检索数据的任何部分。如果数据集被列入清单、被组织并被编码，就方便检索和处理数据，也就可以开始深入分析了。我们从数据分析的连续比较法中，提出了基本数据分析的逐步展开过程，该过程是归纳和比较的，并会得出结论。这些结论通常被称为类别或主题。实际上，类别或主题是研究问题的答案。正是这些问题指导你对原始数据进行分析和编码。分步过程包括命名类别、确定类别数量以及提出将数据放入类别的系统。以类别为基本概念元素，我们讨论了如何将分析扩展到理论构建。

尽管是否使用计算机软件程序进行质性数据分析需要考虑很多因素，但这些程序无疑是一种可以快速检索数据的选择，并且特别适合大型数据集或研究团队。关于这些程序的小节讨论了 CAQDAS 的优点和局限性，并列出了可以获取更多信息的资源。

在本章的最后部分，我们介绍了现象学、扎根理论、民族志、叙事研究、案例研究和行动研究中各自的数据分析策略。尽管这些质性研究类型的总体方法仍是归纳和比较的，但每种研究都有独特的策略。

第九章　信度、效度和学术伦理问题的处理

　　所有的研究都需要以合乎学术伦理的方式产出具有信度和效度的知识。对应用领域的研究人员来说，因为其研究会干预人们的生活，所以让人们信任研究成果很重要。例如，如果没有成功的可能性，任课教师就不会想尝试一种新的阅读方式教学，咨询师也不会实施一种新的方法来与失去亲人的家庭打交道。但是我们如何知道研究结果何时值得信赖呢？研究是否值得信赖一定程度上取决于研究的缜密性。因为质性研究的研究假设不同于量化研究（参见第一章），所以质性研究的缜密性标准必然不同于量化研究。但是，因为质性研究中讨论和评估缜密性的标准和术语一直都在变化（Denzin & Lincoln，2011；Lichtman，2013），尽管我们认识到信度和效度的传统术语存有争议，我们仍选择参照这些传统术语来讨论解释性质性研究的可信性和缜密性。

　　确保质性研究的信度和效度包括了以合乎学术伦理的方式进行调查。虽然成熟的研究伦理行为准则可追溯到 20 世纪 40 年代末，但是质性研究特有的伦理问题只在最近几十年内才得到关注。在本章末尾，我们将探讨伦理实践在建立研究信度方面的重要性。

一、信度与效度

　　如果要在实践或理论层面对一个研究领域产生任何实质性贡献，都必须缜密地开展研究。这些研究需要提出让读者、实践者和其他研究者都觉得可信的见解和结论。因为大多数社会科学研究都具有应用性，所以研究者和其他人必须对开展调查研究和具体的研究成果有信心。林肯、林纳姆和古帕（Lincoln，Lynham & Guba，2011，p.120）强调了这一点，并追问一个研究的结果是否"足够真实……以至于我可能使我自己相信并按照研究结果来采取行动吗？另外，我会安心地以这些研究结果为依据来构建社会政策或以此为立法的依据吗？"。

　　无论研究类型如何，都可以通过仔细关注研究的概念化和数据的收集、分析与解释方式以及结果的呈现方式来关注效度和信度。费尔斯通（Firestone，1987）探索了量化和质性范式如何运用不同的措辞来说服研究的应用者信任它们。"因为量化研究很少提供具体的人和事，因此量化研究必须使读者相信研究是按照既定程序来完成的。质性研究为读者提供了足够详细的描述，能表明作者的结论'有意义'"（p.19）。此外，"量化研究描绘了一个充满变量和静态的世界。相比之下，质性研究则描述了在事件中行动的人"（p.19）。在最近的混合研究方法设计中，质性标准和量化标准都被用于评估研究的信度（Creswell，2015）。

　　研究设计需要根据对调查内容的不同假设，回答不同的问题。如果是质性研究，理解是调查研究的主要目的，此时研究信度的标准将不同于发现一个定律或测试一个假设的研究目

的。对实验研究来说，确保其科学、严谨且可信的条件是研究者精心设计研究，并采用科学界认可和接受的标准。质性研究也有确保真实性和可信性的策略，这些策略依据的是与其观点背后的哲学假设相一致的世界观和问题（见第一章）。

关于这一问题许多学者认为，基于不同现实假设和不同世界观的质性研究，应从与该范式的哲学假设相一致的视角来考虑研究的信度和效度。正如林肯和古帕（1985）所做的，这甚至可能导致概念本身的命名不同。对质性研究来说，可信性、可推广性、可靠性和可证实性，作为内部效度、外部效度、信度和客观性的替代词，长期以来被广泛采用。新近的采用后现代、后结构、建构、批判和行动研究等视角的作品（Cho & Trent，2006；Denzin & Lincoln，2011；Herr & Anderson，2015；Patton，2015；Richardson & St. Pierre，2005），呼吁我们对信度和效度的完全不同的概念化进行深思。例如，丹增和林肯（2000）认为质性研究的后现代转向在评价质性研究的时候存在问题。"这是合法化危机，它涉及对诸如效度、可推广性和信度等术语的认真反思"，这些术语已在其他质性研究中再理论化了（p.17，原文中强调）。后来，林肯、林纳姆和古帕（2011）提出了两种形式的缜密，一种是方法论的缜密，与研究使用方法相关，另一种是解释的缜密，与判断研究结果相关，即"我们共同提出的解释是否可信，从而为一些重要的人类阐释提供抓手？"（p.121）。

利希特曼（Lichtman，2013）连续观察了质性研究中界定和评估信度概念的变化。1990年以前，我们用客观性、信度和内部效度来评估质性研究。此后十年，也就是1990—2000年，可信度、可推广性、可靠性和可证实性等概念（Guba & Lincoln，1981；Lincoln & Guba，1985）被认为是更合适的标准。利希特曼发现，从2000年开始，不仅传统的标准"再次受到关注"，还有一些标准代表了"不同的观点"。这些标准往往强调研究人员的作用，例如，"他们受一些较新的思想影响很大，这些思想是后结构主义、女性主义和后现代主义。政治与权力也在这里发挥了关键作用"（p.292）。

此外，各种类型的质性研究（见第二章和第三章）之间必然存在信度与效度的标准差异。例如，克雷斯韦尔（2013）应用一些不同的标准来评估叙事研究相对于现象学研究、扎根理论、民族志研究和案例研究的优势何在。在叙事研究中，他认为好的叙事会讲述一个引人入胜的故事，而不像民族志以"详细描述文化群体"为优良指标（p.263）。利希特曼（2013）为"一个好的质性研究"提供了她自己的"个人标准"（p.294）。这些标准包括明确研究人员的角色及其与研究对象的关系，确保研究主题的重要性，弄清楚研究如何开展，以及呈现令人信服的研究结果。

与利希特曼的"个人标准"类似的是特雷西（Tracy，2013）提出的"优秀"质性研究的"兼容并蓄"标准。她提出的八个标准是：（1）研究要基于有意义的主题；（2）研究的逻辑性要强，设计要缜密；（3）诚信，即研究的方法要公开透明；（4）具有可信度；（5）研究要与各种各样的受众产生共鸣；（6）做出重要的贡献；（7）关注伦理问题；（8）研究意义要具有一致性，也就是说，"文献、研究、问题或焦点、成果和解释有意义地彼此联系"（p.230）。但是，沃尔科特（Wolcott，1994）对此有不同看法，他认为研究存在"效度的不合理"（p.364）。

他追寻的不是效度，而是"别的东西"，也就是"识别关键元素和写下合理解释，人们可以追求，而不必纠结于找到正确结果、最终答案、正确版本或者真理"（pp.366–367）。对于沃尔科特来说，"别的东西"就是理解。

为了在兴起的众多质性研究设计中强调解决信度和效度问题的复杂性，巴顿（2015）为判断质性调查的质量和信度提供了七套"备选标准"（p.680）。根据研究的类型，他的标准可用于传统科学研究、建构主义研究、艺术本位研究、系统/复杂性研究、参与式研究、批判性研究、务实/实用性研究。

开展质性调查的研究者不想等待学术界针对质性研究的信度和效度在标准上达成共识，即便这样的共识可能达成。尽管理论争辩还在继续，但实践的需要亟待满足。正如斯塔克（2005）指出的那样，在调查中获得的知识"从撰写到阅读都会出现误解。不过作者会寻求各种方法来保护这个过程"（p.455）。此外，质性研究者也要响应外部人士的关切，因为许多外部人士可能不熟悉或公然挑战质性研究的信度。例如，案例 9.1 展现了质性研究者经常会被问到的一些问题，每个问题都涉及质性研究的信度和效度。

案例 9.1	对质性研究信度的挑战

1. 你能从 1（3、15、29 等）中的 *n* 个样本中发现什么？
2. 参与者对发生的事情进行了解释，研究者对其再次加以解释有什么价值？
3. 如何从非随机的少量样本中推测整体？
4. 如果研究者是数据收集和分析的主要工具，那么我们如何确定这个工具有效且可靠？
5. 你如何知道何时可以停止收集数据？
6. 难道研究者不都是带有偏见，其研究只是为找出他所期望的结果吗？
7. 如果没有研究假设，你如何知道你的研究在找寻什么？
8. 研究人员在场是否会引起参与者的常规行为发生变化，从而影响数据结果？
9. 难道人们不会对田野调查人员撒谎吗？
10. 如果换个人来进行调查，他们会得到同样的结果吗？

幸运的是，我们可以使用多种策略来增强质性研究的信度和效度。我们的目标是基于建构主义视角向读者介绍质性研究，我们选择专注于方法论的缜密性。也就是说，为了确保研究的信度，作为一个研究者可以做什么。以下各小节旨在解决建构主义质性研究中的具体问题，如内部效度、信度和外部效度——或如林肯和古帕（1985）所说的，可信度、一致性或可靠性，以及可推广性——并提出适当的策略来应对这些问题。

二、内部效度或可信度

内部效度指的是研究结果如何与现实情况相匹配。研究结果与现实的一致性如何？研究结果是否反映了真实存在？调查人员是否观察或测量了他们要测量的内容？因此，所有研究中的内部效度都取决于现实意义。贝克尔（Becker，1993）幽默地指出，"现实是我们暂时选择不去质疑的内容""也是接触现实者产生压力的首要诱因"（p.220）。拉特克利夫（Ratcliffe，1983）为评估各种研究的效度提供了有趣的视角。他提出，"数据不是自明的；总会有解读者和翻译者"（p.149）；"一个人不能观察或测量一个现象/事件而不改变它，即使在物理学中，现实也不再被认为是单一的"；数字、方程和单词"都是现实的抽象、符号再现，而不是现实本身"（p.150）。因此，对效度的评估必然不是现实本身（永远无法掌握），而是其他东西。那"其他东西，而不是现实本身"就是林肯和古帕（1985）所说的可信度的概念，即对于提供的数据，调查结果是否可信。

质性研究所依据的假设之一是：现实是整体的、多层面的、不断变化的。它不同于量化研究中有待发现、观察和测量的单一、固定、客观的现象。评估收集到的数据与从数据中得出的"现实"之间的同构关系，并不是效度的决定因素。70多年前，斯坦贝克（Steinbeck，1941）在写其《科尔特斯海》（*The Sea of Cortez*）的科学之旅中，生动地对比了两种现实观：

> 墨西哥马鲛鱼在背鳍上有名为"XVII-15-1X"的脊柱。脊柱的数量可以很容易数清。但是，如果马鲛鱼挣扎得很厉害，会使我们的手受伤，如果鱼发出声音，差点逃脱，即使最后上钩，它也会血脉偾张、拍打尾巴，由此一个全新的外部关系便产生了——这个实体超过鱼和渔夫的总和。要计算马鲛鱼的脊柱数量，让其不受上述相关现实影响的唯一方法是，坐在一个实验室，打开一个散发臭气的罐子，从福尔马林溶液中拿出一个僵硬的、失去血色的鱼，数一下脊柱，并写下"D. XVII-15-1X"的真实情况。这样，你就记录了一个无法被现实击倒的事实——可能既不关乎你自己，又不关乎鱼的事实。这个保存着腌鱼的人其实已经放下了一个真理，在其经验中编制了很多谎言。因为鱼既不是那种颜色、质地，也并不是死的，也不会散发出那种气味。（p.2）

马克斯韦尔（2013）也同意，一个人永远无法真正捕捉现实。"效度绝不是可证明的或理所当然的。效度是相对的：必须在与研究目的和环境的关系中检视，而不是在与语境无关的方法属性或结论中检视"（p.121）。那么，质性研究到底研究什么，研究者如何判断观察结果的效度？其实，研究就是在调查人们对现实的建构，即他们如何理解世界。就像犯罪目击证言一样，有多少目击证人，就有多少种对特定现象的建构，就有多少种对生命意义的理解，就有多少对特定过程的理解。

在质性研究中，人是收集、分析和解释数据的主要工具，对现实的解释直接源于人的观察和访谈。因此，相较于在我们与参与者之间直接插入数据收集的工具，我们的研究"更接近"现实。大多数人都同意以这样一种方式来看待缜密性：内部效度是质性研究的绝对优势。在这类研究中，理解研究参与者对研究现象的兴趣、在语境框架下揭示人类行为的复杂性、展现对研究事物的整体性解释都是非常重要的。

勒孔普特和普雷斯勒（LeCompte and Preissle，1993）列出了四个影响民族志研究内部效度的因素：

第一，民族志学者在和参与者进行专业实践中，以及在长期的收集数据过程中，已经拥有各种精细构思的机会对连续数据进行分析和比较。这确保了研究人员的类型与参与者的实际情况相吻合。第二，信息丰富的访谈是民族志研究的主要数据来源，在参与者看来，这是一种实证过程。相较于研究设计的其他工具，访谈更加具体。第三，参与式观察——民族志学者获取数据的第二种重要方式——相较于精心设计或实验室的环境，在自然环境中进行的研究更能反映生活体验。第四，民族志分析加入了研究者的反思、内省和自我监测。这里的自我监测就是埃里克森（Erickson，1973）所称的自律的主观性，各个研究阶段都需要不断地接受质疑和审视。（p.342）

虽然质性研究人员永远无法捕捉一个客观的"真理"或"现实"，但是作为一名质性研究者，可以用一系列策略来提升研究结果的可信度，就像沃尔科特（2005，p.160）所说，增加"研究和现实世界之间的连接性"。三角互证可能是巩固研究内部效度最广为人知的策略。三角互证经常用于导航或土地测量，其中的两个或三个测量点能让一处实景呈现，对三角互证最著名的讨论当数丹增（1978）的研究，他提出了四种类型的三角互证：使用多种方法、多种数据源、多个调查员或多种理论来证实新发现。相较于其他方式，使用多种理论的处理方式在质性研究中比较少见，如处理"数据时思考几种假设，看看它们如何与数据关联"（Seale，1999，p.54）。关于数据收集的多种方法，例如，某人在访谈中告知你的，也许与你在现场观察到的或在文献中读到的相关现象相矛盾。其实这就是使用三种数据收集方法，即访谈、观察、文献阅读来进行三角互证。

使用多个数据源的三角互证意味着，比较和交叉检查那些通过观察在不同时间或不同地点收集到的数据，或从观点不同者那里收集的访谈数据，或对同一人群进行追踪访谈的数据。三角互证应在多个调查员收集和分析数据时进行。巴顿（Patton，2015，p.665）提出了一个相关的战略，即"三角互证分析师——让两个或两个以上人员独立分析相同的质性数据，并比较他们的发现"（原文中强调）。运用多个研究人员的概念也发生在协作或团队研究的情境中。在参与式研究中，研究的目标是赋权，参与者与研究人员共同定义要解决的问题，进行研究，并参与具体行动以产生变化。

因此，三角互证——无论你是否使用多个数据收集方法、多个数据源、多个调查员或者多种理论——都是提升研究可信度或内部效度的强有力策略。正如巴顿（Patton，2015）所解释的，"无论以何种形式，三角互证都可通过反驳（或批判）一项只运用单个方法、单个数据源或单个研究者的研究发现来提高研究可信度和质量"（p.674）。

可能需要指出的是，与其他用于确保质性研究信度的策略一样，三角互证正在后现代角度的文献中得到重新讨论。理查森（Richardson，2000；另见 Richardson & St. Pierre，2005）

指出，三角互证假定存在可以被三角化的"固定点"或"对象"。但在后现代研究中，"我们不进行三角互证；我们使其具体化。我们认识到，与世界接触的方面远不止三个方面"（Richardson，2000，p.934）。具体化表现为"无限多样因素中的形状、物质体、变化性、多维性和方法角度。具体化反映外部因素并在内部折射出来，从而产生沿不同维度投射出来的不同色彩、图案和排列。我们所看到的取决于我们反思的角度——不是三角互证，而是具体化"（Richardson，in Richardson & St. Pierre，2005，p.963）。然而，从解释建构主义者的角度，三角互证仍然是确保效度和信度的主要策略，也是本书的基础。

确保内部效度的第二种常见策略是参与者检验，也被称为受访者验证，其机理是，收集访谈对象对初步研究结果的反馈。"这是排除对参与者说了什么和做了什么，以及是怎么回事产生误解的最重要方法，也是识别自身偏见和误解的重要方法"（Maxwell，2013，pp.126-127）。参与者检查的过程包括将初步分析呈现给一些参与者，并询问他们你的解释"是否为真"。虽然你可能使用了不同的话语（尽管这直接源自他们的经验，但毕竟这是你的解释），参与者应该能够在你的解释中体会到他们的个体经验，或者他们能够给你一些更加具体的建议，从而让你更好地理解他们的观点。一些学者建议在整个研究过程中运用参与者检验。表 9.1 是参与者检查意见的一个示例。在这项研究中，克罗斯比（Crosby，2004）对学习经验如何促使人们投于英语教学事业非常感兴趣。他邀请几个研究参与者来评论对跨文化环境中英语教学经验的研究发现。

表 9.1　参与者检验意见

姓名	意见	采取措施
霍利（Holly）	"我认为，你的陈述是对我所说过的和我所经历过的一种客观反映。"你称之为"迷失困境"的分类让我困惑。作为一个分类，这对我来说并不完全正确。也许是这样的，尽管我也应该说，我不确定你对这个术语的理解是什么，以及它是如何与学习经验相适应的。你的意思是我在教学中遇到的挑战打击了我进行第二外语教学的决心吗？	回复并解释"迷失困境"；无须采取行动去改变研究结果
凯特（Kate）	"看到自己的一大堆想法已经被归类到一张图中，真是有趣!""Bombera"的拼法更改为"Bambara"；澄清两个编码短语：在 TESOL 获得硕士学位，和寻找更多的教学经验。	纠正拼写；短语无须调整
格雷斯（Grace）	"我同意你对评论的分类。""我完全同意你的结论。"表格让我对自己的想法有了更深入的了解。	无须采取措施
玛丽（Mary）	"一切正常！我已经审阅了附件，并同意书中的内容。主题都很准确。""我真的很喜欢这张表格，通过你们的视角看到我的进步是令人兴奋的。"	无须采取措施

姓名	意见	采取措施
安（Ann）	"我得说，它相当准确。我想不出还有什么可以补充、改变等。"	无须采取措施
肖娜（Shauna）	"我确实相信这个分析是正确的。""这绝对是一次启发性的阅读。它让我想起了上帝最初赋予我的某些信念，让我进入这个领域，当我展望自己职业生涯的下一步时，我感到非常激动。""我的承诺首先是对上帝的承诺，对我的生命来说，上帝的旨意更甚于我的职业。"	首先是对上帝的承诺，然后才是职业
鲍勃（Bob）	"这两份文件看起来都很棒。"	无须采取措施
奥利弗（Oliver）	"当我结束与你的面谈时，我觉得自己表达得不够好，但在看过你的材料后，我认为你的素材很好，听起来也很真实。"	无须采取措施

资料来源：克罗斯比（2004）。经许可转载。

第三种策略是充分参与数据收集，这种策略对你试图尽可能靠近参与者对一种现象的理解是有意义的。我们总是很难回答这些问题：我们到底需要观察多长时间，或者有多少人需要接受访谈。因为答案总是取决于特定的研究本身。最好的经验做法是数据和新发现必须让你觉得饱和，也就是说，你开始一遍又一遍地看到或听到同样的事情，而且你收集的数据中不再出现新信息。

花费充足时间收集数据也应与有目的地寻找对现象的多样化理解相结合。巴顿（2015）认为，可信度部分取决于研究人员的诚信，而且一种保证诚信的方法就是研究人员"寻找支持替代性解释的数据"（p.653，原文中强调）。他接着指出，"未能找到强有力的支持证据以展现数据的替代方式或相反的解释，会有助于增加你得出的最初的、最主要的解释的可信度"（p.654）。巴顿还提醒读者，对于数据是否支持替代性解释，这里往往没有明确的"是"或"否"的回答。所以退而求其次，"你应该寻找最适切的，即优势证据。这需要评估证据的分量，寻找适切主体数据的模式和结论"（p.654，原文中强调）。有些学者甚至会建议你特意收集一些数据，这些数据可能否定或挑战你的预期或新发现。这种策略就是否定或反向案例分析。

第四种策略与质性研究者的诚信相关，有时被称为研究人员的立场或反思，这也是在研究过程中研究人员如何影响和被影响的过程（Probst & Berenson，2014）。调查人员需要解释他们在研究中存在的偏见、倾向和假设。即使是期刊文章，学者也被要求阐明和澄清研究的假设、经验和观点。这种澄清可以让读者更好地理解研究人员如何生成数据的特定解释。正如马克斯韦尔（2013，p.124）解释的，向读者澄清你的观点、偏见和假设的原因并不是要消除"研究人员的理论、信仰和个人见解。相反，质性研究涉及理解特定研究人员的价值观和期望如何影响研究的过程和结论"（原文中强调）。

还有另一种策略被称为同行审查或同行评议。这个过程在一定程度上嵌入了所有研究生学位论文委员会的评审之中，因为每个委员会成员都会阅读并评价学生的调查结果。当学术论文发送到学术期刊进行同行评审时，也发生了类似的过程。在这个过程中，了解相关主题和研究方法的"同行"审查研究原稿，并向期刊做出推荐与否的决定。但这样的检查或审查也同样可以由熟悉该研究的同事进行，即使这个主题对这个同事是全新的。无论是前者或者后者都是有益的，但不管是哪种情况，典型的同行评审包括向同行呈现一些原始数据，并让他们评判由这些数据产生的研究结果是否可信。

三、信度或一致性

信度是指研究结果在何种程度上能再现。换句话说，如果重复研究，是否会产生相同的结果？信度在社会科学中经常让人头疼，因为人类的行为从来不是静止不变的。即使在那些自然科学学科中，他们也提出了类似的问题，即关于现象的永恒性。研究设计的信度基于这样一个假设：现实是单一的存在，反复研究总会产生相同的结果。这是传统实验研究的核心概念，这种研究的重点是在变量中发现因果关系，并通过揭示规律来解释现象。

然而，质性研究不是要将人类的行为规律分离出来。相反，研究人员要描述和解释人们经验中的世界。由于我们对社会现象有许多解释，因此在传统意义上并没有反复求证以获得信度的固定标准。沃尔科特（2005）强调了在研究人类行为时考量信度的不当性："为了在技术意义上实现信度，研究者必须操纵很多实地条件以评估信度。通常，田野工作人员并不会想去（不尊重事实）创造什么，但即便这样，我们也肯定无法让现象再现。如果真的有什么事情重复发生，我们也绝不会认准两次重复会一模一样。"（p.159）

传统上，信度是指研究结果可再现的程度。换句话说，如果重复研究，他们的结果是否也一样？信度在社会科学中经常是不确定的，因为人类的行为从来不是静止的。同样，也并不是多人的经验就比个人的经验更可信。所有的个人经验报告都并不一定不可信，除了报告的大众目睹的现象也不一定可信。想想那些魔术师，他们可以骗过数以百计的观众，但却糊弄不了从舞台两翼直视的助手。复制质性研究不会产生相同的结果，但这并不会让任何研究结果失去信度。对相同的数据，我们可以有许多不同的解释。做质性研究的一个关键是，让研究结果与收集到的数据所呈现出的结果相一致。林肯和古帕（1985）的文章第一次将质性研究中的信度概念化为"可靠性"或"一致性"。也就是说，与其要求外部人士得到相同的结果，研究人员更希望他们能认同：根据收集到的数据，研究结果是有意义的，也就是说研究结果是一致的和可靠的。这样，问题的关键就不在于调查结果的再现，而在于研究结果与收集到的数据的一致性。

从传统视角来看，信度和内部效度之间的联系在于以下这个假设：如果在一个研究中重复观察或重复整个研究都能得到相同的结果，这说明该研究更有效。这种重复的逻辑建立在事实之上，但众所周知，测量、观察和人为操作都可能反复出错。温度计可以反复记录沸水的温度为 100℉（约 37.78℃）。这是非常可信的，因为测量是一致的，却也是无效的。在社会科学中，仅仅因为很多人的经历一致，并不能说明观察结果更可靠。

有趣的是，质性研究中测量工具的信度概念和传统研究相似。就像量化研究人员优化测量工具和使用统计技术以确保信度一样，人作为工具也可以通过培训和实践而变得更加可靠。此外，也可以通过各种分析技巧和三角互证评估个人陈述及其形成的文本的信度。

社会世界中被研究的东西均被认定是不断变化的、多面的和高度情境化的，收集的信息是一个变量，而这个变量取决于谁给出信息和研究人员如何熟练地收集信息，以及质性研究的研究设计是否排除先验控制，所以在传统意义上要控制信度不但是一个幻想，而且也是不可能的。沃尔科特（2005）怀疑我们是否要"真的去处理信度"，而不是去说明为何它是一个评价质性研究缜密性的不当手段。他反对的是，"回答的相似性就是回答的准确性"，我们也知道这是存在问题的（p.159）。

因此，出于上述原因，重复质性研究并不会产生相同的结果。正如特雷西（2013）指出的："因为社会建构的理解总是处于形成之中，所以总是片面的，即使重复研究（研究人员相同、方式相同、情境相同、参与者也相同），情境和研究参与者也必然随着时间的推移而改变，如年龄自然增长、学习过程增加、人生经历增长"（p.229）。然而，这一事实并不会让原始研究或后续研究的结果失去意义。针对相同的数据，我们可以有若干种解释，直到新的证据与解释直接矛盾为止。因此，只要研究结果与数据一致，该研究即可视为可信。

质性研究人员可以用来确保一致性、可靠性或信度的策略是三角互证、同行审查、调查员视角和审计跟踪。前三个策略已在讨论内部效度时进行了阐述。运用多种方法来收集数据（如三角互证），可以被视为获得一致且可靠数据的有效方法，也就是研究参与者认为与现实最为一致的数据。审计跟踪是林肯和古帕（1985）提出的一种方法。这种方法就像审计员对企业的账户进行身份验证一样，读者可以通过紧跟研究人员的思路来验证研究的结果。就如戴伊（1993，p.251）写道的那样，虽然"我们不能指望其他人复现我们的陈述，但是我们最好能解释我们如何得出的研究结果"。审计跟踪被称为"日志"，这就像船长时刻对船只的航行情况保持了解一样。理查兹（2015）写道："好的质性研究，大部分需要研究人员令人信服地说明他们如何得出相关结论及他们如何确证他们的结论是最好的解释。这就是质性研究对项目研究的历史过程有特殊需求的原因，其形式是日记或过程记录"（p.143）。

质性研究中的审计跟踪详细地描述了数据如何收集、如何推导生成类别，以及在整个调查中如何决策。为了呈现这个跟踪的过程，研究人员在研究过程中必须记好研究日志或备忘录。那么在日记或备忘录上写什么呢？写下你的思考、你的问题，以及你在收集数据中遇到的困难、问题或想法时的决定。也可以写下你对数据分析和解释的思考过程。在专著或研究论文中，审计跟踪经常体现在方法论章节（通常有配套附录）。从本质上讲，该章节会详细阐述研究如何进行、数据如何分析。但是由于篇幅限制，审计跟踪或方法论部分在期刊文章中往往非常简略。

四、外部效度或可迁移性

外部效度是指调查结果在多大程度上可以应用于其他情境的程度。也就是说，一项研究的结果是否可以一般化？古帕和林肯（1981）指出，针对外部效度这个问题，研究必须首先具有内部效度，因为"追问毫无意义的信息是否具普遍性是毫无意义的"（p.115）。然而，研究人员可能会过度控制那些影响结果的因素，以至于研究结果只能被外推至得到那些高度控制的人为情境中。

将研究结果一般化的问题已经困扰质性研究人员很长时间了。其中的部分难点在于一般化思路，这与研究人员进行实验设计或相关设计相同。在这种情形下，通过诸如样本因取自总体而与总体实质相等的假设，控制样本大小，随机抽样等前提条件，我们能够将研究结果普遍化到其他情境。当然，即使在这种情况下，普遍化也须在特定的置信区间内进行。

还有人认为，从大量随机样本的汇总数据中外推到个体几乎没用。例如，一项研究可能会揭示：旷课与学业成绩不佳密切相关，因为发现百分之八十的不及格学生，旷课的时间会超过一半。如果学生艾丽斯（Alice）已经有超过一半的时间缺席了，这是否也意味着她会不及格呢？但如果不看她的成绩单，我们就无法确认。实际上，艾丽斯的个案可以更好地预测她的学术表现，因为我们会发现她个人情况的重要细节。相比于案例研究，大型随机样本研究能做的最好的就是"使教师和临床医生更了解情况"（Donmoyer，1990，p.181）。在质性研究中，研究人员希望深入了解研究问题，而不是寻找众多案例的普遍化规律，所以研究人员经常精心选择单个案例或小的目的性样本。

虽然质性研究的普遍化与统计学意义的普遍化（从随机样本到总体）不同，但是这也并不是说，质性研究不能外推到其他任何情形。正如艾斯纳（Eisner，1998，pp.103-104）指出的："普遍化在我们生活中无处不在。"但是，"没有人通过随机选择样本来寻找普遍意义。我们生活和学习，并试图在情境中创造意义，在这些情境中我们生活并使用学到的东西来指导我们在未来生活得更好"。与内部效度和信度一样，我们需要以一种合适的哲学基础来思考质性研究的一般化过程。

林肯和古帕（1985）提出了可迁移的概念："与寻求在其他地方运用研究成果的人相比，原调查员承担的举证责任更少，调查员并不知道外推的具体运用场景，但运用这些外推结论的人知道如何去做，而且也会去做。"调查员需要提供"足够的描述性数据"，以使迁移成为可能（p.298）。

对普遍化有许多理解，这些理解与质性研究的整体看法一致。一些人认为将社会科学中的实证研究普遍化这一目标太高。相反，他们说，我们应该思考克龙巴赫（Cronbach，1975）所说的工作假设，即反映特定情境中特定条件的假设。考虑到当地条件的工作假设可以为实践者提供做选择的指导，我们可以监控、评估这些结果，以便将来做出更好的决策。因此，

"当我们给探索的局部情况以适当的权重时，任何普遍化都是一个工作假设，而不是结论"（p.125）。巴顿（2015）也提倡外推的概念，而不是进行普遍化，"与普遍化的通常含义不同，外推意味着已经超越了运用数据的狭窄范围，以考虑研究成果的其他应用。外推是对研究成果可能适用于其他相似却不同情景的适度猜测。外推是合乎逻辑、深思熟虑、基于案例和问题导向的，而不是基于统计和概率的"（p.713，原文中强调）。

适度的外推或工作假设不是在质性研究中达到普遍化的唯一路径。埃里克森（1986）提出了"具体的普遍"这一概念，"相比于通过从样本到总体的推论，对抽象的普遍追寻其实是通过研究详细具体的案例，并将其与其他同样的案例进行比较得来的"（p.130）。每一项研究、每一个案例、每一种情况，在理论上是另外一个研究、案例、情况的例子。普遍依赖于特殊，也就是说，我们在特定的情况下所了解的内容，可以外推或普遍化到随后遇到的类似情况。事实上，这是大多数人应对日常生活的方法。你从一个隐藏在广告牌后的警察那里得到一张超速罚单，以后你在任何道路上遇到广告牌，都会放慢速度。你从遇到的特定事件那里认识到了具体的普遍性。埃里克森在教学方面也提出了同样的观点。

> 当我们观察教师教学的特定实例时，一些方面是绝对通用的，也就是说，能跨越文化和历史，运用到所有教学情境中。尽管情况有巨大差异，但有些也是通用的。校外教学，不同社会的教学，教学中教师比学生年轻，使用乌尔都语、芬兰语或数学语言进行教学，小而言之，教学能体现认知技能，广而言之，教学能体现社会态度和信仰。
>
> 每个教室都有自己的独特系统，尽管如此，它还是显示出了教学的普遍性。这些属性表现在具体的方面，而不是抽象方面。（p.130）

寓特殊于普遍，取普遍于特殊，这种方法也呈现于伟大的作品和其他经久不衰的艺术形式中。虽然我们可能永远不会在南极生活，但是我们可以通过阅读伯德（Byrd）的叙述来理解孤独；虽然我们不大可能成为总统，但是我们能通过听水门事件的磁带来了解权力与腐败的具体情况。

在质性研究中，对普遍化最常见的理解可能是从读者或者从运用者的角度来看普遍化，就是将研究结果运用到他们所在的场景中。而阅读研究报告的人将自主决定报告结果是否适用于特定情况。这是法律和医学领域中的常见做法，一个案件对另一个案件的适用性由从业者自主决定。然而，研究人员有义务提供研究场景的详细描述，以让读者将"适合"的情况与他们的实际情况进行比较。

最后，艾斯纳（1998）认为，阻碍我们对社会科学中普遍化进行理解在于一个错误的假设：个体性和那些不可普遍化的研究在促进知识积累方面的作用是有限的。然而，知识不是"积累"的惰性材料。相反，他断言，在质性研究中，积累不是垂直生成的，而是水平生成的，"这是我们概念工具包的扩展"（p.211）。质性研究与人的个体世界之间的联系"必须由读者建立，他们必须通过类比和外推……而不是通过严密的逻辑进行一般化"

（p.211）。艾斯纳写道："人类具有超越现存信息、填补空白、生成解释、进行外推，并做出推论以解释意义的能力。通过这个过程，知识不断积累，感知愈加完善，相关意义得到加深"（p.211）。

要提高质性研究结果"迁移"到其他场景中的可能性，可以运用一些策略。最常见的策略是在研究中使用丰富的深描。深描是"一个由哲学家吉尔伯特·赖尔（Gilbert Ryle，1949）提出的概念，并由格尔茨（Geertz，1973）应用于民族志研究中的一个术语"，最初指的是一个主位或者内部解释（Maxwell，2013，p.138），如今已成为用来指对场景和研究成果的详细呈现。当今，当对研究的深描被当作一种确保可迁移性的策略，它是指对研究场景及研究参与者的详尽描述以及对潜在参与者的访谈、分析和已有研究作为依据的研究结果的详细描述。林肯和古帕（1985，p.125）说，确保取得研究可迁移性的最佳方法是"对研究情境进行深描，以便读者能评估他们的潜在场景与研究之间的相似性"。

另外一个提高可迁移性的策略是谨慎选择研究样本。尽可能使访谈地点或者受访者样本多样化，以保证读者或者研究成果采纳者在更大范围内进行应用。巴顿（2015）曾说，最大限度地多样化抽样包括"有目的地挑选广泛的案例，以获得不同程度的相关案例"。选择多样化案例的原因有两个："（1）使记录多样化；（2）在多种受访群体中，确定重要的一般模式（冲破多样化的干扰）"（p.267）。我们还要补充说明的是，吸纳多样化的研究受访者和研究场地，会使更多的读者将研究发现应用到其他场景。例如，假设你是一名校长，并对促进社区参与学校共建的相关因素研究感兴趣。如果你能找到一项研究，其涉及社区中的学校与你的学校相似，那么你找到有用结果的概率就会增大。例如，当你做一项糖尿病治疗的质性研究时，如果研究参与者的特征具有多样性（如性别、年龄、受教育程度、确诊时间长度），那么该研究将可能推广到更多人。

增加样本的多样性并不是提高研究可迁移性的唯一抽样策略。可以有目的地选择一个具有代表性的样本。在这一抽样中，研究人员应阐述他所选择的项目、事件或个案是否比其他同类事件更加典型，以便读者可以根据自己的情况来进行比较。以沃尔科特（2003年）的研究为例，他研究了20世纪70年代初小学校长的典型案例，他在研究中描述了他选择的校长为何"像大多数小学校长一样"，是男性，负责一所学校，并且"把自己当作职业校长"（p.1）。

虽然多样化样本与典型样本可以增加可迁移性，但是研究特定情境下样本的独特性也有助于增加可迁移性。正如艾斯纳（1998）在其前面的引文中所说，研究事物的独特性是因为其有助于我们在进行知识横向积累。正如沃尔科特（2005，p.167）指出的："每一个案例在一定程度上都和其他案例类似，但也有些只是部分类似，或者完全不同"。

表9.2是本章讨论的增强质性研究信度的策略总结。这些策略并没有穷尽所有，但它们是确保内部效度、信度和质性研究可迁移性的最常用做法。

表 9.2　提高效度和信度的策略

策略	详述
1. 三角互证	使用多名调查人员、多种数据源或多种数据收集方法来确认新发现
2. 参与者检验/受访者检验	将试探性的解释/发现反馈给数据来源人，并询问他们是否可信
3. 充分参与数据收集	花足够的时间收集数据，使数据达到"饱和"；这可能涉及寻找有差异或反面的案例
4. 研究者的立场或反省	研究人员对可能影响研究的假设、世界观、偏见、理论取向及其与研究的关系进行批判性自我反省
5. 同行审查/评议	与同事讨论研究过程，新发现与原始数据的一致性及初步解释
6. 审计跟踪	详细说明进行研究的方法、程序和决策要点
7. 丰富、详尽的描述	提供足够的描述以使研究背景化，以便读者能够确定他们的情况与研究背景相匹配的程度，从而确定结果是否可以迁移
8. 最大差异	有目的地寻求样本选择的变化或多样性，以允许研究的应用者将研究结果更广泛地应用

我们从一般意义上概述了质性研究中的大多数的信度和效度问题。同时，根据研究的目的，一些研究设计需要另外对效度进行概念化，尤其是那些行动研究设计。如第三章所述，行动研究使事情成真，以解决实践中的问题。行动研究也研究变化过程本身。因此，除了使用前述方式处理的效度和信度问题，还有针对这种研究形式的其他效度标准，包括结果效度、民主效度、催化效度和过程效度（Herr & Anderson，2015）。结果效度是"结果在何种程度上发生，这将直接引出研究中解决难题的方案"（p.67）。民主效度是指研究在何种程度上是与参与者合作进行的。催化效度是指参与者和研究人员如何在研究过程中改变了自己的观点。过程效度侧重于关注持续学习在研究的各个阶段是如何发生的，以及在每个阶段是否有足够的关于研究结果的论据支撑。虽然这些附加标准在行动研究中很重要，但是其实在任何质性研究中，效度和信度都涉及在研究过程中提供为什么这么做的信息，以及足够的支撑，以便读者可以确定结果可信。

五、质性研究的信度与伦理学考量

在很大程度上，研究的信效度取决于研究者的伦理道德。巴顿（2015）将研究人员的可信度以及缜密的研究方法看作确保质性研究可信度的重要组成部分，"不管最终更好还是更坏，数据的信度直接与那些收集和分析数据的研究人员的可信度及其表现出来的能力捆绑在一起"（p.706）。因此，研究者所受的训练、已有的经验和"缜密的逻辑"决定了质性研究的可信度。"方法不能保证缜密。研究设计不能保证缜密。分析技术和程序不能确保缜密。缜密存在于、依赖于并体现于严谨的思维里——这包括一切，也包括方法和分析"（p.703）。这些要素都是必不可少的，因为在所有的研究中，我们必须信任研究是按照诚信原则进行的，它涉及研究者保持他们的伦理准则。例如，假设你在研究一所标榜有超常学生出勤率和高毕业率的高中，你访谈教师、行政管理人员和学生，以确认学校成功的因素。你在查看学校记录中，却发现出勤率和毕业率被夸大了。如何处理这个发现将直接影响到整个研究的信度。虽然研究人员的价值观在一定程度上可从他们的假设和偏见陈述或者审计跟踪中瞥见一二，但是读者可能永远不会知道研究人员曾遇到过什么样的伦理两难处境及其是如何处理这些困境的。这些最终需要研究人员在研究中尽可能地遵循伦理准则。

尽管美国联邦政府、相关机构和专业协会制定了政策、准则和伦理守则，但实际的伦理实践归根结底依赖于研究者自身的价值观和伦理准则。特雷西（Tracy，2013）提出在研究程序方面可能存在伦理问题，那就是，"由某些组织或机构审查委员会规定的准则是普遍的或必要的"（p.243），如"不伤害"原则和知情同意原则。这些原则可能是在情境中生成的，如在研究背景下出现的原则，也可能彼此相关。"关系伦理意味着研究者必须认识到自己的角色，注意其与参与者的人际关系，并将参与者作为个人来对待，而不是将参与者作为产生好故事的工具"（p.245）。保护研究参与者免受伤害，维护其隐私权、知情同意权，以及可能的欺骗问题都需要提前考虑，一旦在访谈过程中出现了上述问题，必须解决。这种伦理困境的情境和关系本质，不取决于一套预先建立的一般性指导方针，而在于调查员自身的敏感性和价值观。

在质性研究中，伦理困境很可能出现在收集数据和传播研究成果的过程中。覆盖这两个过程的是研究者与参与者的人际关系。例如，这种人际关系和研究目的决定了研究人员在多大程度上揭示研究的实际目的——同意知情的程度实际上有多大——以及参与者在多大程度上被保护了隐私、免受伤害。在质性研究中，研究者与参与者关系的伦理考量是争论比较多的，特别是在批判性、参与性、女性主义和后现代研究中。当研究高度协作，参与性或政治性强时，伦理问题往往变得突出。林肯（Lincoln，1995）将研究人员与参与者之间的关系等同于一种伦理考量，并认为研究的效度是一个伦理问题。他提出了七项效度标准，如所有声音被倾听到的程度、研究关系的互惠程度等。

质性研究中访谈与观察的数据收集技术都各自存在伦理困境。正如斯塔克（Stake，2005）所言："质性研究人员是私人空间中的客人。他们应举止良好，严格遵守伦理准则"（p.459）。无论是预先确定问题的高度结构化访谈，还是半结构化访谈，或是开放式访谈，都会给信息提供者同时带来好处和风险。受访者可能会感到自己的隐私被侵犯，可能因为某些问题感到尴尬，也可能会讲述一些他们从未打算透露的事情。

深度访谈可能产生意料之外的长期影响。在访谈中，如果教师在第一次访谈时表达了对所选职业的愤怒和挫折感，那么会有什么后续影响呢？管理者通过参与研究而意识到自己缺乏职业选择？或者成人学生被要求给出未能学会阅读的原因？在访谈中，即使这个话题看起来是例行公事或是友好的，也可能会在访谈中浮现痛苦无助的记忆。

但是，访谈也可能改善受访者的状况，例如，被访者会审视他们的成功，或被激励采取积极行动。大多数接受访谈的人都喜欢分享他们的知识、意见或经验。有些人获得了宝贵的自我认知。对有些人来说，访谈也可能是治愈性的。巴顿（2015）指出，访谈人员的任务"首先是收集数据"（p.495）。他们既不是法官也不是治疗师，也不是对访谈中叙说的痛苦经历毫无反应的"一块花岗岩"（p.495）。巴顿和其他学者建议访谈人员协助被访谈者，就其遭受的困境提供解决途径。

质性研究中收集数据的第二种方法是观察。研究人员在观察中的活动也存在伦理困境。在被观察者毫无觉察的情况下进行观察会带来隐私和知情同意等伦理问题。韦布、坎贝尔、施瓦茨和塞克雷斯特（1981）在关于不采取反应措施的书中，指出了基于观察行为"公开"程度的一系列伦理问题。一端是不容易受到违反道德影响的公众人物的公共行为。在中间位置的是，"可被暂时视为私人事务"的公开场景，如公园里的恋人（p.147）。另一端则是"对私人行为的'监视'"，面临不同的伦理问题（p.148）。

参与式观察为研究者以及研究参与者都提出了问题。一方面，观察行为本身可能会导致观察对象的活动变化，在一定程度上使参与者的行为变得不典型。另一方面，参与者可能会对研究者的存在感到习惯，他们可能做出一些随后会尴尬的事情，或者透露原本无意透露的信息。此外，观察者可能见到那些本身就是伦理困境的行为，尤其是涉及虐待或犯罪的行为。如果在观察一项志愿者心肺复苏培训课程时，看见了教师与学员之间的不正当接触，或者被研究的群体攻击一个无助的青少年，或者研究人员目睹了完全无效、也许有潜在危害的咨询行为，该怎么办？对质性研究者来说，知道何时以及如何干预可能是他们面临的最困惑的伦理难题。泰勒和波格丹（1984）的结论是，虽然"关于研究伦理的文献通常支持在现场工作中采取非干预性原则"，但是不采取行动本身就是研究人员必须处理的"伦理和政治选择"（p.71）。

研究人员在研究中可能使用的文献存在的伦理问题较少。至少公共档案对任何人都是开放的，并且这种类型的数据通常是汇总好的（因此是匿名的）形式。但是，例如，继续职业教育项目的哪些相关文件揭示了挪用资金问题，或表明了行政职权上的以权谋私？此外，个人文本材料往往存在潜在的问题，除非他们愿意服务于研究目的。

无论是通过访谈、观察还是文本材料来收集数据，如果这些数据来源于网络，就会产生其他需要考量的伦理问题，例如，如何获得同意，评估数据来源的真实性，确定在公共领域中未经同意却可供研究人员获取的数据，等等。（参见第七章对在线数据收集中的问题进行的更全面的讨论）

分析数据也可能带来其他伦理问题。因为研究人员是数据收集的主要工具，数据通过其特定的理论视角或偏见进行过滤。什么是重要的，在收集和分析数据时什么应该或不应该关注始终由调查人员来决定。因此，与调查人员观点相左的数据可能被排除掉。有时这些偏见对研究人员来说并不十分明显，况且也没有指南来告诉研究者可能会遇到的所有情况。

传播研究成果可能会引发更新层次的伦理问题。如果研究受到资助，就需要向资助机构提交研究报告，调查人员就会因此失去对数据及其后续使用的权限。当数据以聚合形式出现的时候，匿名问题往往不是调查或实验研究中的特别问题。在连续体的另一端，是一个案例研究，对一个感兴趣的特定现象的深入调查。案例被选中可能因为它是独特的、不寻常的，或者有些反常的。在当地范围内保护案例详情或案例所涉人员的身份几乎都不可能。此外，"匿名可能不适用于那些可以轻松识别匿名内容的内部人士，更糟糕的是，有时候这些内部人士声称认识被匿名的人，但事实上他们错了"（Punch，1994，p.92）。

质性研究中关于研究伦理的讨论只触及一些在研究进行中会遇到的问题。有兴趣更深入探究伦理问题的读者可以参考很多资料。例如，巴顿（2015）的详尽讨论，提供了进行质性研究时应考量的十二项"伦理问题清单"：

1. 解释调查的目的和使用的方法。
2. 互惠（被访者的受益与补偿）。
3. 承诺。
4. 风险评估。
5. 保密。
6. 知情同意。
7. 数据访问权和所有权。
8. 访谈者心理健康。
9. 伦理建议（在伦理事务上谁能担任你的顾问）。
10. 数据收集的界限。
11. 伦理和方法论选择。
12. 伦理与法律。（pp.496-497）

总之，作为确保研究可靠性一部分，信度指以尽可能合乎伦理的方式进行研究的研究者是值得信赖的。

六、总结

与任何研究一样，信度、效度和伦理是质性研究主要考虑的因素。每个研究人员都希望为这个领域贡献可信的知识。由于质性研究基于与传统研究不同的假设和观点，大多数学者会运用不同标准对质性研究进行评估。

解决内部效度问题（研究发现在多大程度上是可信的）的方法有三角互证，由被访谈者或被观察者检查研究成果，控制现场停留时间，要求同行对新研究发现进行评定，澄清研究人员的偏见和假设等。增强信度（研究结果之间的一致性）的方法有调查人员解释假设和理论的基础、三角互证、进行审计追踪等；也就是说，详细描述研究如何进行，以及调查结果如何从数据中得出。最后，外部效度（质性研究结果在何种程度上可以被一般化或外推到其他场景）仍然是值得讨论的问题。在这章中，与统计学的外部效度概念不一样，我们对工作假设、普遍性，以及使用者和读者的普遍性问题也做了讨论。丰富的深描有利于实现可迁移性。

质性研究的信度还取决于研究者的可信度。虽然在质性研究中出现伦理问题的时候，研究人员可以参考相关指南和条例，处理伦理问题，但是研究人员仍应承担以合乎伦理的方式开展和传播研究的责任。

没有任何规则可以告诉研究人员，对回答者的提问什么时候会变成伤害，在虐待和非法的情况下什么时候进行干预，或者如何确保研究结果不会对相关人员造成伤害。研究人员可以做的是留心研究过程中存在的伦理问题，并审视自己面对这些问题的哲学取向。

第十章　撰写质性研究报告

对于大多数实践者来说，做研究意味着设计一项方案，解决实践中出现的一些问题，收集和分析与问题相关的数据，最后解释结果。而从事教育、卫生、护理、社会工作、管理等应用领域的研究生经常会忽视汇报和传播结果。如果一项研究没有被人知道，则没有任何影响，其他实践者也没有办法从该研究者的研究中获益。特别是对于质性研究，实地收集数据既引人入胜又令人兴奋。同样，分析数据、解答研究问题也是如此。相比之下，坐下来誊写研究发现则不能够立即获得回报，所以需要严格的自我约束。

以下几个因素使这个研究阶段特别令人生畏。首先，在质性研究中，数据收集和分析既连续又同步，终止研究过程与撰写研究结果没有明确的时间间隔。其次，大量的质性研究数据必须分类和精心挑选，并组织成一个连贯的叙述。最后，汇报质性研究数据并没有标准格式。40年前，洛弗兰（Lofland，1974）评论了质性研究中缺乏共识的现象："质性实地研究似乎在不同程度上非常特别，研究者缺乏一个公共、共享和成文的概念来决定研究怎样就算真正意义上完成了，以及研究成果应怎么样去形成"（p.101）。在今天来看，洛弗兰的观察更为真实，因为后现代主义对传统质性写作实践的批判，产生了多种多样的表现形式，如"自传、小说、诗歌、戏剧、读者剧场、故事、格言、分层文本、对话、书信、多声性文本、喜剧、讽刺、寓言、视觉文本、超文本、博物馆展示、编排的发现和展览品，诸如此类"（Richardson，Richardson & St. Pierre，2005，p.962）。

虽然更高级的研究人员可能想要实验以创造性和后现代的形式来呈现他们的发现，但是本章中，我们着重以建构主义观点（见第一章）来撰写质性研究结果。首先，我们就如何准备撰写报告提出相应建议。其次，也是主要部分，我们将审视研究人员就研究报告的内容和传播等方面可能做出的选择。最后，我们将展示如何撰写行动研究文章和艺术本位研究文章。虽然质性研究的报告可以采取口头、图片，甚至戏剧的形式，但是本章的重点仍是更常见的书面形式。

一、准备撰写

没有什么比坐在空白的计算机屏幕前写不出任何东西更令人沮丧的了。不幸的是，并没有范本让这成为一项容易的任务。你可以阅读关于如何写作的技巧，与那些经常写作的人交谈学习，阅读叙述范例。但是，就像学习游泳，没有可以替代亲自下水游泳的方法。这并不是说，撰写研究报告是一个完全偶然或随意的过程。在撰写研究报告之前需要处理以下任务：确定受众、选择焦点、列出研究提纲，这些任务有助于撰写研究报告。

（一）确定受众

第一个需要考虑的因素，也是最重要的因素之一，即确定研究报告的受众对象。沙兹曼和斯特劳斯（Schatzman and Strauss，1973）称这个过程为确定受众（audience conjuring）。"因为如果既没有实在的受众，又没有想象的受众，一个人很难想出或者说出什么话来，并且受众不同，研究的描述也不同。受众将'告诉'撰写者研究中要包括哪些材料，应强调什么，所传达的基本事实和想法需要怎样进行抽象及其复杂性"（p.118）。一旦我们清楚谁将会阅读报告，就可以考虑读者会想从这项研究中了解什么。这个问题的答案可以帮助我们组织报告的内容，并确定表达的方式。

对研究结果感兴趣的主要受众可能是普通大众、决策者、基金委员会、实践者和相关领域的研究成员。每位受众对研究成果都有不同的兴趣点，需要不同的方法来满足。例如，有一项关于辅助护理机构中老年居民如何学会使用计算机来学习和娱乐的质性研究。在一本流行杂志中阅读此研究成果的普通大众，会对居民经验的研究结果感兴趣。但是，政策制定者会特别关注政策的选择，参与为老年人或疗养院的管理立法的决策者可能想知道，这个项目如何影响对人员和居民的管理，是否应引导资金进入某项目等问题。研究的资金提供方（如计算机公司）会有自己的兴趣点，如居民如何进行网上消费，以及这个群体是否代表该方面的市场情况。

实践者最感兴趣的是研究情境是否与自己的情况足够类似，以保证他们也能采用同样的做法。"实践者可能会说他们想要一些提示小技巧"，埃里克森（Erickson，1986）写道，"但有经验的实践者明白，必须根据自身所处的环境对任何实践提示是否有用及其适当性进行判断。因此，有意从正面和反面的案例中学习，已经预先假定了案例的情况在某些方面与自身情况相当"（p.153）。鉴于上述例子，在娱乐和休闲、成人教育、健康教育和老年学等领域的实践者，可能对探讨学习电脑如何提升居民生活质量的研究特别感兴趣。因此，这其中隐含的比较发生在研究背景中的居民和实践着背景中的居民之间。

其他对这一问题感兴趣的研究人员，包括学位论文委员会，需要知道理论框架和技术方面的内容，如数据如何收集和分析，有哪些措施来确保信效度。有了这些信息，他们就可以判断研究价值及研究对知识的总体贡献。

最后，研究结果可能会向研究参与者展示。埃里克森（1986）指出，参与者主要关注涉及"他们个人和机构的声誉"（p.154）。如果研究结果对参与者有帮助，"报告必须谨慎地处理个人和机构的各种利益，因为人们行为和想法提供的信息与这些利益息息相关"（p.154）。巴顿（2015）强调研究报告需要对研究参与者有用，而且"如果你试图涵盖一切，你将因为展现太多研究结果而失去读者。如果要增强研究报告的一致性或扩大研究结果的影响，请遵循'少就是多'的原则。这可以概括为：写一堆不怎么样的结论，还不如好好写几个关键的结论"（p.621，原文中强调）。

确定受众有助于研究人员决定研究报告不同组成部分的重点。确定受众可能更有助于向特定目标群体中的人员，如你的顾问、特定的管理者和代表一般受众的朋友，汇报你的研究成果。通过与特定个人或群体"交谈"，你更有可能采用适当的语气（书面语、学术用语、流行语、个人用语）并在整个报告中保持一致。因（2014）建议不仅要仔细研究选定的受众，还要阅读以前交给该受众群体的研究报告。以前的研究报告模板可用作当前的写作参考。

（二）选择聚焦点

下一步是为研究报告选择聚焦点。聚焦点取决于写作的对象、研究的最初目的及分析数据时获得的抽象水平（见第八章）。

为说明受众、研究目的和数据分析水平在确定报告聚焦点中的决定作用，我们再次采用前面关于在辅助护理机构中向居民传授如何使用计算机的例子。当研究报告面向以实践者为主要受众的期刊或杂志时，报告应聚焦于介绍引入计算机的好处，或者教会老年人如何使用计算机的相关技巧。在任何情况下，对情境的完整描述都是重要的。我们用平实易懂的语言简要总结研究本身，并将益处或者技巧重点强调一下。

如果撰写的研究报告要交给学术委员会或学术期刊，报告的重点应反映研究的目的，即居民采用什么样的认知策略来学习使用计算机。例如，如果研究发展了一个实质性的理论，该理论将是写作的重点。研究报告或者文章应强调研究方法以及对研究结果的分析与解释。

波格丹和比克伦（2011）提出了另一种聚焦点——论点。论点是提出要论证和辩护的东西，往往产生于理论与现实之间的差异。由于其论证性质，论点是引人注意的热点问题。例如，在为政策小组或资助机构准备一份报告时，这种设问式的命题可能会被问及，在辅助护理机构中为居民购买计算机是否浪费了资金？

重要的是，为研究确立聚焦点。"确定聚焦点意味着首先要提出一个研究目标，然后完成该目标。确立一个聚焦点意味着你决定要告诉读者什么。你应该能用一两句话来说清楚。"（Bogdan & Biklen，2011，p.199）因此，聚焦点取决于要应对的受众和研究人员想要传达的信息。巴顿（2015）建议研究人员"聚焦！聚焦！聚焦！质性研究者的痛苦与读者或听众读（听）到本该省略的太多信息所造成的痛苦是一致的"（p.623）。关于撰写质性研究报告，沃尔科特（2009）甚至更详细地解释说，聚焦点是能够写出"关键句，'这个研究的目的是……'，如果你写不出关键句，那么你的难题不是写作，而是概念"（pp.34-35）。

（三）撰写研究报告提纲

在撰写报告之前，必须浏览一遍所有的相关数据，剔除无关数据，并以某种方式组织数据。在理想情况下，每个研究步骤都应这样做的。如果没有这样做，你至少应该设计一个计划来跟踪质性调查的大量典型数据、数据分析及对研究流程的思考（参见第八章）。如果每一步都这样做，并确定了受众和研究聚焦点，下一步则是制定研究提纲。

一些学者说，他们只是坐下来写，但没有写过提纲。也许他们对自己想说的只有一个模糊的概念。除了那些非凡的、通常具有高度创造性的学者，大多数人还是应该使用一个粗略的框架来协助写作。仅仅记下一些你想确保涵盖的要点，就已经显示了你是否有话想说。试图写下的任何东西都能显示出你是否做了足够的背景阅读、数据分析，或是否考虑得足够深入。正如戴伊（1993）指出的："你不能向别人解释的东西，就是你自己不了解的。阐述分析不只是我们为读者做的事情，也是我们为自己做的事情"（p.237）。

列提纲的一个简单方法是写下研究中所有可能涵盖的主题。接下来，以让预期受众易于理解的方式，并按照某种顺序去排列主题。所有研究报告都需要定义了研究问题并根据读者和研究方法来撰写的导言。报告正文包含以某种方式列出和组织的主题。总结部分概述研究发现并提出一些对研究发现的评论。

结合提纲，我们使用的策略是估算一下报告中每个部分的页数。例如，如果你把研究写成期刊文章，你应先决定投哪本期刊，并找出这本期刊稿件的平均页数（此信息可在期刊网站上找到，通常在标题为"作者指南"或"报稿指南"的页面上）。一个 5000 字或 20 页的手稿，你可以用一页的篇幅写导语，4 页篇幅解决大纲中的第一个主题等。当然，因为你在实际的撰写过程中会做调整，但这样确实能让你明确在报告的每个部分应投入多少精力。

（四）开始写作

你可以从提纲开始撰写研究报告的初稿。提纲将写作任务分成可管理的单元，让任务变得不那么难。但是，实际写作没有捷径，前述的所有准备都拯救不了你，你必须把文字写在纸上或把字符打在屏幕上。写作行为本身可以使事情发生变化，可能是因为大多数写作的研究人员都认为，写作是一种思考形式（Becker，2007；Wolcott，2009）。写作是一个"递归的社会性过程，使作者能够发展和澄清他们的想法，通过思想不断的生成、反馈和改变，让想法不断清晰"（Lofland，Snow，Anderson，& Lofland，2006，p.222）。洛弗兰等（Lofland et al.，2006）接着说："写作活动本身可以使文章更加聚焦，使你想表达的内容更加具体，甚至对你没有预料但想说的事情产生新的见解"（p.229，原稿强调）。这也是戴伊（1993）为什么说写作是"我们分析工具包的另一个工具"。一定程度上，"通过向其他人作自我解释，我们可以澄清和整合在分析中发现的关系和概念"（p.237）。

每个作者偶尔都会遇到一些障碍，但如果写作是一种思考方式，作者受到的阻碍可能更准确地来说是"思考"的阻碍。沃尔科特（2009）也同意："写作不仅是发现新观点的好方法，还是一种发现自身知识和思维缺陷的方法。但不幸的是，这意味着每当我们似乎没有思考时，我们必须准备直接面对。事实是，当写作不顺利时，就是我们仍然模糊的想法还不能用语言来表达"（p.19）。

如果出现一些写作障碍，可以尝试以下几种策略：第一，回到材料中，通读材料，然后思考想讲的故事。第二，写比不写好。收集的材料可能会用到，也可能用不到，但强迫自己写一些东西可能会引发更多的思考和写作。第三，为完成一定页数的内容而设置最后期限，并且不管写什么，都需要满足设定的最后期限。维尔纳和肖普夫勒（Werner & Schoepfle，1987）建议转向另一种沟通媒介——给一个朋友写一封关于研究的信件，或者就一个主题发表正式或非正式的演讲。讲座或谈话的录音也可用来激发后续的写作。

写作还有其他潜在的障碍。在撰写给别人阅读的文字时，我们应敞开心扉，接受评价和批评。虽然在现实中我们的想法会被批评，但是我们应把我们的想法看作自身的延伸。我们害怕会被"发现"我们知之甚少、能力不足，或害怕没有引用关键参考文献，在论点中有一些致命缺陷等。贝克尔（2007）在讨论中觉察到学生在文章写作中的亮点焦虑：一是"无法组织自己的思想，写作会变成一个大而混乱的杂糅"；二是"写作的内容可能是'错误'的，也许会有人嘲笑他们"（p.4）。贝克尔所讨论的另一个障碍是以为只有一种正确的写作方式的错误观点，即以为写作有一些"预定结构"，如果被事先告知，就能使写作变得容易（p.43）。

出于上述原因，每位作者都应该在开始时写一个草稿。研究报告的草稿只是初稿，不论某些部分有多么粗糙或多么不连贯，都绝对比从零开始更容易。可以向同事、朋友或研究参与者提供初稿以征求意见。将他们的建议与你自己的编辑相结合会得到一个升级版的研究报告，这个版本更接近最终版。在任何情况下，撰写初稿是最费力和费时的，不断的修改也是一个枯燥的过程。研究报告会逐渐成形，并且随着研究过程的结束，你会有一种成就感。

总之，可以通过将任务分解为较小的步骤而使研究报告的撰写工作变得更加容易。通过深思熟虑的策略来完成报告就成了一个可操作的任务。这里描述了一种类似的策略：

1. 有序组织与研究有关的所有材料。
2. 确定目标受众，因为不同受众感兴趣的研究问题和文章是不同的。
3. 选择符合目标受众关注且论述研究最初目的的焦点问题，并解决研究的最初目的。
4. 一旦好确定中心信息，就开始撰写研究报告大纲。
5. 开始写作。

可以不断去细化、调整或完善修改写作提纲以使之与写作时的想法相吻合。在最终修改之前，让他人阅读初稿，也是一种明智的做法。

二、质性研究报告的内容

在本章的第一部分，我们提出了学术写作中的策略。本小节将讨论一些质性研究人员在撰写报告内容方面的问题。研究报告的常见组成部分是什么？应该在哪里写研究方法、对其他研究的引用、数据呈现和其他此类问题如何处理？如何进行整合描述与分析？如何保持这两者之间的平衡？本小节还将讨论传播研究报告的途径，以及撰写行动研究和艺术本位研究的相关问题。

质性研究报告并没有标准格式。这么多年，质性研究报告的风格一直很多元，到今天还有一些非常创新的形式。质性研究报告的内容取决于受众的兴趣，以及研究者的最初目的。例如，实践者或普遍民众不会对报告中的方法论部分感兴趣，然而同行和其他研究人员会觉得这些信息对评估该研究对所在领域的贡献十分重要。我们在这里会介绍大多数质性研究的基本组成部分，并提供对研究报告不同部分的可行性选择。

（一）质性研究报告的各个部分

每个部分的相对重点及研究报告的总体形式差别很大。然而，所有报告都讨论调查问题的性质、调查的方式方法及得出的结果。在研究报告的标准形式中，一般在报告的开头阐述研究问题。这部分通常包括参考文献、理论框架、研究难点和研究目的，以及指导研究的研究问题（见第四章）。即使在更后现代的实验性文章中，读者一般至少对研究的大概内容有一些了解。例如，蒂尔尼（Tierney，1993）关于大学非歧视政策的民族志小说，通过引用政策来展开。接下来是对六个人在政策变更中的详细描述。通过他在报告开场白引用的 27 字政策阐述，我们至少知道研究发生在一所大学，而且在这所大学中涉及某种程度上的歧视问题。

一些研究报告的最初行文，特别是案例研究，会概述研究背景或问题缘起。在访谈作为主要或唯一数据来源的质性研究中，方法论部分要对样本可以代表总体的程度进行分析。一些访谈研究报告会包括对每一位研究参与者的简短描述。

研究方法部分至少应包括样本和数据是如何收集与分析的，并包括确保信度和效度的有效措施。一般来说，在质性研究报告中，应添加调查员的附加信息，如普遍信息有培训经历、经验、哲学取向和偏见。例如，在一篇谈及 18～25 岁的高中辍学生进入成人教育项目的现象的文章中，作者附加了标题为"立场"的章节（Davis，2014），展示了她在成人教育学生方面的兴趣和经验，以及她的信念："许多成人学生在不平等的社会和体系结构内工作，因为他们是没有高中文凭的成年人"（p.242）。另一个例子是艾布拉姆森（Abramson，1992）在关于其俄罗斯移民的祖父的案例研究中，囊括了他在翻译祖父写的希伯来语日记时固有的偏见，及其祖父本人的个人偏见。这其中包括将其祖父"病态化"（pathologize）的倾向。关于这种立场，他写道：

> 虽然我从来就不认识他，但是我很了解他的后代（我父亲）。我不喜欢我的父亲。他经常反复无常、冲动和言行失控。他脾气狂暴，并深受恐惧困扰……他似乎执迷于"二级军士长"的军队角色。好的一面是，我的父亲非常聪明，是一个天才音乐家，因此他偶尔是迷人的……因为我的父亲并不是"从石头中蹦出来的"，因此我假设——无论公平与否——他的行为和我祖父的行为之间有因果关系。因此，我倾向于中伤塞缪尔·艾布拉姆森（Samuel Abramson）。（pp.12-13）

除了关注研究问题和如何展开研究的信息，每份研究报告都应提供基于数据分析的研究结果。基本上，研究发现是研究问题的结果，即你作为调查员对现象的一种学习和理解。对于这一部分，几乎没有任何指导方针。理查森（2000）回顾了一系列展现研究结果的可能性。

玛格丽·沃尔夫（Margery Wolf）在《三重奏故事》（*Thrice-Told Tale*）（1992）中，对同样的事件以虚构的故事、田野笔记和社会科学论文的方式进行叙述。约翰·斯图尔德（John Steward）在《饮酒者、鼓手和体面的人》（*Drinkers，Drummers and Decent Folk*）（1989）中，对关于特立尼达村的描述综合运用了诗歌、小说、民族志叙述和田野笔记的写作方式。瓦莱丽·沃克丁（Valerie Walkerdin）的《女学生小说》（*Schoolgirl Fictions*）（1990），通过将诗歌、散文、她自己的照片、图纸、漫画和有注释的手稿纳入书籍分类条目，展现了主题为"男性和女性是承担了事实性质的虚构"。露丝·林登（Ruth Linden）在《编造故事，自欺欺人：女性主义者关于大屠杀的反思》（*Making Stories，Making Selves：Feminist Reflections on the Holocaust*）（1992）中夹杂了自传、学术写作和幸存者的故事（p.935）。

理查森支持在展现自己的研究发现时将"人文和社会科学做模糊处理"，这"不是因为'时髦'，而是因为模糊与更真实的生活感和学习风格一致"（Richardson & St. Pierre，2005，pp.964-965）。此外，多镜头写作的视角可以让文章"更加多样化并以作者为中心，更有趣、更谦卑"（p.965）。她提出了评估这种写作的四个标准——实质性贡献、美学价值、反思性和冲击力。关于第一个标准，我们可以设问，它对我们"理解社会生活"是否做出实质性贡献？关于第二个标准，"文本是否经过艺术化塑造，有满足感，复杂且不无聊"？反思，即作者的自我意识，是否得到了充分体现？冲击力，即作品有什么影响？"这件作品在情感上还是智力上影响我？"（p.964，原文中强调）。

尽管理查森正提出一些对有经验的研究人员来说，可能会是实验性的、令人兴奋的替代方案，但是在质性报告中呈现结果的最常见方法是根据类别、主题或从数据分析派生理论的方式来组织文字（参见第八章）。通常，"研究发现"部分首先简要概述调查结果，然后介绍每个单独的发现，这些发现由访谈或田野笔记、引用的文献证据佐证。案例10.1是关于低读写能力消费者如何进行市场谈判的研究（Ozanne，Adkins，& Sandlin，2005）。通过对22位学习者进行访谈，研究者发现了具备不同读写能力的四类研究参与者——异化的消费者、冲突身份管理者、身份置换和加强的消费者、以及精明的消费者。这四项参与者的概述被列在"研究发现"部分的开头。这个概述的功能类似地图，读者可以遵循概述来展开内容撰写。介绍和解释第一个研究发现（异化的消费者）时通过研究参与者的访谈数据得到佐证（参见案例10.1）。

案例10.1	呈现研究发现

异化的消费者

这些研究参与者接受了他们读写水平较低的污名，并感到耻辱……他们暗示他们的低读写能力在社会上受到了诋毁。这是他们经历的尴尬和耻辱。这种耻辱的强度从"感觉不好"到恐慌，甚至到"每次我告诉别人这件事，我的泪水就夺眶而出"。许多被异化的消费者分享了他们遭受偏见遭遇的经历，如被形容为"愚蠢""迟缓"或"懒惰"之类的。

你虽然认识很多人。但当你在他们之中说话时，他们会看着你，并认为，"你知道什么？"尤其是那些有文化的人……他们真的让你感到你不如他们。（Sarah）

市场的互动充满了不确定性，这些消费者永远担心他们有限的读写水平会暴露出来。这些研究参与者符合成人学习者的传统缺陷，即作为一个失败的决策者，在其社会经历中缺乏权力。一位办理驾照更新手续的参与者解释说。

我走进去，被告知要填写一张纸。我说："我填不了"。他并不会听我的。他说："你当然可以。到那张桌子前，读一下，并填写它。"我看着那张纸，不能动，感觉好像房间里的每只眼睛都盯着我。我可以读姓名、地址和电话，但我是如此紧张和尴尬，我甚至连读都做不到。我离开了，再也没有回去。（Sarah）

有时遭受这种消极对待是肯定的。一些销售员欺骗人。但通常，社会互动只是有隐藏的威胁，成人学习者并不确定他们有限的读写能力是否会真的被暴露出来。

我有一次在邮局知道了……我知道他是在谈论我。我不确定我听到的一切，但我知道他们在说关于我不能很好阅读的事情。（Olive）

资料来源：奥赞、阿德金斯和桑德林（Ozanne，Adkins，and Sandlin，2005，p.256）。经许可转载。

需理智判断要用多少数据来支持某一类别或主题。你需要足够多的数据，让研究结果令人信服。但也并不需要太多，以避免读者觉得厌烦。我们还要讨论研究结果，既可以在研究结果部分展现，又可以单列一个标题为"讨论"的章节。这一部分告诉读者你对调查结果做了哪些分析，有什么独到发现？与这个主题已知的内容相比，这个研究的价值如何？你的整体结论是什么？你的研究对已知的研究领域做出了哪些独特贡献？

研究报告中各个部分的安排

在研究报告中，方法论部分、文献综述部分、图表和示例应放在何处？这些答案也取决于受众群体的兴趣。对于一般公众、从业人员和资助机构，方法论部分可以放在报告的附录中。维尔纳和肖普夫勒（1987）提及民族志研究时曾写道，"普通读者只要觉得专著的质量、效度和信度可靠就够了，他们根本不关心民族志资料是如何获得的。但另一方面，民族志同行会认为研究中的方法论部分非常重要。在任何情况下，这个部分都不应该被排除在外，但它安放的具体位置应由设想的受众群体决定"（p.282）。

在期刊或以书的章节呈现的质性研究中，行文的开头就会有方法论的讨论，这种讨论经常在问题引入部分，或紧随其后。海德（Hyde，2006）说明了她是如何对心理健康小组的组织动态进行多案例研究的：

研究是在一个心理健康信托基金中心内进行的，这个中心的服务范围覆盖一个城市及其人口稠密的郊区。在案例研究设计中，每个心理健康团队都被视为一个单独的案例。在就准入问题进行谈判后，根据每个团队的开放时间，我开始观察每个案例的白天轮班情况或整个工作日情况。我在实地工作日记中记录了这些观察结果。这些记录包括了我对环境的情绪反应和对后续探索的初步解释，以及对观察到的事件、互动和细节的一般记录。

　　我们还对心理健康服务机构的经理和专员，以及工作人员、病人和护理人员进行了深入访谈。在整个研究中，探索与工作流程相关的其他员工的经验时使用了机会型对话策略。只要参与者有空，并且愿意谈一小段时间，这种对话就会展开。我们把这些对话中零碎的信息与观察结果进行比较，并与二手数据源，如服务信息传单的信息进行比较。这些比较的目的是确定这些人员宣称信奉的价值观和日常实践的差异，以此检验他们是否是真正拥护其宣称信奉的价值观的事实。（pp.222–223）

　　与研究问题相关的引用文献应放在哪里？在撰写大部分质性研究报告时，对先前研究和著作的综述是引入和发展研究问题的一部分。在讨论研究发现时，也应该引用有助于塑造研究重点的文献。分析数据的研究框架也有可能就源于文献中。例如，在归纳分析采取创新的过程时，你发现这个过程反映了在文献中已经建立的框架，你没有理由拒绝使用这个框架。正如巴顿（2015）所指出的："那些已经出版的与本研究主题相关的文献，侧重于说明具体研究的贡献。学术研究涉及在学术圈中与同行就特定问题的渐进式对话。因此，我们引用文献的分析重点，部分应来自在一个研究领域中做出贡献的文献。文献可能（或显性的或隐性的）为研究的初始设计做出贡献，因此在研究分析中，适当地重新回顾这些文献可以帮助我们进行聚焦分析"（p.526）。因此，如果进行质性研究的目的是对一些理论、原则或广为接受的民间智慧进行批评，调查人员应在行文的开头通过引用适当的文献来确立相关事实。但是，如果你是用别人的分类方案来解释数据（而不是从数据中发现事实），此类引用可以等到要使用相关材料的时候再使用。最后，讨论研究结果通常包含引用其他研究，指出你的研究结果支持或者不同于其他研究的地方。

　　因此，对有关文献的引用可以放在报告开头描述研究问题的部分，也可以放在文献综述部分，还可以放在展示和解释研究结果的部分。不管怎样，请牢记这个位置应取决于研究报告的预期受众和报告的长度。

　　那么图片、表格应放在哪里？虽然大多数质性研究报告使用叙述文本，但是偶尔使用图片、表格会使读者掌握研究中至关重要的主要发现或思想。以图片、矩阵、表格的方式来呈现质性数据，使读者能够更快地掌握分析中的复杂内容，往往就不需要那样宏大的叙事写作量了。但是这些方式是展现研究发现的简略版本，我们应该谨慎使用。

　　质性研究报告有三种常见的图表呈现方式。最常见的是列出研究参与者和关键信息的表格，如金（2014）研究韩国中年退休人员的职业转型过程时用到的表格。该表格标题为"参与者简介"，列出了每个参与者的化名、性别、年龄、受教育程度、主要职业、当前职业和进入当前职业生涯的年份。一项主要基于观察的研究可能首先包括"观察表格"，就像伊诺莫托和贝尔（Enomoto & Bair，1999）研究学校在吸收阿拉伯移民儿童中的作用时所做的。第二种图表呈现是对研究发现的叙述性展示，即展现类别和属性的列表，有时附有样本论据。第三种图表呈现是显示研究结果之间相互关系和相互联系的图形。例如，图10.1呈现了农村老年人的自主学习（Roberson & Merriam，2005）过程。如图所示，该过程由外部激励或内部激励主导。如果有人对主题或活动感兴趣，他就会获取与学习活动相关的资源。为继续这一进程，他需要深思熟虑，并系统关注该项目。也可以通过试错作出调整，最终大多数项目被终止（解决）。流程的一个重要方面是研究者碰到一个事件，这个事件作为催化剂，可以加快进程或激励他们在更深的层次上学习。例如，查理的妻子被诊断患有阿尔茨海默氏症后成为他学习的个人催化剂；在城镇的意外遭遇会让海蒂（Hattie）再次努力推进她所在城镇的人行道建设。

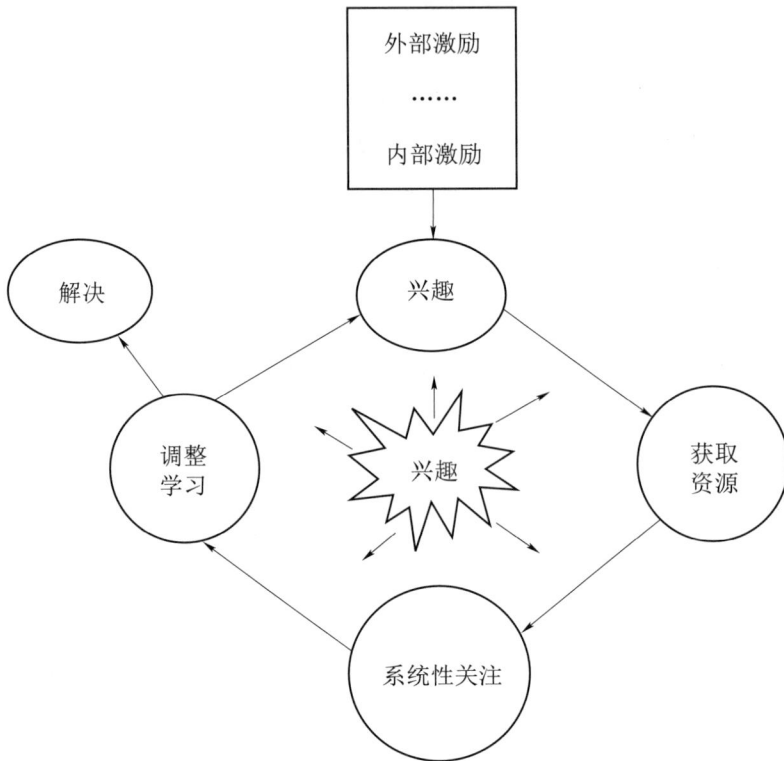

图 10.1　农村老年人自主学习的过程

资料来源：罗伯逊和梅里亚姆（Roberson & Merriaam，2005，p.275）。

在研究报告中使用视觉进行呈现时，研究人员应：

● 简化文字描述，仅包含让人理解展示内容所必需的信息。

● 尽量少用图表展示。只使用几个图表来代表重要思想，提请人们注意这些思想中的信息。

● 在文本中提及图表，将图表放置在接近提及它的文字段落。

● 带领读者"浏览"图表，说明如何阅读或理解图表。

图表呈现应该是研究叙述的综合部分，只用一两个句子概述不能向读者解释相关信息。研究者至少应解释表格、图片中显示的数据是如何说明研究的某些方面的，无论描述信息还是解释信息均应如此。

描述与分析

质性研究写作中需要解决的两个最大难题是：（1）相对于分析和解释，研究中要包含具体到何种程度的描述；（2）如何整合不同的材料，以使叙述有趣且内涵丰富。质性研究通过访谈、观察或文本等归纳出研究结果。其中有一些完全相同的数据需要作为调查结果的论据来展示。也正是这些论据的质量和数量最终说服读者，让他们相信研究发现是可信的。证据数量的多寡取决于研究报告的类型，相比于篇幅有限的期刊文章，学位论文往往可以有更大的发挥空间。作为质性研究期刊审稿者，我们已经看到了一些极端情况。大多数质性研究报告在描述方法后，就会紧接着呈现研究发现的类别。有些作者会呈现篇幅较长、页数较多的摘录，以支持其发现中并不重要的观点；有些作者因他们的研究发现非常令人兴奋而忘了提供足够的论据来支持其概念框架。我们对于这些情况的倡导和建议是，在大多数情况下避免大段引用冗长的段落，相反，我们要在叙述中嵌入较短而丰富的论据。此外，不要将多个证据（引用）放入一个列表中，而要将每一个引用都嵌入到叙述之中。在这些准则中有个明显的例外，即展示研究的叙述形式。你的目的是深入展现参与者的叙述，说明正在研究的现象是如何展开的，或者参与者如何陈诉他们的故事以作为研究发现的一部分。托宾和蒂斯德尔（Tobin & Tisdell，2015）对创造型作家的嵌入式学习的研究就是一个例证。

在描述性的研究形式中，当你正在介绍研究发现的类别时，你可能会问自己，多少证据才足够？对此，你应该尝试在描述和解释、证明和分析之间取得某种平衡。巴顿（2015）也曾提及这个问题："描述应先于分析，然后通过分析和解释进行平衡。无尽的描述会使自己陷入混乱。分析的目的是组织描述，让描述是有组织的、成系统的。描述提供了用于解释的分析框架。有趣且可读的研究报告会提供丰富的描述，使读者了解解释的基础，而充分的解释能够让读者欣赏描述部分"（p.606）。

埃里克森（2012）对特定描述、一般描述、解释性评论之间的区分有助于确定这种平衡：原始数据被认为是特定描述，在数据中发现的模式在研究报告中是一般描述，而更高的抽象级别则是解释性评论。特定描述包括引用被访谈者的叙述、田野笔记和与研究相关的文献。我们需要将一般描述告诉读者，从而让他们知道该引用在整体数据中是否典型。"相比于通过一般描述呈现相关模式，或者以一种只见树木不见森林的方式精心刻画特定描述，将两者结合起来更为真实，也更能取信于读者"（Erickson，2012，p.1465）。作为质性研究中的第三个要素，解释性评论为了解特定描述和一般描述提供了一个框架。这种类型的评论"让读者知道文本要走向哪里，它刚刚在哪里"（p.1465）。就描述和评论之间的平衡，埃里克森指出，"无论是在一部经典的专著中，还是在期刊文章中，一般描述和特定描述交替使用，以及一般评论和特定评论之间相互变换，都是优秀质性研究中最常见的例子"（p.1466）。

由于没有关于如何实现特定描述和一般描述之间平衡的准则，也没有对描述和分析之间平衡的准则，质性研究人员通常通过试错来学习如何平衡两者。通过阅读已发布的研究报告，或咨询有经验的同事也可能有助于学习如何平衡描述和分析。这里要记住的主要是，"你的任务是说服读者，让他们相信研究结果的合理性。引用你的研究对象的话，介绍田野笔记和其他数据中的简短部分，有助于说服读者，帮助他们更接近你所研究的对象"（Bogdan & Biklen，2011，p.206）。

（二）传播研究成果

研究的赞助者、研究目的和预期受众不同，报告研究结果时使用的形式可能也会有所不同。对于某些群体而言，摘要或专门说明会很高效。或者，对他们来说，叙述可以被替换为从数据中提取的一组开放式问题和答案。这种形式特别适用于报告多案例研究。读者"只需要检查对同一问题的答案，或者是每个案例研究中的问题，然后开始自行开展跨案例比较。因为每位读者都可能对不同问题感兴趣，一整套研究形式能促进更符合读者特定需求的跨案例分析"（Yin，2014，p.185）。另一种可能是在附录中依托支持数据准备分析摘要。当然，口头形式的会议报告、汇报、新闻发布会等，都能交流并传播一些研究成果。事实上，一项研究的结果也可以以电影、视频光盘或图片的形式来呈现。

大多数研究人员有兴趣在赞助者和参与者之外传播他们的研究成果。这种传播主要通过领域内的会议或期刊来实现。会议由专业协会或相关机构来举办，通常向任何对该主题有兴趣的人开放。任何会议都是传播研究成果的渠道，当然，这也取决于会议的目标和你是否能根据这些目标来撰写研究报告。例如，教师对社会研究课程的影响的质性研究可以在教育研究、课程问题、教学或社会研究的相关会议上报告。

在专业期刊上发表研究报告意味着自己要熟悉杂志的格式、风格、发表程序和关注点。将质性研究投稿到只出版实验研究的期刊，即使研究主题与杂志的内容匹配，也是毫无意义的。因为质性研究报告具有多样性，所以最好找出相关领域期刊上的质性研究原型。例如，包括课程和督导、科学教育、成人教育等在内的教育领域，都将质性研究纳入出版范围。与人类学、社会学和心理学等领域相关的杂志也可能发表有关教育问题的研究。也有专门致力于质性研究的期刊，如《国际教育质性研究》（*International Journal of Qualitative Studies in Education*）、《质性研究》（*Qualitative Inquiry*）、《质性社会工作》（*Qualitative Social Work*）、《国际质性研究方法》（*International Journal of Qualitative Methods*）、《万花筒：质性传播研究研究生期刊》（*Kaleidoscope：A Graduate Journal of Qualitative Communication Research*）、《叙事研究》（*Narrative Inquiry*）、《质性研究报告》（*The Qualitative Report*）、《传播学质性研究》（*Qualitative Research Reports in Communication*）、《质性健康研究》（*Qualitative Health Research*）、《当代民族志》（*Journal of Contemporary Ethnography*）、《质性研究国际评论》（*International Review of Qualitative Research*）、《质性研究》（*Qualitative Research*）、《组织与管理中的质性研究：国际期刊》（*Qualitative Research in Organizations and Management：An International Journal*）。

研究成果的其他传播方式可能通过专业协会、基金会、社会服务机构和社区组织等的内部出版物来进行。当然，质性研究有时以专著的形式出版。通常这样的专著由与大学或专业组织有关的出版社来出版，如伍思诺的《上帝问题：表达信仰和保持理智》(*The God Problem：Expressing Faith and Being Reasonable*，2012)。偶尔有商业出版社发表具有广泛吸引力的研究成果。普雷斯顿(Preston，1995)在《血疫》(*The Hot Zone*)中的口述就是一个例子，它讲述了弗吉尼亚州雷斯顿的猴子爆发埃博拉病毒的故事。特克尔(Terkel，2001)的《向死而生》(*Will the Circle Be Unbroken？*)则是关于死亡的奥秘和生命的终结。

（三）撰写行动研究和艺术本位研究报告时需要注意的问题

撰写任何研究报告都没有绝对正确的方法，正如我们已经讨论过的，采取的撰写形式取决于受众、出版渠道和篇幅。为学术期刊与为大众媒体写作的语言和展现形式都是不一样的。这对撰写质性研究来说是一个需要考虑的重要因素。但也有一些特别的事项，是撰写行动研究和艺术本位研究需要注意的。

如前所述，标准论文都会以五章论述的形式展开。这反映了传统书面研究论文的五个部分：导论、文献综述、研究方法、研究发现和研究讨论。虽然现在撰写质性研究的形式各种各样，但是这种五节格式（或在论文中的五章格式）不适用于撰写行动研究或艺术本位研究。

正如我们在第三章中讨论的那样，行动研究是与研究参与者一起在实践中解决问题的研究，研究过程同时也是解决问题的过程(Herr & Anderson，2015；Kemmiset et al.，2014)。所以，行动研究中的问题不仅仅是"发现是什么"，还包括"如何展开解决问题的过程从而产生了这些发现"。撰写行动研究的人员通常在论文中用多个章节来提出研究在不同阶段获取研究结果的过程。可能用一章阐述在初始阶段与研究参与者一起规划而得出的研究发现。然后，可能两个或三个章节，抓住行动研究的不同螺旋周期（计划—行动—观察—反思），以及最终的研究发现。赫尔和安德森(Herr & Anderson，2015)提出了一些很好的建议来说明行动研究论文应该是什么样的，并且囊括了一些优秀范例。

但是为期刊杂志写作则是另一回事，因为人们必须接受篇幅限制的问题。如何在7500字的限制内设置问题、处理文献，并涵盖两个行动研究过程？事实上，这是一个两难的困境。一些研究人员选择在期刊上只涵盖研究的某些方面。例如，在一个探讨了社区通过对话改善辅助医学专业人员的临床经验的行动研究中，作者更关注社区对话的方法(Hickson，O'Meara，& Huggins，2014)。从本质上讲，他们突出研究流程的各个阶段，但发现部分仅提供一般性评论（没有支持性引用）。他们可能会在另一篇文章中更深入地讨论实际发现。再比如，在一篇文章中，斯塔基(2009)讨论了创造性表达如何作为了解糖尿病患者的一种方式。在另一个研究中，她和她的合著者更专注于对创造意义的探索过程，因为随着时间的推移，这一过程在研究参与者的叙述中展开(Stuckey & Tisdell，2010)。

在艺术本位研究方法中，显然应把艺术或艺术过程的基础打好。如果它是一个关于艺术家和（或）视觉艺术或摄影的研究，通常研究参与者的艺术都应包含在写作中。例如，佐里利亚（Zorrilla，2012）在她关于概念艺术家路易斯·卡姆尼策（Luis Camnitzer）的研究论文中，展示了她的一些艺术照，这样读者就可以按照她的分析路线来思考。在另一个例子中，泰勒在他关于社区组织的战略构想中，探讨讲故事和制作镶嵌图案的作用（见于新闻报道）。这个研究提供了在社区组织中的讨论过程及社区制作镶嵌图案过程的照片。马诺夫斯基（Manovski，2014）在有关其身份的发展如何与艺术和音乐相联系的长篇自传中，透过书中的章节讲述了多种艺术形式如何与其身份形成不同方面的关系。汉利和维欧（Hanley & View，2014）研究了有色人种如何通过诗歌创造来叙述。这时研究的是人们通过诗歌创造知识，而不是研究诗歌包括的各个方面。显然，艺术本位研究可以有不同方式来满足作者的创作需要。

三、总结

本章着重论述如何撰写质性研究报告。如果没有报告研究结果和传播研究结果这两个重要步骤，研究过程就是不完整的。应用领域的研究对于扩展领域知识，以及促进理解和改进实践都大有裨益。研究可以为理论和实践做出贡献，但前提是要传达超出研究背景的信息。因此，对撰写研究报告的建议如下。首先，作者应收集所有的相关数据，然后确定目标受众。其次，确定要传达的主要信息，即研究的聚焦点或研究主题。处理大量材料时，反映研究重点的提纲是必需的。最后，研究人员可以开始准备撰写初稿了。本章的主要部分侧重于质性研究报告的内容，回顾了研究问题、方法和调查结果的基本要素，以及各要素在研究报告中所处的位置，平衡研究中的描述与分析，以及传播研究结果。本章在最后论述了如何撰写行动研究和艺术本位研究。

撰写质性研究的最终报告与进行质性研究其实一样，既艺术又科学。尽管我们可以汲取示例、指南和他人经验，但研究的过程以及研究结束时的成果需反映研究情境的独特性。在这本书中，我们提供了一些指南，分享了我们的经验，并提供了许多处理质性研究的各个组成部分的例子。然而，这不能替代形成研究问题、收集和分析数据及写下研究发现的实际参与过程。我们只是希望这本书会让你的研究旅程更加轻松。

附录　质性研究的方法论部分

沙兰·B. 梅里亚姆

　　无论是一篇完整的论文还是一个研究计划的方法论简述，质性研究必须向审查或资助委员会解释清楚其研究设计是什么、如何选择样本、如何收集和分析样本数据以及如何保证信度。以下是质性研究方法论部分（通常是论文的第三章）的模板。每一节都与这本书的章节相关。在这里你会发现关于方法论的进一步详细说明。这只是一个一般性的指导方针，每一项研究都是独特的，方法论章节中包含的内容应根据研究的特殊情况而有所不同。

研究方法

　　这一章应以约半页的介绍开始，呈现给读者研究的难点和目的，之后便是研究问题。你还可以告诉读者你计划在本章中涵盖哪些主题（即研究设计、样本选择等）。

研究设计（第一章和第二章）

　　在这里，你阐述质性研究的哲学基础是什么（如社会建构主义），以及质性研究的定义特征是什么。例如，你可能会告诉我们质性研究的重点是过程、意义和理解，研究人员是收集和分析数据的主要工具等。你可以告诉我们为什么质性研究设计最适合你的研究。如果你正在做一个基本的质性研究，这就是你需要介绍的内容。

　　如果你要使用一种特殊类型的质性设计（如扎根理论、叙事研究、现象学、民族志或案例研究），你应描述这类质性研究的全部内容。明确你为什么选择这种特定的质性研究方法来处理你的研究问题。例如，如果你关注的是文化，民族志研究方法就有意义；如果你正在对一个有边界的系统进行深入研究，那么案例研究就很合适。

样本选择（第四章）

　　在质性研究中，我们通常使用有目的抽样（有时使用"标准抽样"这个术语）。首先，定义有目的抽样，然后阐述使用什么标准来选择样本，为每个标准提供一个基本原理（除非它非常明显就不用详细说明了）。例如，受教育程度是成为研究对象的一个标准吗？如果是这样，那为什么？是因为经验、年龄、性别、种族吗？例如，在对改革型领导的研究中，你首先必须决定你将使用什么标准来定义改革型领导。如果你研究的是成功企业，你就必须为哪些企业符合"成功"的定义而建立标准。最后，请确切地告诉我们，你将如何获取样本，以及你的研究中大约有多少参与者（答辩委员会认识到，你不能提前确定这一点，但他们希望你能有一些想法）。

如果你在做一项案例研究，你会有两个层次的有目的抽样。首先，告诉我们选择案例的标准（如项目、机构、干预）。第一步是根据预先确定的标准有目的地选择案例。其次，除非你计划访谈案例中的所有人，或观察所有活动，或阅读与案例相关的所有文本，否则你还必须告诉我们如何选择案例中的人员、活动或文本作为样本。例如，你会用什么标准来选择要访谈的人？如果需要在案例中选择特定视角，你甚至可以在案例中使用随机抽样（如高校中的教师或学生）。不过，更有可能的是，你将有目的地选择被访谈的人或被观察的活动。

数据收集（第五章、第六章和第七章）

这一部分以介绍性段落开始，确定你将在研究中使用哪种数据收集方法。然后分段介绍每种方法。当然，如果只使用一种方法，通常不需要分段。

访谈

你要告诉我们什么是研究性访谈，有哪些不同类型的访谈，以及你打算采用哪种类型的访谈。大多数质性研究采用半结构化访谈，但也许是为了从每个人那里收集相同的人口统计数据，需要一个结构化部分。同样，访谈的某些部分可能是非正式的。请简要描述你的访谈日程或计划使用的指南，具体问题应附在附录中以供我们参考。告诉我们访谈是面对面的、通过电话的、在线的，还是三者兼而有之。告诉我们访谈是用磁带录音、录像还是记的笔记。如果可能有后续的访谈，也需要说清楚。

研究人员通常会与朋友或同事，甚至有资格参加研究的人一起演练他们的访谈问题。给我们讲讲这些预访谈吧，一定要告诉我们你从这些访谈中学到了什么。预访谈结束之后，你要告诉我们你会以哪种方式确定你的访谈安排。

观察

通过实地观察收集数据的研究人员面临着选择最佳观察时间、决定观察次数等问题。许多人从非正式的访问开始，熟悉环境、人和活动。在非正式访问之后，他们将对感兴趣的现象进行密集和有针对性的观察。告诉我们你打算如何进行观察。你如何进入研究现场？谁批准你去的研究现场？你会先熟悉一下环境，还是没有必要去熟悉环境？你打算观察什么？你的角色是什么（完全观察者、参与式观察者等）？你观察的重点是什么？（你如何专注于观察将直接关系到你的研究问题。）你会使用哪种类型的协议或观察记录表吗？如果是，请解释一下，并在附录中提供给读者一份副本。

文本

文本可以是你研究的主要数据来源（参见第七章）。如果是这样的话，在该章节中，你应该为我们提供文本数据库的完整和详细描述。然后告诉我们你是否计划检查所有的文本，或者你是否将选择一个文本样本。如果你打算从特定的文本数据库中选择一个样本，你应使用有目的抽样，同时建立一个标准来指导你如何选择样本。

如果你计划使用文本作为数据源来补充访谈或观察，推测下你可能会寻找哪种类型的文本。是官方记录、学生论文、照片，还是个人文本材料（如日记、信件等）？或者你会要求参与者为研究生成文件（比如关键事件、反思，甚至是现象的规模或衡量标准）吗？

在线数据

如何对网上收集的数据进行分类存在很大的不确定性。你会"观察"在线互动吗？在线讨论的文本会被打印出来吗？我建议你告诉我们在线数据由什么组成，以及你打算如何获得这些数据，而不是试图对这些材料进行分类（在线访谈除外，在线访谈显然是访谈的一部分）。如果你打算在网上做一些访谈，我建议你在前面的"访谈"部分处理。

数据分析（第八章）

如果有什么事情可能会使委员会感到困惑，那就是你打算如何分析数据（一旦你完成了研究，实际上就是如何分析数据的）。在该章节开始时，你应告诉我们你的数据集由什么组成，是转录的访谈、田野笔记，还是文本材料。还应告诉我们你计划如何管理和组织数据。例如，你将使用一个特定的质性数据分析软件程序，还是使用文字处理程序？

所有质性数据分析都是归纳和比较的，以便归纳贯穿数据的共同主题、模式或类别。质性数据分析也应该在数据收集的同时（而不是之后）进行。告诉我们你的计划，并在进行数据收集的过程中尽可能地分析数据（数据收集安排有时会干扰你的分析），并确认你将采用的全面归纳和比较分析的策略。大多数质性研究都使用连续比较法（见第八章）。告诉我们这是一种什么方法，并引用一些参考文献。请确切地告诉我们你打算怎样做。你首先要做什么？然后做什么？最后做什么？也就是说，告诉读者你分析数据的计划。你可以在这里讨论如何进行数据编码。

虽然所有的质性数据分析最终都是归纳和比较的，但是根据你所进行的质性研究的类型，还可以采用其他一些策略。如果你确实在做一种特定类型的质性研究，现象学、叙事分析、扎根理论等特定策略都需要在这一节中解释。也有一些分析策略可以应用于不同类型的质性研究，如话语分析、内容分析和分析归纳。如果你选择使用其中一种策略，请在这部分详细解释。

初步（预）研究

如果你已经进行过预研究，或者你打算进行预研究，请在这里告诉我们。预研究需要的不仅仅是试验数据收集方法。你应根据一些标准选择一个示例，收集数据并分析数据。告诉我们你从这个预研究中学到了什么，或者期望学到什么。

效度与信度（第九章）

你会在你的研究中建立什么样的策略来确保研究可信，即有效和可靠？三角互证是一种常见的策略，审计跟踪也是一种策略，尤其是参与者审查。告诉我们如何考虑外部效度（普遍性），因为在质性研究中，读者不能从统计学意义上进行概括。

研究人员的偏好和假设（第九章）

在这一部分，你应告诉我们你对这项研究的假设。你的偏好是什么？我们应该知道关于研究人员的一些东西，这会帮助我们理解你是如何进行这项研究的，你是如何解释数据的，你对什么比较敏感，你和调查中的话题有什么关系。

翻译问题

如果你正在用英语以外的语言收集数据，你需要告诉我们你如何将数据翻译成英语。通常有两种策略：一种是可以用该语言编写一份草稿，再逐字翻译成英文，然后用英语进行数据分析；另一种是你使用原始语言工作，包括数据分析，然后将结果和支撑材料部分翻译成英语。在任何一种情况下，你都必须建立一个"回译"的策略来检查你的翻译，也就是说，一个会说两种语言的人会把你的一些英语翻译回原来的语言。翻译得越接近原文，你的译文就越可靠。

参考文献

Abramson, P. R. (1992). *A case for case studies*. Thousand Oaks, CA: Sage.

Adler, P. A., & Adler, P. (1998). Observational techniques. In N. K. Denzin & Y. S. Lincoln (Eds.), *Collecting and interpreting qualitative materials* (pp. 79–109). Thousand Oaks, CA: Sage.

Allen, W. (2013). Rewarding participation in social media enabled communities of practice. In *International AAAI Conference on Weblogs and Social Media*. Retrieved from http://www.aaai.org/ocs/index.php/ICWSM/ICWSM13/paper/view/6257

Al Lily, A. E. (2014). The tribe of educational technologies. *Higher Education Studies*, *4*(3), 19–37. Retrieved from http://search.proquest.com/docview/1539696663?accountid=13158

Alston, G. D. (2014). *Cross-cultural mentoring relationships in higher education: A feminist grounded theory study*. Unpublished doctoral dissertation, Texas State University.

Alston, G. D., & Ellis-Hervey, N. (2014). Exploring the nonformal adult educator in twenty-first century contexts using qualitative video data analysis techniques. *Learning, Media and Technology*. doi: 10.10080/ 17439884.2014,968168

Altheide, D. L., & Schneider, C. J. (2013). *Qualitative media analysis* (2nd ed.). Thousand Oaks, CA: Sage.

Anfara, V. A. Jr., & Mertz, N. T. (2015). Introduction. In V. A. Anfara Jr. & N. T. Mertz (Eds.), *Theoretical frameworks in qualitative research* (2nd ed.). (pp. xiii–xxxii). Thousand Oaks, CA: Sage.

Ardévol E., & Gómez-Cruz, E. (2014). Digital ethnography and media practices. In F. Darling-Wolf (Ed.), *The international encyclopedia of media studies: Research methods in media studies* (pp. 498–518). San Francisco: Wiley.

Armstrong, D., & Ogden, J. (2006). The role of etiquette and experimentation in explaining how doctors change behavior: A qualitative study. *Sociology of Health and Illness*, *28*, 951–968.

Auster, C. J. (1985). Manuals for socialization: Examples from Girl Scout handbooks 1913–1984. *Qualitative Sociology*, *8*(4), 359–367.

Bailey, N., & Van Harkein, E. (2014). Visual images as tools of teacher inquiry. *Journal of Teacher Education*, *65*(3), 241–260.

Ballenger, C. (2009). *Puzzling moments, teachable moments. Practicing teacher research in urban classrooms*. New York: Teachers College Press.

Banerjee, A. (2013). *Leadership development among scientists: Learning through adaptive challenges*. Unpublished doctoral dissertation, University of Georgia, Athens.

Barbour, R. (2008). *Doing focus groups*. Thousand Oaks, CA: Sage.

Barone, T., & Eisner, E. (2012). *Arts based research*. Thousand Oaks, CA: Sage.

Bateson, M. C. (1990). *Composing a life*. New York: Penguin Books.

Beale, C. (2013). Keeping the story together: A holistic approach to narrative analysis. *Journal of Research in Nursing, 18*, 692–704.

Becker, H. S. (1993). Theory: The necessary evil. In D. J. Flinders & G. E. Mills (Eds.), *Theory and concepts in qualitative research: Perspectives from the field* (pp. 218–229). New York: Teachers College Press.

Becker, H. S. (2007). *Writing for social scientists: How to start and finish your thesis, book, or article* (2nd ed.). Chicago: University of Chicago Press.

Bierema, L. L. (1996). How executive women learn corporate culture. *Human Resource Development Quarterly, 7*(2), 145–164.

Blankenship, J. C. (1991). *Attrition among male nursing students*. Unpublished doctoral dissertation, University of Georgia, Athens.

Boellstorff, T., Nardi, B., Pearce, C., & Taylor, T. (2012). *Ethnography and virtual worlds: A handbook of method*. Princeton, NJ: Princeton University Press.

Bogdan, R. C., & Biklen, S. K. (2011). *Qualitative research for education: An introduction to theories and methods* (5th ed.). Boston: Pearson.

Bogdan, R. C., & Taylor, S. (1975). *Introduction to qualitative research methods*. New York: Wiley.

Bohannan, L. (1992). Shakespeare in the bush. Reprinted in J. M. Morse (Ed.), *Qualitative health research* (pp. 20–30). Thousand Oaks, CA: Sage.

Borg, W. R., & Gall, M. D. (1989). *Educational research* (5th ed.). White Plains, NY: Longman.

Bracken, S. (2011). Understanding program planning theory and practice in a feminist community-based organization. *Adult Education Quarterly, 61*(2), 121–138.

Braun, V., & Clarke, V. (2013). *Successful qualitative research: A practical guide for beginners*. Thousand Oaks, CA: Sage.

Brinkmann, S., & Kvale, S. (2015). *Interviews: Learning the craft of qualitative research interviewing* (3rd ed.). Thousand Oaks, CA: Sage.

Brockenbrough, E. (2012). Agency and abjection in the closet: The voices (and silences) of black queer male teachers. *International Journal of Qualitative Studies in Education, 25*(6), 741–761.

Buckner, T. M. (2012). *Engaging moments: Adult educators reading and responding to emotion in the classroom*. Unpublished doctoral dissertation, University of Georgia, Athens.

Bullingham, L., & Vasconcelos, A. (2013). "The presentation of self in the online world": Goffman and the study of online identities. *Journal of Information Science, 39*, 101–112.

Burbules, N. C. (1986). Tootle*: A parable of schooling and destiny. *Harvard Educational Review, 56*(3), 239–256.

Burgess, R. G. (Ed.). (1991). *Field research: A source book and field manual*. New York: Routledge.

Carney, G., Dundon, T., & Ní Léime, A. (2012). Participatory action research *with* and *within* community activist groups: Capturing the collective experience of Ireland's community and voluntary pillar in social partnership. *Action Research, 10*(3), 313–330.

Carr, W., & Kemmis, S. (1995). *Becoming critical: Education, knowledge and action research*. London: Hyperion Books.

Charmaz, K. (2000). Grounded theory: Objectivist and constructivist metods. In N. K. Denzin & Y. S. Lincoln (Eds.), *Handbook of qualitative research* (2nd ed.). (pp. 509–535). Thousand Oaks, CA: Sage.

Charmaz, K. (2011). Grounded theory methods in social justice research. In N. K. Denzin & Y. S. Lincoln (Eds.), *The Sage handbook of qualitative research* (4th ed.). (pp. 359–380). Thousand Oaks, CA: Sage.

Charmaz, K. (2014). *Constructing grounded theory* (2nd ed.). London: Sage.

Chein, I. (1981). Appendix: An introduction to sampling. In L. H. Kidder (Ed.), *Selltiz, Wrightsman & Cook's research methods in social relations* (4th ed.). (pp. 418–441). Austin, TX: Holt, Rinehart and Winston.

Cho, J., & Trent, A. (2006). Validity in qualitative research revisited. *Qualitative Research, 6*(3), 319–340.

Clandinin, D. J. (Ed.). (2007). *Handbook of narrative inquiry: Mapping a methodology*. Thousand Oaks, CA: Sage.

Clandinin, D. J., & Connelly, F. M. (1998). Personal experience methods. In N. K. Denzin & Y. S. Lincoln (Eds.), *Collecting and interpreting qualitative methods* (pp. 150–178). Thousand Oaks, CA: Sage.

Clark, G. K. (1967). *The critical historian*. Portsmouth, NH: Heinemann Educational Books.

Clarke, A. E. (2005). *Situation analysis: Grounded theory after the postmodern turn*. Thousand Oaks, CA: Sage.

Coady, M. (2013). Adult health learning and transformation: A case study of a Canadian community-based program. *Adult Education Quarterly, 63*(4), 321–337.

Cochran-Smith, M., & Lytle, S. (Ed.). (2009). *Inquiry as stance: Practitioner research in the next generation*. New York: Teachers College Press.

Coffey, A., & Atkinson, P. (1996). *Making sense of qualitative data*. Thousand Oaks, CA: Sage.

Collins, J. (2001). *Good to great: Why some companies make the leap and others don't*. New York: HarperCollins.

Collins, J., & Hansen, M. T. (2011). *Great by choice: Uncertainty, chaos, and luck—why some thrive despite them all*. NY: HarperCollins.

Connelly, F. M., & Clandinin, D. J. (1990). Stories of experience and narrative inquiry. *Educational Researcher*, *9*(5), 2–14.

Cooper, H. M. (1984). *The integrative research review: A systematic approach*. Thousand Oaks, CA: Sage.

Cooperrider, D., Whitney, D., & Stavros, J. (2008). *The appreciative inquiry handbook: For leaders of change* (2nd ed.). Brunswick, OH: Crown Publisher House.

Corbin, J., & Strauss, A. (2015). *Basics of qualitative research: Techniques and procedures for developing grounded theory* (4th ed.). Thousand Oaks, CA: Sage.

Cortazzi, M. (1993). *Narrative analysis*. London: Falmer Press.

Courtenay, B. C., Merriam, S. B., & Reeves, P. M. (1998). The centrality of meaning-making in transformational learning: How HIV-positive adults make sense of their lives. *Adult Education Quarterly*, *48*(2), 102–119.

Cranton, P., & Merriam, S. B. (2015). *A guide to research for educators and trainers of adults* (3rd ed.). Malabar, FL: Krieger.

Creswell, J. W. (2013). *Qualitative inquiry & research design* (3rd ed.). Thousand Oaks, CA: Sage.

Creswell, J. W. (2015). *A concise introduction to mixed methods research*. Thousand Oaks, CA: Sage.

Creswell, J., & Plano Clark, V. (2011). *Designing and conducting mixed methods research* (2nd ed.). Thousand Oaks, CA: Sage.

Cronbach, L. J. (1975). Beyond the two disciplines of scientific psychology. *American Psychologist*, *30*, 116–127.

Crosby, J. L. (2004). *How learning experiences foster commitment to a career in teaching English as a foreign language*. Unpublished doctoral dissertation, University of Georgia, Athens.

Crotty, M. (1998). *The foundations of social research*. London: Sage.

Crowe, T. V. (2003). Using focus groups to create culturally appropriate HIV prevention material for the deaf community. *Qualitative Social Work*, *2*(3), 289–308.

Daiute, C. (2014). *Narrative inquiry: A dynamic approach*. Thousand Oaks, CA: Sage.

D'Andrade, R. G. (1992). Afterword. In R. G. D'Andrade & C. Strauss (Eds.), *Human motives and cultural models*. Cambridge, England: Cambridge University Press.

Davidson, J., & diGregorio, S. (2013). Qualitative research and technology. In N. K. Denzin & Y. S.

Lincoln (Eds.), *Collecting and interpreting qualitative materials* (4th ed.). (pp. 481–511). Thousand Oaks, CA: Sage.

Davidson, S. M. (2006). Exploring sociocultural borderlands: Journeying, navigating, and embodying a queer identity. *Journal of Men's Studies, 14*(1), 13–26.

Davis, C. A. (2014). Unraveled, untold stories: An ethnodrama. *Adult Education Quarterly, 64,* 240–259.

De Fina, A., & Georgakopoulou, A. (2012). *Analyzing narrative: Discourse and sociolinguistic perspectives.* Cambridge, UK: Cambridge University Press.

deMarrais, K. (2004). Qualitative interview studies: Learning through experience. In K. deMarrais & S. D. Lapan (Eds.), *Foundations for research* (pp. 51–68). Mahwah, NJ: Erlbaum.

Denzin, N. K. (1978). *The research act: A theoretical introduction to sociological methods* (2nd ed.). New York: McGraw-Hill.

Denzin, N. K. (1989). *Interpretive biography.* Newbury Park, CA: Sage.

Denzin, N. K. (2014). *Interpretive autoethnography.* Thousand Oaks, CA: Sage.

Denzin, N. K., & Lincoln, Y. S. (2000). *Handbook of qualitative research* (2nd ed.). Thousand Oaks, CA: Sage.

Denzin, N. K., & Lincoln, Y. S. (2011). *The Sage handbook of qualitative research* (4th ed.). Thousand Oaks, CA: Sage.

Denzin, N. K., & Lincoln, Y. S. (2013). *Collecting and interpreting qualitative materials* (4th ed.). Thousand Oaks, CA: Sage.

Dewey, J. (1933). *How we think.* Lexington, MA: Heath.

Dexter, L. A. (1970). *Elite and specialized interviewing.* Evanston, IL: Northwestern University Press.

Dey, I. (1993). *Qualitative data analysis: A user friendly guide for social scientists.* London: Routledge.

Donmoyer, R. (1990). Generalizability and the single-case study. In E. W. Eisner & A. Peshkin (Eds.), *Qualitative inquiry in education: The continuing debate* (pp. 175–200). New York: Teachers College.

Donnelly, M. K. (2014). Drinking with the derby girls: Exploring the hidden ethnography in research of women's flat track roller derby. *International Review for the Sociology of Sport, 49* (3/4), 346–366. doi: 10.1177/1012690213515664

Eisner, E. W. (1998). *The enlightened eye: Qualitative inquiry and the enhancement of educational practice.* Upper Saddle River, NJ: Prentice-Hall.

Ember, C. R., & Ember, M. (2012). *A basic guide to cross-cultural research.* http://hraf.yale.edu/ wp-content/uploads/2013–12/

English, L. M. (2005). Third-space practitioners: Women educating for justice in the global south. *Adult Education Quarterly*, *55*(2), 85–100.

Enomoto, E. K., & Bair, M. A. (1999). The role of the school in the assimilation of immigrant children: A case study of Arab Americans. *International Journal of Curriculum and Instruction*, *1*, 45–66.

Erickson, F. (1986). Qualitative methods in research on teaching. In M. C. Whittrock (Ed.), *Handbook of research on teaching* (3rd ed.). (pp. 119–161). Old Tappan, NJ: Macmillan.

Erickson, F. (2012). Qualitative research methods for science education. In B. J. Fraser, K. Tobin, & C. J. McRobbie (Eds.), *Second international handbook of science education* (pp. 1451–1469). New York: Springer.

Fadiman, A. (1997). *The spirit catches you and you fall down*. New York: Farrar, Strauss and Giroux.

Fear, W. (2012). Discursive activity in the boardroom: The role of the minutes in the construction of social realities. *Group and Organization Management*, *37*, 486–520.

Fernandez, M. E., Breen, L. J., &. Simpson, T. A. (2014). Renegotiating identities: Experiences of loss and recovery for women with bipolar disorder. *Qualitative Health Research*, *24*(7), 890–900.

Fielding, N. G. (2008). *Interviewing II* (4-volume set). Thousand Oaks, CA: Sage.

Fielding, N. G. (2014). Qualitative research and our digital futures. *Qualitative Inquiry*, *20*(9), 1064–1073.

Firestone, W. A. (1987). Meaning in method: The rhetoric of quantitative and qualitative research. *Educational Researcher*, *16*(7), 16–21.

Flick, U. (2014). Mapping the field. In U. Flick (Ed.), *The Sage handbook of qualitative data analysis* (pp. 3–18). Thousand Oaks, CA: Sage.

Fontana, A., & Frey, J. J. (2005). The interview. In N. K. Denzin & Y. S. Lincoln (Eds.), *The Sage handbook of qualitative research* (3rd ed.). (pp. 695–727). Thousand Oaks, CA: Sage.

Foster, J. (1994). The dynamics of gender in ethnographic research: A personal view. In R. G. Burgess (Ed.), *Studies in qualitative methodology 4: Issues in qualitative research*. Greenwich, CT: JAI Press.

Foucault, M. (1980). *Power/knowledge: Selected interviews and other writings, 1972–1977* (edited by Colin Gordon). New York: Harvester Press.

Frankenberg, R. (1982). Participant observers. In R. G. Burgess (Ed.), *Field research: A sourcebook and field manual* (pp. 50–52). London: Allen & Unwin.

Gabrys, J. (2013). *Digital rubbish: A natural history of electronics*. Ann Arbor, MI: University of Michigan Press.

Gaffney, D. A., DeMarco, R. F., Hofmeyer, A., Vessey, J. A., & Budin, W. C. (2012). Making things right: Nurses' experiences with workplace bullying—a grounded theory. *Nursing Research and Practice*, *2012* (243210). doi: 10.1155/2012/243210

Galvan, J. L. (2012). *Writing literature reviews: A guide for students of the social and behavioral sciences* (5th ed.). Glendale, CA: Pyrczak.

Gans, H. J. (1982). The participant observer as a human being: Observations on the personal aspects of fieldwork. In R. G. Burgess (Ed.), *Field research: A sourcebook and field manual* (pp. 53–61). London: Allen & Unwin.

Gatson, S. (2011). The methods, politics, and ethics of representation in online ethnography. In N. K. Denzin & Y. S. Lincoln (Eds.), *The Sage handbook of qualitative research* (4th ed.). (pp. 513–527). Thousand Oaks, CA: Sage.

Gee, J. P. (2014). *An introduction to discourse analysis: Theory and method* (4th ed.). London: Routledge.

Geertz, C. (1973). *The interpretation of cultures: Selected essays*. New York: Basic Books.

Gibbs, G. R. (2013). Using software in qualitative analysis. In U. Flick (Ed.), *The Sage handbook of analyzing qualitative data*. London: Sage. Accessed at http://eprints.hud.ac.uk/14873/

Glaser, B. G. (1978). *Theoretical sensitivity*. Mill Valley, CA: Sociology Press.

Glaser, B. G., & Strauss, A. (1967). *The discovery of grounded theory: Strategies for qualitative research.* Chicago: Aldine.

Glesne, C., & Peshkin, A. (1992). *Becoming qualitative researchers: An introduction*. White Plains, NY: Longman.

Gold, R.(1958). Roles in sociological field observations. *Social Forces*, *36*, 217–223.

Grady, J. (2008). Visual research at the crossroads. *Forum Qualitative Sozialforschung/Forum: Qualitative Social Research*, *9*(3). Retrieved from http://www.qualitative-research.net/index.php/fqs/article/view/1173

Gray, D. E. (2014). *Doing research in the real world* (3rd ed.). Thousand Oaks, CA: Sage.

Grbich, C. (2013). *Qualitative data analysis* (2nd ed.). Thousand Oaks, CA: Sage.

Grenier, R. S. (2009). The role of learning in the development of expertise in museum docents. *Adult Education Quarterly*, *60*(5), 142–157.

Guba, E. G. (1978). Toward a methodology of naturalistic inquiry in educational evaluation. *CSE Monograph Series in Evaluation, 8*. Los Angeles: Center for the Study of Evaluation, University of California.

Guba, E. G., & Lincoln, Y. (1981). *Effective evaluation*. San Francisco: Jossey-Bass.

Gubrium, J. F., Holstein, J., Marvasti, A. B., & McKinney, K. D. (2012). *The Sage handbook of interview research: The complexity of the craft* (2nd ed.). Thousand Oaks, CA: Sage.

Hahn, C. (2008). *Doing qualitative research using your computer: A practical guide*. Thousand Oaks, CA: Sage.

Hanley, M., & View, L. (2014). Poetry and drama as counternarrative. *Cultural Studies ↔ Critical Methodologies*, *14*(6), 558–573.

Harper, D. (2002). Talking about pictures: A case for photo elicitation. *Visual Studies*, *17*(1), 13–26.

Harper, D. (2003). Reimagining visual methods: Galileo to Neuromancer. In N. K. Denzin & Y. S. Lincoln (Eds.), *Collecting and interpreting qualitative materials* (2nd ed.). (pp. 176–198). Thousand Oaks, CA: Sage.

Hawkins, G. (2006). *The ethics of waste: How we relate to rubbish*. Lanham, MD: Rowman & Littlefield Publishers.

Hennink, M. M. (2014). *Focus group discussions*. New York: Oxford University Press.

Herr, K,. & Anderson, G. (2015). *The action research dissertation: A guide for students and faculty* (2nd ed.). Thousand Oaks, CA: Sage.

Hewson, C., Yule, P., Laurent, D., & Vogel, C. (2003). *Internet research methods: A practical guide for the social and behavioural sciences*. London: Sage.

Hickson, H., O'Meara, P., & Huggins, C. (2014). Engaging in community conversation: A means to improving the paramedicine student clinical placement experience. *Action Research*, *12*(4), 410–425.

Hill Collins, P. (2008). *Black feminist thought: Knowledge, consciousness, and the politics of empowerment*. New York: Routledge.

Hodder, I. (2003). The interpretation of documents and material culture. In N. K. Denzin & Y. S. Lincoln (Eds.), *Collecting and interpreting qualitative materials* (2nd ed.). (pp. 155–175). Thousand Oaks, CA: Sage.

Hohl, S. D., Gonzalez, C., Carosso, E., Ibarra, G., & Thompson, B. (2014). "I did it for us and I would do it again": Perspectives of rural Latinos on providing biospecimens for research. *American Journal of Public Health*, *104*(5), 911–916. Retrieved from http://search.proqust.com/docview/1524713438?accountid=13158

Hollenbeck, C. R. (2005). Online anti-brand communities as a new form of social action in adult education. In R. J. Hill & R. Kiely (Eds.), *Proceedings of the 46th annual adult education research conference* (pp. 205–210). Athens, GA: University of Georgia.

Holstein, J. A., & Gubrium, J. F. (2012). *Varieties of narrative analysis*. Thousand Oaks, CA: Sage.

Honigmann, J. J. (1982). Sampling in ethnographic fieldwork. In R. G. Burgess (Ed.), *Field research: A sourcebook and field manual* (pp. 79–90). London: Allen & Unwin.

Hookway, N. (2008). "Entering the blogosphere": Some strategies for using blogs in social research. *Qualitative Research*, *8*, 91–113.

Horton, M., & Freire, P. (1990). *We make the road by walking: Conversations on education and social change* (edited by Brenda Bell, John Gaventa, and John Peters). Philadelphia: Temple University Press.

Hughes, J. (Ed.). (2012). *Sage visual methods* (Vols. 1–4). Thousand Oaks, CA: Sage.

Husserl, E. (1970). *The crisis of European sciences and transcendental phenomenology*. Evanston, IN: North University Press.

Hyde, P. (2006). A case study of unconscious processes in an organization. In L. Finlay & C. Ballinger (Eds.), *Qualitative research for allied health professionals: Challenging choices* (pp. 218–231). West Sussex, England: Wiley.

Imel, S. (2011). Writing a literature review. In T. Rocco & T. Hatcher (Eds.), *The handbook of scholarly writing and publishing* (pp. 145–160). San Francisco: Wiley.

James, N., & Busher, H. (2012). Internet interviewing. In J. Gubrium et al. (Eds.), *The Sage handbook of interview research: The complexity of the craft* (2nd ed.). (pp. 177–192). Thousand Oaks, CA: Sage.

Janesick, V. J. (1994). The dance of qualitative research design: Metaphor, methodolatry, and meaning. In N. K. Denzin & Y. S. Lincoln (Eds.), *Handbook of qualitative research* (pp. 209–235). Thousand Oaks, CA: Sage.

Jarecke, J. (2011). *Teacher-learner beliefs in medical education: A mixed methods study of the third-year experience*. Unpublished dissertation, The Pennsylvania State University.

Johnson-Bailey, J. (2004). Enjoining positionality and power in narrative work: Balancing contentious and modulating forces. In K. Desmarais & S. Lapan (Eds.), *Foundations for research: Methods of inquiry in education and the social sciences* (pp. 123–138). New York: Erlbaum.

Jonassen, D. H., & Hernandez-Serrano, J. (2002). Case-based reasoning and instructional design: Using stories to support problem solving. *Educational Technology Research and Development*, *50*(2), 65–77.

Josselson, R., Lieblich, A., & McAdams, D. P. (Eds.). (2007). *The meaning of others: Narrative studies of relationships*. Washington, DC: American Psychological Association.

Jowett, M., & O'Toole, G. (2006). Focusing researchers' minds: Contrasting experiences of using focus groups in feminist qualitative research. *Qualitative Research*, 6(4), 453–472.

Kelle, U. (2004). Computer-assisted qualitative data analysis. In C. Seale, G. Gobo, J. R. Gubrium, & D. Silverman (Eds.), *Qualitative research practice* (pp. 473–489). Thousand Oaks, CA: Sage.

Kemmis, S., McTaggert, R., & Nixon, R. (2014). *The action research planner: Doing critical participatory action research*. New York: Springer.

Kerrigan, M. (2014). Understanding community colleges' organizational capacity for data use: A convergent parallel mixed methods study. *Journal of Mixed Methods Research*, *8*(4), 241–362.

Kilbourn, B. (2006). The qualitative doctoral dissertation proposal. *Teachers College Record*, *108*(4), 529–576.

Kim, S. J. (2014). The career transition process: A qualitative exploration of Korean middle-aged workers in postretirement employment. *Adult Education Quarterly*, *64*(1), 3–19.

Kincheloe, J. L., & McLaren, P. (2000). Rethinking critical theory and qualitative research. In N. K. Denzin & Y. S. Lincoln (Eds.), *Handbook of qualitative research* (2nd ed.). (pp. 279–314). Thousand Oaks, CA: Sage.

Kincheloe, J. L., McLaren, P., & Steinberg, S. (2011). Critical pedagogy and qualitative research: Moving to bricolage. In N. K. Denzin & Y. S. Lincoln (Eds.), *The Sage handbook of qualitative research* (pp. 163–178). Thousand Oaks, CA: Sage.

Knowles, J. G., & Cole, A. L. (2007). *Handbook of the arts in qualitative research: Perspectives, methodologies, examples, and issues*. Thousand Oaks, CA: Sage.

Koro-Ljungberg, M. (2012). Methodology is movement is methodology. In S. Sternberg & G. Cannella (Eds.), *Critical qualitative research reader* (pp. 82–90). New York: Peter Lang.

Kozinets, R., Dolbec, P., & Earley, A. (2014). Netnographic analysis: Understanding culture through social media data. In U. Flick (Ed.), *The Sage handbook of qualitative data analysis* (pp. 262–276). Thousand Oaks, CA: Sage.

Krippendorff, K. H. (2013). *Content analysis: An introduction to its methodology*. Thousand Oaks, CA: Sage.

Krueger, R. A., & Casey, M. A. (2015). *Focus groups: A practical guide for applied research* (5th ed.). Thousand Oaks, CA: Sage.

Kuhne, G., & Quigley, B. A. (1997). Understanding and using action research in practice settings. In B. A. Quigley & G. Kuhne (Eds.), *Creating practical knowledge through action research* (pp. 23–40). New Directions for Adult and Continuing Education, no. 73. San Francisco: Jossey-Bass.

Labov, W. (1982). Speech actions and reactions in personal narrative. In D. Tannen (Ed.), *Analyzing discourse: Text and talk* (pp. 354–396). Washington, DC: Georgetown University Press.

Lachal, J., Speranza, M., Taïeb, O., Falissard, B., Lefèvre, H., Moro, M. R., & Revah-Levy, A. (2012). Qualitative research using photo-elicitation to explore the role of food in family relationships among obese adolescents. *Appetite*, *58*, 1099–1105.

Lather, P. (1992). Critical frames in educational research: Feminist and post-structural perspectives. *Theory into Practice*, *31*(2), 87–99.

Lather, P. (2006). Paradigm proliferation as a good thing to think with: Teaching research in education as a wild profusion. *International Journal of Qualitative Studies in Education*, *19*(1), 35–58.

Lather, P., & St. Pierre, E. A. (2013). Post-qualitative research. *International Journal of Qualitative Studies in Education, 26*(6), 629–633.

Leavy, P. (2015). *Method meets art: Arts-based research practice* (2nd ed.). New York: Guilford Press.

LeCompte, M. D., & Preissle, J., with Tesch, R. (1993). *Ethnography and qualitative design in educational research* (2nd ed.). Orlando, FL: Academic Press.

LeCompte, M. D., & Schensul, J. J. (2010). *Designing and conducting ethnographic research: An introduction* (2nd ed.). Lanham and New York: AltaMira Press.

Lee, R. M. (2000). *Unobtrusive methods in social research*. Philadelphia: Open University.

Levinson, D. J., & Levinson, J. D. (1996). *The seasons of a woman's life*. New York: Ballantine.

Lichtman, M. V. (2013). *Qualitative research in education: A user's guide*. Thousand Oaks, CA: Sage.

Lightfoot, S. L. (1983). *The good high school*. New York: Basic Books.

Lincoln, Y. S. (1995). Emerging criteria for quality in qualitative and interpretive research. *Qualitative Inquiry, 1*(1), 275–289.

Lincoln, Y. S. (2010). "What a long, strange trip it's been...": Twenty-five years of qualitative and new paradigm research. *Qualitative Inquiry, 16*(1), 3–9.

Lincoln, Y. S., & Guba, E. G. (1985). *Naturalistic inquiry*. Thousand Oaks, CA: Sage.

Lincoln, Y. S., Lynham, S. A., & Guba, E. G. (2011). Paradigmatic controversies, contradictions, and emerging confluences, revisited. In N. Denzin and Y. S. Lincoln (Eds.), *The Sage handbook of qualitative research* (pp. 97–128). Thousand Oaks, CA: Sage.

Lindlof, T., & Taylor, B. (2011). *Qualitative communication research methods*. Thousand Oaks, CA: Sage.

Liu, W., Manias, E., & Gerdtz, M. (2012). Medication communication between nurses and patients during nursing handovers on medical wards: A critical ethnographic study. *International Journal of Nursing Studies, 49*(8), 941–952.

Lodico, M., Spaulding, D., & Voegtle, K. (2010). *Methods in educational research: From theory to practice* (2nd ed.). San Francisco: Jossey-Bass.

Lofland, J. (1974). Styles of reporting qualitative field research. *American Sociologist, 9*, 101–111.

Lofland, J., & Lofland, L. H. (1995). *Analyzing social settings: A guide to qualitative observation and analysis* (3rd ed.). Belmont, CA: Wadsworth.

Lofland, J., Snow, D., Anderson, L., & Lofland, L. H. (2006). *Analyzing social settings: A guide to qualitative observation and analysis* (4th ed.). Belmont, CA: Wadsworth/Thomas Learning.

Lopez, C. J. (2013). *Early intensive behavior treatment for children with autism: A multiple case study of long term outcomes*. Unpublished dissertation, California State University, Stanislaus.

Lorenz, L. S. (2010). Brain injury survivors: Narratives of disability and healing. *Disability in society*. R. Berger (Series Ed.). Boulder, CO, and London: Lynne Riener.

Macnaghten, P., & Myers, G. (2004). Focus groups. In C. Seale, G. Gobo, J. F. Gubrium, & D. Sliverman (Eds.), *Qualitative research practice* (pp. 65–79). Thousand Oaks, CA: Sage.

Madison, D. S. (2012). *Critical ethnography: Method, ethics, and performance* (2nd ed.). Thousand Oaks, CA: Sage.

Manovski, M. (2014). *Autoethnography and music education: Singing through a culture of marginalization*. Boston: Sense Publishing.

Margolis, E., & Pauwels, L. (Eds.). (2011). *The Sage handbook of visual research methods*. Thousand Oaks, CA: Sage.

Marotzki, W., Holze, J., & Verständig, D. (2014). Analysing virtual data. In U. Flick (Ed.), *The Sage handbook of qualitative data analysis* (pp. 450–464). Thousand Oaks, CA: Sage.

Marshall, C., & Rossman, G. B. (2015). *Designing qualitative research* (6th ed.). Thousand Oaks, CA: Sage.

Martin, D., & Yurkovich, E. (2014). "Close-knit" defines a healthy Native American Indian family. *Journal of Family Nursing*, *20*(1), 51–72.

Matteucci, X. (2013). Photo elicitation: Exploring tourist experiences with researcher-found images. *Tourism Management*, *35*, 190–197.

Maxwell, J. A. (2013). *Qualitative research design: An interactive approach* (3rd ed.). Thousand Oaks, CA: Sage.

Mayfield-Johnson, S., Rachal, J. R., & Butler, J. III. (2014). "When we learn better, we do better": Describing changes in empowerment through photovoice among community health advisors in a breast and cervical cancer health promotion program in Mississippi and Alabama. *Adult Education Quarterly*, *64*(2), 91–109.

McAdams, D. P., Josselson, R., & Lieblich, A. (Eds.). (2013). *Turns in the road: Narrative studies of lives in transition*. Washington, DC: American Psychological Association.

McCulloch, G. (2004). *Documentary research in education, history and the social sciences*. London: RoutledgeFalmer.

McLean, S. (2013). Public pedagogy, private lives: Self-help books and adult learning. *Adult Education Quarterly*, *63*(4), 373–388.

Merriam, S. B. (1988). *Case study research in education: A qualitative approach*. San Francisco: Jossey-Bass.

Merriam, S. B. (1989). The structure of simple reminiscence. *The Gerontologist*, *29*(6), 761–767.

Merriam, S. B. (2015). Transformational learning and HIV-positive young adults. In V. A. Anfara Jr. & N. T. Mertz (Eds.), *Theoretical frameworks in qualitative research* (2nd ed.) (pp. 80–95). Thousand Oaks, CA: Sage.

Merriam, S. B., & Muhamad, M. (2013). Roles traditional healers play in cancer treatment in Malaysia: Implications for health promotion and education. *Asian Pacific Journal of Cancer Prevention*, *14*(6), 3593–3601.

Merton, R., Riske, M., & Kendall, P. L. (1956). *The focused interview*. New York: Free Press.

Mertz, N. T., & Anfara, V. A. Jr. (2015). Conclusion: Closing the loop. In V. A. Anfara Jr. & N. T. Mertz (Eds.), *Theoretical frameworks in qualitative research* (pp. 227–235). Thousand Oaks, CA: Sage.

Michel, A. (2014). Participation and self-entrapment: A 12-year ethnography of Wall Street participation practices' diffusion and evolving consequences. *Sociological Quarterly*, *55*(3), 514–536. doi: 10.1111/tsq.12064

Miles, M. B., Huberman, A. M., & Saldaña, J. (2014). *Qualitative data analysis: A methods sourcebook* (3rd ed.). Thousand Oaks, CA: Sage.

Mishler, E. G. (1995). Models of narrative analysis: A typology. *Journal of Narrative and Life History*, *5*(2), 87–123.

Mishoe, S. C. (1995). The effects of institutional context on critical thinking in the workplace. *Proceedings of the 36th Annual Adult Education Research Conference* (pp. 221–228). University of Alberta, Edmonton, Alberta, Canada.

Montuori, A. (2005). Literature review as creative inquiry: Reframing scholarship as a creative process. *Journal of Transformative Education*, *3*, 374–393.

Moon, P. (2011). Bereaved elders: Transformative learning in late life. *Adult Education Quarterly*, *61*(1), 22–39.

Moss, G., & McDonald, J. W. (2004). The borrowers: Library records as unobtrusive measures of children's reading preferences. *Journal of Research in Reading*, *27*(4), 401–412.

Moustakas, C. (1990). *Heuristic research: Design, methodology, and applications*. Thousand Oaks, CA: Sage.

Moustakas, C. (1994). *Phenomenological research methods*. Thousand Oaks, CA: Sage.

Muncey, T. (2010). *Creating autoethnographies*. Thousand Oaks, CA: Sage.

Murdock, G. P. (1983). *Outline of world cultures* (6th ed.). New Haven, CT: Human Relations Area Files.

Murdock, G. P., Ford, C. S., Hudson, A. E., Kennedy, R., Simmons, L. W., & Whitney, J. M. (2008). *Outline of world cultures* (6th rev. ed. with modifications). Human Relations Area File. New Haven, CT: Yale University.

Norman, D. A. (1993). *Things that make us smart: Defending human attributes in the age of the machine*. Reading, MA: Addison-Wesley.

Ntseane, P. G. (1999). *Botswana rural women's transition to urban business success: Collective struggles, collective learning*. Unpublished doctoral dissertation, University of Georgia, Athens.

Ntseane, P. G. (2004). Botswana rural women's transition to urban small business success: Collective struggles, collective learning. *Gender and Development*, *12*(2), 37–43.

Ntseane, P. G. (n.d.). Interview transcript. University of Georgia, Athens. Ozanne, J. L., Adkins, N. R., & Sandlin, J. A. (2005). Shopping [for] power: How adult literacy learners negotiate the marketplace. *Adult Education Quarterly*, *55*(4), 251–268.

Padgett, D. K., Smith, B. T., Derejko, K. S., Henwood, B. F., & Tiderington, E. (2013). A picture is worth... ? Photo elicitation interviews with formerly homeless adults. *Qualitative Health Research*, *23*(11), 1435–1444.

Parmentier, G., & Roland, S. (2009). Consumers in virtual worlds: Identity building and consuming experience in Second Life. *Recherche et Applications en Marketing* (English edition), *24*(3), 43–55.

Patton, M. Q. (1978). *Utilization-focused evaluation*. Beverly Hills, CA: Sage.

Patton, M. Q. (1981). *Practical evaluation*. Beverly Hills, CA: Sage.

Patton, M. Q. (1985, April). Quality in qualitative research: Methodological principles and recent developments. Invited address to Division J of the American Educational Research Association, Chicago.

Patton, M. Q. (2002). *Qualitative research and evaluation methods* (3rd ed.). Thousand Oaks, CA: Sage.

Patton, M. Q. (2015). *Qualitative research and evaluation methods* (4th ed.). Thousand Oaks, CA: Sage.

Paulus, T., Lester, N., & Dempster, P. (2014). *Digital tools for qualitative research*. Thousand Oaks, CA: Sage.

Perry, H. (2008). Integrating adult education and public health policy: A case study of policy formation in Uganda. Unpublished dissertation, University of Georgia, Athens.

Peshkin, A. (1988). In search of subjectivity—one's own. *Educational Researcher*, *17*(7), 17–22.

Piersol, L. (2014). Listening place. *Australian Journal of Outdoor Education*, *17*(2), 43–53. Retrieved from http://search.proquest.com/docview/1511026278?accountid=13158

Pillow, W. (2003). Confession, catharsis, or cure? Rethinking the uses of reflexivity as methodological power in qualitative research. *Qualitative Studies in Education*, *16*(2), 175–196.

Pink, S. (2012). *Advances in visual methodology*. Thousand Oaks, CA: Sage.

Pink, S. (2013). *Doing visual ethnography* (3rd ed.). Thousand Oaks, CA: Sage.

Plano Clark, V., Schumacher, K., West, C., Edrington, J., Dunn, L., Harzstark, A., ... Miaskowski, C. (2013). Practices for embedding an interpretive qualitative approach within a randomized trial. *Journal of Mixed Methods Research*, *7*(3), 219–242.

Plunkett, R., Leipert, B., Ray, S. L., Olson, J. K. (2014). Healthy spaces in meaningful places: The rural church and women's health promotion. *Journal of Holistic Nursing*, 1–12. doi: 10.1177/0898010114546191

Prasad, P. (2005). *Crafting qualitative research: Working in the postpositivist traditions*. Armonk, NY: M.E. Sharpe.

Preissle, J. (2006). Envisioning qualitative inquiry: A view across four decades. *International Journal of Qualitative Studies in Education*, *19*(6), 685–695.

Preissle, J., & Grant, L. (2004). Fieldwork traditions: Ethnography and participant observation. In K. deMarrais & S. D. Lapan (Eds.), *Foundations for research: Methods of inquiry in education and the social sciences* (pp. 161–180). Mahwah, NJ: Erlbaum.

Preston, R. (1995). *The hot zone*. New York: Random House.

Probst, B., & Berenson, L. (2014). The double arrow: How qualitative social work researchers use reflexivity. *Qualitative Social Work*, *13*(6), 813–827.

Punch, M. (1994). Politics and ethics in qualitative research. In N. K. Denzin & Y. S. Lincoln (Eds.), *Handbook of qualitative research* (pp. 83–97). Thousand Oaks, CA: Sage.

Pyrch, T. (2007). Participatory action research and the culture of fear. *Action Research*, *5*(2), 199–216.

Ramaswamy, A. (2014). Natya yoga therapy: Using movement and music to create meditative relief in schizophrenia (based on ashtanga yoga). *Action Research*, *12*, 237–253.

Ratcliffe, J. W. (1983). Notions of validity in qualitative research methodology. *Knowledge: Creation, Diffusion, Utilization*, *5*(2), 147–167.

Rathje, W. L. (1979). Trace measures. In L. Sechrest (Ed.), *Unobtrusive measurement today*. New Directions for Methodology of Social and Behavioral Science, No. 1 (pp. 75–91). San Francisco, CA: Jossey- Bass.

Rathje, W. L., & Murphy, C. (2001). *Rubbish: The archaeology of garbage*. Tucson, AZ: University of Arizona Press.

Richards, L. (2015). *Handling qualitative data* (3rd ed.). London: Sage.

Richards, T. J., & Richards, L. (1998). Using computers in qualitative research. In N. K. Denzin& Y. S. Lincoln (Eds.), *Collecting and interpreting qualitative materials* (pp. 211–245). Thousand Oaks, CA: Sage.

Richardson, L. (2000). Writing: A method of inquiry. In N. K. Denzin & Y. S. Lincoln (Eds.), *Handbook of qualitative research* (2nd ed.). (pp. 923–948). Thousand Oaks, CA: Sage.

Richardson, L., & St. Pierre, E. A. (2005). Writing: A method of inquiry. In N. K. Denzin & Y. S. Lincoln (Eds.), *The Sage handbook of qualitative research* (3rd ed.). (pp. 959–978). Thousand Oaks, CA: Sage.

Richer, M., Ritchie, J., & Marchionni, C. (2009). "If we can't do more, let's do it differently!": Using appreciative inquiry to promote innovative ideas for better health care work environments. *Journal of Nursing Management, 17*(8), 947–995.

Richer, M., Ritchie, J., & Marchionni, C. (2010). Appreciative inquiry in health care. *British Journal of Healthcare Management, 16*(4), 164–172.

Riessman, C. K. (2007). *Narrative methods for the human sciences.* Thousand Oaks, CA: Sage.

Roach, C. M. (2014). "Going native": Aca-fandom and deep participant observation in popular romance studies. *Mosaic, 47*(2), 33–49.

Roberson, D. N. Jr., & Merriam, S. B. (2005). The self-directed learning process of older, rural adults. *Adult Education Quarterly, 55*(4), 269–287.

Robertson, R. V., Bravo, A., & Chaney, C. (2014, online first). Racism and the experiences of Latino/a college students at a PWI (predomi-nantly white institution). *Critical Sociology,* 1–21.

Rossiter, M. (1999). Understanding adult development as narrative. In M. C. Clark & R. S. Caffarella (Eds.), *An update on adult development theory: New ways of thinking about the life course.* New Directions for Adult and Continuing Education, no. 84. San Francisco: Jossey-Bass.

Roulston, K. (2010). *Reflective interviewing: A guide to theory and practice.* London and Thousand Oaks, CA: Sage.

Ruona, W. E. A. (2005). Analyzing qualitative data. In R. A. Swanson & E. F. Holton (Eds.), *Research in organizations: Foundations and methods of inquiry* (pp. 223–263). San Francisco: Berrett-Koehler.

Ruth-Sahd, L. A., & Tisdell, E. J. (2007). The meaning and use of intuition in novice nurses: A phenomenological study. *Adult Education Quarterly, 57*(2), 115–140.

Ryan, J., Rapley, M., Dziurawiec, S. (2014). The meaning of coping for psychiatric patients. *Qualitative Health Research, 24*(8), 1068–1079.

Saldaña, J. (2013). *The coding manual for qualitative researchers* (2nd ed.). Thousand Oaks, CA: Sage.

Salmons, J. (2015). *Qualitative online interviews* (2nd ed.). Thousand Oaks, CA: Sage.

Schatzman, L., & Strauss, A. L. (1973). *Field research.* Englewood Cliffs, NJ: Prentice Hall.

Schensul, J. J., & LeCompte, M. D. (2013). *Essential ethnographic methods: A mixed methods approach. Ethnographer's toolkit, book 3* (2nd ed.). Lanham, MD: AltaMira Press.

Schiffrin, D., Tannen, D., & Hamilton, H. E. (Eds.). (2001). *The handbook of discourse analysis.* Malden, MA: Blackwell.

Schram, T. H. (2003). *Conceptualizing qualitative inquiry.* Upper Saddle River, NJ: Merrill Prentice Hall.

Schreier, M. (2014). Qualitative content analysis. In U. Flick (Ed.), *The Sage handbook of qualitative data analysis* (pp. 170–183). Thousand Oaks, CA: Sage.

Schultz, J. G. (1988). Developing theoretical models/conceptual frameworks in vocational education research. *Journal of Vocational Educa- tion Research, 13*(3), 29–43.

Schwandt, T. A. (1993). Theory for the moral sciences; Crisis of identity and purpose. In D. J. Flinders & G. E. Mills (Eds.), *Theory and concepts in qualitative research* (pp. 5–23). New York: Teachers College Press.

Seale, C. (1999). *The quality of qualitative research.* London: Sage.

Seale, C. (2008). Using computers to analyse qualitative data. In D. Silverman & A. Marvasti, *Doing qualitative research* (pp. 233–256). Thousand Oaks, CA: Sage.

Seidman, I. (2013). *Interviewing as qualitative research* (4th ed.). New York: Teachers College Press.

Selltiz, C., Jahoda, M., Deutsch, M., & Cook, S. W. (1959). *Research methods in social relations.* Austin, TX: Holt, Rinehart and Winston.

Siha, A. (2014). Power to the students: Using critical pedagogy to develop and sustain adult basic writing skills. In C. Boden-McGill & K. P. King (Eds.), *Developing and sustaining adult learners* (pp. 51–68). Charlotte, NC: Information Age.

Smith, E. F., Gidlow, B., & Steel, G. (2012). Engaging adolescent participants in academic research: The use of photo-elicitation interviews to evaluate school-based outdoor education programmes. *Qualitative Research, 12*(4), 267–287. doi: 10.1177/1468794112443473

Smith, L. M. (1978). An evolving logic of participant observation, educational ethnography, and other case studies. In L. Shulman (Ed.), *Review of research in education* (pp. 316–377). Itasca, IL: Peacock.

Snelson, C. (2015, online first—September 26, 2013). Vlogging about school on YouTube: An exploratory study. *New Media and Society, 17*(3), 321–339.

Spiegelberg, H. A. (1965). *The phenomenological movement* (Vol. 2). The Hague, Netherlands: Martinus Nijhoff.

Spradley, J. S. (1979). *The ethnographic interview.* New York: Holt, Rinehart and Winston.

Sprow Forté, K. (2013). Educating for financial literacy: A case study with a sociocultural lens.

Adult Education Quarterly, 63(3), 215–235.

Stake, R. E. (1988). Case study methods in educational research: Seeking sweet water. In R. M. Jaeger (Ed.), *Complementary methods for research in education* (pp. 253–278). Washington, DC: American Educational Research Association.

Stake, R. E. (1995). *The art of case study research.* Thousand Oaks, CA: Sage.

Stake, R. E. (2005). Qualitative case studies. In N. K. Denzin & Y. S. Lincoln (Eds.), *The Sage handbook of qualitative research* (3rd ed.). (pp. 443–466). Thousand Oaks, CA: Sage.

Stake, R. E. (2006). *Multiple case study analysis.* New York: The Guilford Press.

Stake, R. E. (2010). *Qualitative research: Studying how things work.* New York: The Guilford Press.

Stanley, M. (2006). A grounded theory of the wellbeing of older people. In L. Finlay & C. Ballinger (Eds.), *Qualitative research for allied health professionals: Challenging choices* (pp. 63–78). West Sussex, England: Wiley.

Steinbeck, J. (1941). *Sea of Cortez.* New York: Viking Penguin.

Steinberg, S., & Cannella, G. (Eds.). (2012). *Critical qualitative research reader.* New York: Peter Lang.

Stellefson, M., Chaney, B., Ochipa, K., Chaney, D., Haider, Z., Hanik, B., Chavarria, E., & Bernhardt, J. (2014). YouTube as a source of chronic obstructive pulmonary disease patient education: A social media content analysis. *Chronic Respiratory Disease, 11*(2), 61–71.

Stewart, D. W., & Shamdasani, P. N. (2015). *Focus groups: Theory and practice* (3nd ed.). Thousand Oaks, CA: Sage.

Stewart, K., & Williams, M. (2005). Researching online populations: The use of online focus groups for social research, *Qualitative Research, 5*(4), 395–416.

Strauss, A. L. (1987). *Qualitative analysis for social scientists.* Cambridge, England: Cambridge University Press.

Strauss, A. L., & Corbin, J. (1994). Grounded theory methodology: An overview. In N. K. Denzin & Y. S. Lincoln (Eds.), *Handbook of qualitative research.* Thousand Oaks, CA: Sage.

Strauss, A., Schatzman, L., Bucher, R., & Sabshin, M. (1981). *Psychiatric ideologies and institutions* (2nd ed.). New York: Wiley.

Stringer, E. (2014). *Action research* (4th ed.). Thousand Oaks, CA: Sage.

Stuckey, H. L. (2009). Creative expression as a way of knowing in diabetes adult health education: An action research study. *Adult Education Quarterly, 60*(1), 46–64.

Stuckey, H. L., & Tisdell, E. J. (2010). The role of creative expression in diabetes: An exploration into the meaning making process. *Qualitative Health Research, 20*, 42–56.

Taylor, E. W. (2006). Making meaning of local nonformal education: Practitioner's perspective.

Adult Education Quarterly, *56*(4), 291–307.

Taylor, S. J., & Bogdan, R. (1984). *Introduction to qualitative research methods* (2nd ed.). New York: Wiley.

Tedlock, B. (2011). Braiding narrative ethnography with memoir and creative nonfiction. In N. K. Denzin & Y. S. Lincoln (Eds.), *Handbook of qualitative research* (4th ed.). (pp. 331–339). Thousand Oaks, CA: Sage.

Terkel, S. (2001). *Will the circle be unbroken? Reflections on death, rebirth, and hunger for a faith*. New York: Ballantine.

Tesch, R. (1990). *Qualitative research: Analysis types and software tools*. New York: Falmer.

Thaker, S. (2008). *Understanding the role of culture in the health-related behaviors of older Asian Indian immigrants*. Unpublished dissertation, University of Georgia, Athens.

Thaker, S. (n.d.). Interview transcript. University of Georgia, Athens.

Thomas, W. I., & Znaniecki, R. (1927). *The Polish peasant in Europe and America*. New York: Knopf.

Thornton, S. J. (1993). The quest for emergent meaning: A personal account. In D. J. Flinders & G. E. Mills (Eds.), *Theory and concepts in qualitative research* (pp. 68–82). New York: Teachers College Press.

Tierney, W. G. (1993). The cedar closet. *Qualitative Studies in Education*, *6*(4), 303–314.

Timmermans, S.,& Oh, H. (2010). The continued social transformation of the medical profession. *Journal of Health and Social Behavior*, *51*, S94–S105.

Tinkler, P. (2013). *Using photographs in social and historical research*. Thousand Oaks, CA: Sage.

Tisdell, E. J. (2003). *Exploring spirituality and culture in adult and higher education*. San Francisco: Jossey-Bass.

Tisdell, E. J., Taylor, E. W., & Sprow Forté, K. (2013). Community-based financial literacy education in a cultural context: A study of teacher beliefs and pedagogical practice. *Adult Education Quarterly*, *63*(4), 338–356.

Tobin, J., & Tisdell, E. J. (2015, online first). "I know down to my ribs": A narrative research study on the embodied adult learning of creative writers. *Adult Education Quarterly*, pp. 1–17.

Tracy, S. J. (2013). *Qualitative research methods*. West Sussex, UK: Wiley-Blackwell.

Treadwell, J. (2012). From the car boot to booting it up? Ebay, online counterfeit crime and the transformation of the criminal market- place. *Criminology and Criminal Justice*, *12*, 175–191.

Trotman, D. (2006). Interpreting imaginative lifeworlds: Phenomenological approaches in imagination and the evaluation of educational practice. *Qualitative Research*, *6*(2), 245–265.

Tuttas, C. (2015). Lessons learned using web conference technology for online focus groups. *Qualitative Health Research*, *25*, 122–133.

Tyler, J. (in press). From spoke to hub: Transforming organizational vision and strategy with story and visual art. *Adult Education Quarterly*.

Uldam, J., & McCurdy, P. (2013). Studying social movements: Challenges and opportunities for participant observation. *Sociology Compass*, *7*(11), 941–951.

Underberg, N., & Zorn, E. (2013). *Digital ethnography*. Austin, TX: University of Texas Press.

Valente, J. S. (2005). *The role of self-directed learning in older adults' health care*. Unpublished doctoral dissertation, University of Georgia, Athens.

Van Maanen, J. (1979). Reclaiming qualitative methods for organizational research: A preface. *Administrative Science Quarterly*, *24*(4), 520–526.

Van Maanen, J. (1982). Fieldwork on the beat. In J. Van Maanen, J. M. Dabbs, & R. R. Faulkner (Eds.), *Varieties of qualitative research* (pp. 103–151). Beverly Hills, CA: Sage.

Van Maanen, J. (2011). *Tales of the field: On writing ethnography* (2nd ed.). Chicago: University of Chicago Press.

Van Manen, M. (2014). *Phenomenology of practice: Meaning-giving methods in phenomenological research and writing*. Walnut Creek, CA: Left Coast Press.

Vicars, M. (2012). Toward a rhizomatic methodology: How queer! In S. Sternberg & G. Cannella (Eds.), *Critical qualitative research reader* (pp. 468–478). New York: Peter Lang.

Wainwright, S. P., Williams, C., & Turner, B. S. (2006). Varieties of habitus and the embodiment of ballet. *Qualitative Research*, *6*(4), 535–558.

Waldron, J. (2013). YouTube, fanvids, forums, vlogs, and blogs: Informal music learning in a convergent on- and offline music community. *International Journal of Music Education*, *31*(1), 91–105.

Walford, G. (2001). *Doing qualitative educational work: A personal guide to the research process*. London and New York: Continuum.

Ward, A. (2011). "Bringing the message forward": Using poetic representation to solve research dilemmas. *Qualitative Inquiry*, *17*(4), 355–363.

Webb, E., Campbell, D. T., Schwartz, R. D., & Sechrest, L. (1966). *Unobtrusive measures: Nonreactive research in the social sciences*. Chicago: Rand McNally.

Webb, E., Campbell, D. T., Schwartz, R. D., & Sechrest, L. (1981). *Nonreactive measures in the social sciences* (2nd ed. of *Unobtrusive measures*). Boston: Houghton Mifflin.

Webb, E., Campbell, D. T., Schwartz, R. D., & Sechrest, L. (2000). *Unobtrusive measures: Nonreactive research in the social sciences* (revised ed.). Thousand Oaks, CA: Sage.

Weeks, S. (n.d.). Interview. Unpublished transcript, University of Georgia, Athens.

Wenger, E. (1998). *Communities of practice: Learning, meaning, and identity*. New York: Cambridge University Press.

Werner, O., & Schoepfle, G. M. (1987). *Systematic fieldwork: Ethnographic analysis and data management* (Vol. 2). Thousand Oaks, CA: Sage.

Wilensky, A. S., & Hansen, C. D. (2001). Understanding the work beliefs of nonprofit executives through organizational stories. *Human Resource Development Quarterly, 12*(3), 223–239.

Wiles, J. L., Rosenberg, M. W., & Kearns, R. A. (2005). Narrative analysis as a strategy for understanding interview talk in geographic research. *Area, 37*(1), 89–99.

Wolcott, H. F. (1992). Posturing in qualitative inquiry. In M. D. LeCompte, W. L. Millroy, & J. Preissle (Eds.), *The handbook of qualitative research in education* (pp. 3–52). Orlando, FL: Academic Press.

Wolcott, H. F. (1994). *Transforming qualitative data: Description, analysis, and interpretation.* Thousand Oaks, CA: Sage.

Wolcott, H. F. (2003). *The man in the principal's office: An ethnography* (updated ed.). Walnut Creek, CA: AltaMira Press.

Wolcott, H. F. (2005). *The art of fieldwork* (2nd ed.). Walnut Creek, CA: AltaMira Press.

Wolcott, H. F. (2008). *Ethnography: A way of seeing* (2nd ed.). Walnut Creek, CA: AltaMira Press.

Wolcott, H. F. (2009). *Writing up qualitative research* (3rd ed.). Thousand Oaks, CA: Sage.

Wright, R. R. (2008). Research as quest: An autoethnographic exploration of embodied class, intellectual obsession, and the academy. *Journal of Curriculum and Pedagogy, 5*(2), 69–94.

Wright, R. R., & Sandlin, J. (2009). Popular culture, public pedagogy, and perspective transformation: *The Avengers* and adult learning in living rooms. *International Journal of Lifelong Education, 28*(4), 533–551.

Wuthnow, R. (2012). *The God problem: Expressing faith and being reasonable.* Los Angeles: University of California Press.

Yin, R. K. (1984). *Case study research: Design and methods.* Newbury Park, CA: Sage.

Yin, R. K. (2014). *Case study research: Design and methods* (5th ed.). Thousand Oaks, CA: Sage.

Zeki, S. (2000). *Inner vision: An exploration of art and the brain.* New York: Oxford University Press.

Zorrilla, A. (2012). *More than meets the eye: Adult education for critical consciousness in Luis Camnitzer's art.* Unpublished doctoral dissertation, Penn State University-Harrisburg.

作者简介

沙兰·B. 梅里亚姆（**Sharan B. Merriam**）是美国雅典市佐治亚大学成人和继续教育专业的教授，她讲授成人教育和质性研究方法的研究生课程，并指导研究生做研究。她在 1965 年获得了德鲁大学英国文学专业学士学位，1971 年获得了俄亥俄大学英语教育硕士学位，1978 年获得了罗格斯大学成人教育学博士学位。在进入佐治亚大学任教之前，她曾在北伊利诺伊大学、弗吉尼亚理工学院和弗吉尼亚州立大学任教。

梅里亚姆的主要研究和写作领域聚焦于成人教育、成人发展和学习以及质性研究方法方面。她曾在一年一度的北美成人教育研究会议指导委员会，以及佐治亚大学教育质量研究委员会和成人教育教授委员会任职。五年来，她一直担任成人教育领域的主要研究和理论期刊《成人教育季刊》（*Adult Education Quarterly*）的编辑。她还是"成人教育专业实践和终身学习"（*Professional Practices in Adult Education and Lifelong Learning*）系列书目的编辑。她因为四本不同的著作赢得了西里尔·O.霍尔（Cyril O. Houle）世界成人教育文学奖。她的很多著作已被翻译成中文、韩文、日文和法文。她出版的作品有：《成人教育者和培训者研究指南》[*A Guide to Research for Educators and Trainers of Adults*，与帕特里西娅·克兰顿（Patricia Cranton）合作，2015]，《成人学习》[*Adult Learning*，与劳拉·比雷玛（Laura Bierema）合作，2014]，《成人学习》[*Learning in Adulthood*，第三版，与罗丝玛丽·卡法雷拉（Rosemary Caffarella）和莉萨·鲍姆格特纳（Lisa Baumgartner）合作，2007]，《关于学习和认识的非西方观点》（*Non-Western Perspectives on Learning and Knowing*）（2007）和《成人学习理论（第三版）》（Third update on *Adult Learning Theory*）（2008）。

基于她对成人教育领域的广泛贡献，梅里亚姆已入选国际成人和继续教育名人堂，并且是第一个获得美国成人和继续教育协会职业成就奖的人。她定期在北美和海外举办成人学习和质性研究讲习班与研讨会，包括巴西和南非的一些国家，以及东南亚、中东和欧洲的一些国家。她曾作为高级富布莱特学者前往马来西亚，也在韩国和南非的大学做过高级访问学者。

伊丽莎白·J. 蒂斯德尔（**Elizabeth J. Tisdell**）是宾夕法尼亚州立大学哈里斯堡分校成人教育学教授，也是成人教育研究生课程的协调员。她讲授的课程包括推动成人教育的研究生课程，健康和医疗专业的精神与文化，以及质性研究方法。她还指导研究生并担任研究生导师。

蒂斯德尔于 1977 年获得缅因大学数学学士学位，1979 年获得福特汉姆大学宗教学硕士学位和教育学硕士学位，1992 年在佐治亚大学获得成人教育专业教育博士学位。在进入宾夕法尼亚州立大学之前，她曾在芝加哥国家路易斯大学担任成人和继续教育副教授，并在西雅图安提阿大学任教。

蒂斯德尔的主要研究和写作活动侧重于成人和高等教育中的精神与文化、成人教育和医学教育中的多样性问题以及质性研究方法。她是《探索成人和高等教育中的精神和文化》[*Exploring Spirituality and Culture in Adult and Higher Education*，乔西·巴斯出版社（Jossey-Bass），2003]一书的作者。她还发表过许多期刊论文并出版过许多学术著作。蒂斯德尔曾担任北美成人教育研究年度指导委员会委员，2012年至2014年担任成人教育教授委员会主席，并于2006年至2011年担任《成人教育季刊》（*Adult Education Quarterly*）的编辑。蒂斯德尔喜欢探索从精神中学到了什么，与瑜伽、音乐和艺术相关的实践包含了什么，以及从探索自然界的智慧和智慧的本质中学到了什么。

译者简介

王雪双 教育学博士，北京体育大学教育学院副教授、博士生导师。现担任北京体育大学科研与反兴奋剂工作处副处长。主要从事中外体育教育比较研究、比较高等教育研究和体育科学研究方法等研究。

主持和参与国家级与省部级课题 10 余项；在《北京体育大学学报》《比较教育研究》《高教探索》等期刊发表中外文学术论文二十余篇。从事体育科学研究方法教学多年，所教课程《科研方法概论》获首国家级一流线下课程（"金课"），曾获国际体育教育联合会授予的"体育教育使者"奖。

安亚伦 教育学博士，北京体育大学教育学院副教授、硕士研究生导师。现担任北京体育大学中外体育教育比较研究中心主任，教育部国别和区域研究基地（北京师范大学国际教育中心）兼职研究员。主要从事比较高等教育、政策理论与实践、全球体育治理等研究。

主持和参与国家级和省部级课题 10 余项；先后在《比较教育研究》《北京师范大学学报（社会科学版）》《外国教育研究》《复旦教育论坛》《江苏高教》等期刊发表学术论文二十余篇，部分被人大复印报刊资料全文转载；曾获第六届全国教育科学研究优秀成果奖二等奖，入选"北京市课程思政示范课程教学名师和教学团队"，荣获"北京市普通高校优秀本科毕业设计(论文)指导教师"等称号。